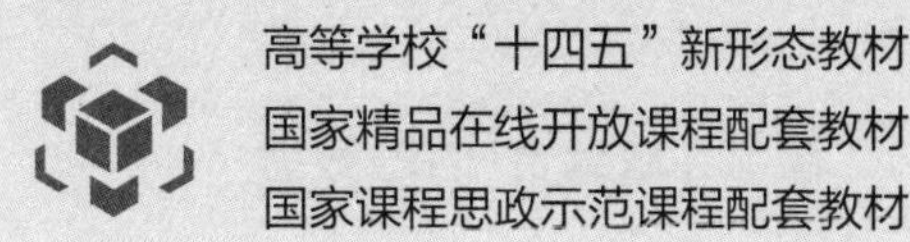

中外石油文化

Chinese and Foreign Petroleum Culture

张卫东　巩　凯　刘积舜
林英松　张黎明　魏建光　编著

中国石油大学出版社
CHINA UNIVERSITY OF PETROLEUM PRESS
山东・青岛

图书在版编目(CIP)数据

中外石油文化 / 张卫东等编著. --青岛 ：中国石油大学出版社，2023.3(2023.10 重印)

ISBN 978-7-5636-7483-1

Ⅰ. ①中… Ⅱ. ①张… Ⅲ. ①石油企业—企业文化—研究—世界 Ⅳ. ①F416.22

中国版本图书馆 CIP 数据核字(2022)第 195811 号

中国石油大学(华东)规划教材

书　　名：中外石油文化

ZHONGWAI SHIYOU WENHUA

编　　著：张卫东　巩　凯　刘积舜　林英松　张黎明　魏建光

责任编辑：高　颖(电话　0532-86983568)

封面设计：王凌波

出 版 者：中国石油大学出版社

(地址：山东省青岛市黄岛区长江西路 66 号　邮编：266580)

网　　址：http://cbs.upc.edu.cn

电子邮箱：shiyoujiaoyu@126.com

排 版 者：青岛天舒常青文化传媒有限公司

印 刷 者：青岛北琪精密制造有限公司

发 行 者：中国石油大学出版社(电话　0532-86983437)

开　　本：787 mm×1 092 mm　1/16

印　　张：15.25

字　　数：378 千字

版 印 次：2023 年 3 月第 1 版　2023 年 10 月第 2 次印刷

书　　号：ISBN 978-7-5636-7483-1

定　　价：68.00 元

前言 Preface

习近平总书记指出:“我们要坚持道路自信、理论自信、制度自信,最根本的还有一个文化自信。”文化自信是一个民族、一个国家以及一个政党对自身文化价值的充分肯定和积极践行,并对其文化的生命力持有的坚定信心。我国作为四大文明古国之一,不仅有着享誉世界的古代四大发明,在石油文化方面也有着悠久的历史,散发着璀璨的光芒。汲取西方跨国石油公司文化的精粹,传承以“苦干实干”“三老四严”为核心的石油精神,繁荣新时代中国石油文化,是我们义不容辞的责任。

为贯彻落实《中共中央关于认真学习宣传贯彻党的二十大精神的决定》,推动党的二十大精神进教材、进课堂、进头脑,本书以石油精神和石油文化为研究对象,在“中外石油文化”国家精品在线开放课程的基础上,对其内容进一步重构,是国内外第一本系统诠释石油精神、石油文化和石油哲学的著作。全书共分十章:第一章总论;第二章石油精神红色基因;第三章大庆精神铁人精神;第四章石油精神的传承;第五章中国石油石化科学家精神;第六章西方跨国石油公司企业文化;第七章中国石油石化企业文化;第八章中国石油高校文化;第九章石油文学与艺术;第十章石油哲学。2022年8月1日正值石油工程第一师转业70周年纪念日,本书中特别丰富了石油师人的相关内容,向功勋卓著的石油师人致以崇高的敬意!

本书第一章、第二章由中国石油大学(华东)张卫东教授、中国石油大学(华东)图书馆馆长沈刘峡、中国石油大学(北京)李军教授撰写,第三章、第四章由中国石油天然气集团有限公司企业文化部副总经济师巩凯、中国石油大学(华东)张卫东教授撰写,第五章由中国石油大学(华东)张黎明教授、东北石油大学魏建光教授撰写,第六章由中国石油大学(华东)林英松教授、韩忠英副教授撰写,第七章由成都理工大学何勇明教授、陈先超副教授撰写,第八章由中国石油大学(华东)档案馆馆长刘积舜、西南石油大学高佳佳副教授撰写，第九章由中国石油大学（华东）沈壮娟教授、西安石油大学袁士宝教授撰写，第十章由中国石油大学（华东）岳金霞教授、徐越讲师撰写。全书由张卫东、巩凯、刘积舜、林英松、张黎明、魏建光统稿，由中国石油党建思想政治工作研究会驻会专家胡建国、石油工业出版社党建资源建设中心副主任陈朋玉审。壳牌公司高级钻井总监刘永军对第六章的内容进行了校正。

本书是中国石油大学（华东）“十四五”规划教材，同时得到了山东省教育厅学校校园文化建设专项和山东省高等教育学会高等教育研究专项课题的支持。特别感谢中国石油大学（华东）宣传部、组织部、教务处、图书馆、档案馆、石油工程学院等单位对本书出版给予的大力支持和帮助。

本书也是研究性教学的结晶。“中外石油文化”课程教学过程中贯彻以成果为导向的原则，鼓励学生发扬工匠精神，精益求精做出优秀作品。部分优秀作品在书中得到了展示，从而形成了师生教学共同体，构建了良好的教学生态。

由于目前相关文献浩如烟海，在资料选取过程中难免挂一漏万，敬请读者提出宝贵的意见（邮箱 842295338@qq.com）。

2023 年正值中国石油大学（华东）建校 70 周年，祝愿学校的明天更美好！

2023 年 2 月

目录
Contents

第一章

总　论

石油文化源远流长。四大文明古国之一的古巴比伦空中花园就是采用沥青和砖块建造而成的。《易经》中的“泽中有火”是现已发现的我国最早有关天然气的文字记载，距今已有 3 000 多年历史。我国战国晚期的蜀守李冰在建造都江堰的同时挖出了盐井，开始了天然气的开发，成为近代石油科技的源头。世界石油大王洛克菲勒于 19 世纪创办的标准石油公司创造了石油企业文化，而发轫于我国革命战争年代的石油精神散发出中华民族特有的光彩。

第一节　石油与文化

一、石油的概念

石油是一种特殊的物质。对人类来说，石油并不陌生。3 000 多年前我国周代的《周易》中有“上火下泽”“泽中有火”等记载，说明可燃的天然气在地表湖沼水面上逸出气苗。我国东汉班固的《汉书·地理志》记载“高奴，有洧水，可燃”，是说在陕西延安一带的洧水(即清涧河)水面上有像油一样的东西可以燃烧。公元 267 年，我国晋朝张华所著《博物志》记载：“酒泉延寿县南山出泉水，大如筥，注地为沟，水有肥如肉汁，取著器中，始黄后黑，如凝膏，然极明，与膏无异，膏车及水碓缸甚佳，彼方人谓之石漆。”在浩如烟海的历史文献中，关于我国人民认识、利用石油和天然气的记载有很多。自魏晋到唐宋的史籍中记载，在甘肃酒泉、新疆库车以及准噶尔盆地南缘等地都发现了石油，当时称其为石漆、石脂水、火油、水肥等。

“石油”这一名称最早见于我国北宋科学家沈括(1031—1095 年)的著作《梦溪笔谈》。书中曰：“鄜延境内有石油，旧说高奴县洧水即此也……此物后必大行于世，自予始为之，盖石油至多，生于地中无穷。”沈括是世界上准确科学命名“石油”的第一人。北宋时期开始对石油进行初加工，称加工后的石油产品为“猛火油”“火油”“石烛”等，医药上称为“石脑油”。

petroleum 这个英文单词最早出现在英国国王爱德华三世(1327—1377 年)的宫廷记录和皇室储藏的物品清单上。在拉丁文中,petra 指岩石,oleum 指油,petroleum 意即岩石中的油。1556 年,德国人乔治·拜尔在一篇关于石油的论文中第一次公开使用了 petroleum 一词,而后一直沿用至今。

石油曾被用作战争武器。荷马曾在《伊利亚特》中记述:“特洛伊人不停地将点燃的火种投上快船,那船顿时升起难以扑灭的火焰。”公元 7 世纪,拜占庭人曾用过的“希腊之火”就是石油和石灰的混合物,它遇到潮气就会起火。这一配方曾被当作国家机密。拜占庭人将该混合物绑在箭头上射出,或用原始的手雷投出,用来攻击船队。在当时的几个世纪,人们认为这种武器比火药更可怕。到了现代,石油用于社会领域的方方面面,被形象地称为现代工业的血液。

现代对石油的定义是:石油是储存在地下岩石中、主要由碳和氢两种元素组成的多种化合物的混合物。广义上的石油包括天然气,即 oil & gas;狭义上的石油指的是原油,即 crude oil。由碳、氢两种元素组成的化合物简称烃,包括烷烃、环烷烃、芳香烃、烯烃和炔烃等。在烃的结构中,当混有其他元素时,便形成了非烃化合物。烃是石油的主体,非烃化合物造就了石油性质的丰富多彩。

二、文化的内涵

1. 文化的演变

在我国古代,文化二字本是单独使用的。

“文”最初指动物身上的纹理、器物上的纹样,也指各种事物的颜色混杂在一起。《周易·系辞下》云:“物相杂,故曰文。”春秋时由孔子编订的《礼记·乐记》云:“五色成文而不乱。”由此原始之义衍生,“文”遂有文字、文章、文学等义,进而“文”字有了与“质”“实”相对的精神修养与美善德行之义。《论语》称:“质胜文则野,文胜质则史,文质彬彬,然后君子。”郑玄《礼记注》曰:“文犹美也,善也。”可见,“文”字自其始,便与今日之“文化”一词有着不解之缘。

“化”最初指变化多端、色彩艳丽的花朵及事物形态或性质的改变等。如《周易·系辞下》曰:“男女构精,万物化生。”郑玄《礼记注》曰:“赞天地之化育。”从这里延伸出造化、大化等。“化”由自然万物(造化)的生成、变异引申出伦理德行的化成等。

“文”“化”的合用见于《周易·贲卦·彖传》:“刚柔交错,天文也;文明以止,人文也。观乎天文,以察时变;观乎人文,以化成天下。”其意是指,天生有男有女,男刚女柔,刚柔交错,这是天文,即自然;人类据此而结成一对对夫妇,又从夫妇而化成家庭,而国家,而天下,这是人文,是文化。天文与人文相对,天文指天道自然,人文指社会人伦。治国者必须观察天道自然的运行规律,以明耕作、渔猎的时序;又必须把握现实社会中的人伦秩序,以明君臣、父子、夫妇、兄弟、朋友等关系,使人们的行为合乎文明礼仪,并由此而推及天下。西汉刘向《说苑·指武》曰:“圣人之治天下也,先文德而后武力,凡武之兴,为不服也;文化不改,然后加诛。”南朝萧统的《昭明文选》中有:“以文化辑和于内,用武德加于外远也。”显然,

“文”“化”从其最初的连用起，便具有明确的文明教化之义。这一用法延至后世，进一步引申出多种含义。与“自然”相对时，取其人伦、人文之义。从自然的“纹理”中，逐渐引申、演化出自然规律，从“纹理”一样繁盛的人际关系中，可以找出教化人群的规律。

在西方，文化最早出现于拉丁文 colere，经过演进成为 culture，开始含有耕作、垦殖、育种之义，后来泛指农业和园艺。以农业、园艺一词作为词根，引申出神明祭祀、性情陶冶、品德教化的含义。把文化当作精神、人文，西方最早记载于 1510 年的《牛津词典》中。可见，拉丁语系的 culture 是从对物质文化的解说开始的。

2. 文化的层次

文化本属于精神领域的范畴，但随着时间的演变和空间的差异，文化逐渐成为一个内涵丰富、外延宽广的多维概念。一般来说，人们对文化的理解有三个层次。

第一个层次主张文化是涵盖人类所有文明成果的大文化观。法国人类学家穆勒来埃尔认为：文化包括知识、能力、习惯、生活以及物质上与精神上的种种进步与成绩。换言之，文化就是人类入世以来所有的努力与结果。美国人类学家维斯拉认为：历史以及社会科学把所有人们的种种生活方式称作文化。美国人类学家拉尔夫·林顿认为：文化指的是任何社会的全部生活方式……没有无文化的社会，甚至没有无文化的个人。每个社会，无论它的文化多么简陋，总有一种文化。从个人跻身于一种或几种文化的意义上看，每个人都是有文化的人。我国著名学者钱穆主张：文化即人类生活的大整体，汇集起人类生活之全体即“文化”。我国国学大师梁漱溟认为：文化就是吾人生活所依靠之一切，文化之本义，应在经济、政治乃至一切无所不包。

第二个层次主张文化主要是指人类精神文化方面的创造性成果，并不包括物质生产及其实体性成果。我国学者多注意到了文化含义的广、狭之分，认为广义的文化应该包括物质、制度、精神心理等所有范畴，狭义的文化则应指精神文化的创造与成果。英国学者泰勒的文化定义就倾向于精神方面的界说。

第三个层次是指高雅的文学艺术。这里的文化沿袭了传统和现实生活中人们的直观理解，即把文化理解为以文学、艺术、音乐、戏剧等为主的艺术文化，是人类“更高雅、更令人心旷神怡的那一部分生活方式”，是“弹钢琴谈论勃朗宁的诗”那一类内容，或者就是曲高和寡式的阳春白雪。

3. 文化的特点

尽管不同时代、不同民族、不同学科对文化的理解和界定存在着明显的差异，但有一点是比较明确的，即文化的核心是人，文化是由人所创造、所特有的东西，一切文化都是属于人的，纯粹“自然”的东西不属于文化范畴。

文化是“自然的人化”。在马克思看来，自然包括两个部分：一部分是人之外的自然，即不依赖人而存在的自然界，马克思称之为人的“无机身体”；另一部分则是人自身的自然，即人的“有机身体”。自然的人化一方面包括人类对外在自然的能动的、现实的改造，另一方面也包括人自身的躯体和全部感觉发生属人的变化。说到底，文化就是人类主体通过社会实践活动，适应、利用、改造自然界实体而逐步满足自身需要，包括肉体和精神两种需要的过程。

文化是“人的文化化”。人作为社会存在物，既是特殊的现实的个体，又是社会的总体。文化造就了人，人又创造了文化。没有人，文化既不存在也没有意义；没有文化，人也不能称其为人。文化是离开动物本能的人的思想和创造的集合。

文化是一种生活方式，不同时代、不同民族的人们因不同的生活方式而拥有不同的文化。文化是人类改造世界的一种巨大力量，可以称之为“文化力”或“文化生产力”，它是与经济、政治相对应的，在文化领域内塑造历史的一种力量，三者相互渗透、影响，又相互对立并转化。

三、石油文化

早期的石油文化更多地等同于一种精神，如玉门精神、柴达木精神等，由“无意识”的初始状态开始凝结、提炼，尤其是铁人精神的形成，基本上演化形成了中国特色的石油文化定式。此后，石油文化伴随石油工业的飞速发展，进入系统科学总结阶段。

石油文化是一种典型的行业文化，是石油工业发展建设与实践过程中综合形成的所有物质、精神、制度、行为文化的总和，不仅包括被石油企事业普遍认可和共享的核心价值理念与思维模式，而且包括基于不同石油企事业不同发展阶段和管理差异衍生的具有特殊适应性的行为准则和外显的物质文化形式。石油文化既完全涵盖了石油企事业文化的全部意义，又不仅仅是一种石油企事业组织管理文化，更以一种社会文化子系统的身份，将石油行业背景下诸多石油企事业蕴含的文化要素之间的歧义性和特殊性进行了融合，强调石油文化作为一个整体而言的复杂性，以及相互融合体现的有序化态势。

文化的基本构成要素离不开精神文化、制度文化、行为文化和物质文化四个层面。石油文化作为整体社会文化的一部分，这四个层面缺一不可。

1. 精神文化

精神文化是石油文化的核心，是使命、宗旨、愿景、精神、理念、价值观、士气、社会知觉、态度、认识论等的总和。精神文化属于石油行业的上层建筑范畴，是石油行业内所有企业、组织、团体和个人行为的基础。

2. 制度文化

制度是被人们认可的行为和结果之间的映射，是塑造意识的主导性存在。制度文化是石油文化实现的保障，是最具权威性的石油文化要素，也是一种软环境态。石油制度文化从本质上讲，是适应石油工业发展环境、逐渐形成并获得认同的对待石油组织生产管理关系的一种规范化处理方式。石油制度文化充分体现着石油行业对国家法律法规的认识、对行业社会责任的落实、对自身制度体系和标准体系建设的理解，是对以精神文化为核心的石油文化的凝练，同时对石油精神文化的提升有着加速和促进作用。另外，石油制度文化中制度规范性和约束性的发挥又对石油文化行为要素和物质要素的发挥起着导向作用。石油制度文化在规范石油行业相关行为主体在管理实践和行为活动过程中形成了带有强制性的书面形式，包括石油行业的安全文化、环保文化、质量文化、诚信文化、创新文化、创业文化等方面的制度化。

3. 行为文化

行为文化是石油文化的行为要素，也是石油文化得以贯彻和落实的层面，是石油文化发挥行为导向和示范的要素。立足企业内部，行为文化对石油员工的操作规程、工作职责、工作标准、职业道德规范、礼仪习惯等方面进行了规范，具体诸如有感领导、属地管理、全员参与、直线责任、个人安全行动计划、管理评审、工作分析、安全里程碑等都是石油行为文化建设的成果和体现。从企业外部看，石油企业积极开展的爱心帮扶、关爱孤寡老人、扶助残疾人群等弱势群体的公益关爱活动，也是石油行为文化的体现。立足行业层面，石油行业内的典礼和仪式等，是对石油文化的行为文化强化的过程；石油行业中层出不穷的模范和榜样人物在岗位上的坚守和攻坚克难，是用实际行动诠释石油人行为文化的内涵。

4. 物质文化

物质文化（也称形象文化）是石油文化的物质要素的体现，是整个石油文化体系的外显形式和物质载体。石油物质文化一方面体现在品牌形象标识系统（名称、旗帜、标识、标语、着装等）、办公环境和物质条件、文化宣传网络与媒介上，另一方面还体现在新的科学技术的应用上，诸如石油行业新技术和新工艺的研发、应用和推广，以及新设备的配置和生活设施的完善等方面。经济学上强调经济基础决定上层建筑，而就石油文化而言，其物质文化要素是石油文化生成和发展的基础，决定了石油文化发展的语境、速度和程度。

第二节 石油精神

石油精神是中国石油战线在长期实践中积淀形成的，以大庆精神铁人精神为典型代表，以“苦干实干”“三老四严”为核心，为所有石油人认同和践行的一种价值观念和精神形态，是石油工业攻坚克难、夺取胜利的精神源泉和不竭动力，是我国石油工业建设与发展的核心竞争力和独特文化优势的集中体现。

一、石油精神的形态

石油精神是“一核心一典型多维度”的精神谱系。“一核心”即“苦干实干”“三老四严”，这是石油精神的灵魂；“一典型”即以大庆精神铁人精神为典型代表，这是石油精神的标杆和旗帜；“多维度”即各石油企事业在长期的奋斗中形成的企事业精神和优良传统。这些石油企事业精神和优良传统既是石油精神的外在表现，又不断丰富和完善着石油精神的内涵，推动石油精神的价值和作用跨越时空，在历史与现实的交融中薪火相传。

“苦干实干”“三老四严”是石油精神的核心内容，是石油精神的核心要义、本质要求、鲜明特质，也是石油战线共同的价值理念和精神品格，是对石油工业优良传统的集中提炼与升华，既体现了继承，又有创新和时代特色，既有浓厚的历史纵深感，又有很强的现实生命力。

大庆精神铁人精神是石油精神的典型代表，集中体现了新中国工人阶级的优良传统和精神风貌，发挥着“标杆和旗帜”的作用。习近平总书记强调，大庆精神铁人精神已经成为中华民族伟大精神的重要组成部分。

各石油企业形成的特色精神和优良传统构筑了石油精神谱系的多维空间，是全方位、多侧面、多视角展示石油精神的集大成，是石油精神的基因传承和气质表现。石油精神的多维表现在：玉门精神、克拉玛依精神、柴达木精神、塔里木精神、海外创业精神等一系列企业精神，以及“两论起家”“两分法前进”“三老四严”“四个一样”等优良传统。

石油精神犹如一条奔腾不息的长河，不断吸纳新的川流，一路浩荡向前。

二、石油精神的历史地位

石油精神是石油人在长期的生产实践中形成的行业精神，其意义远远超出石油行业。从党和国家全局的高度，从中国共产党精神谱系、中华民族精神传承的高度，更能深刻把握石油精神应有的历史定位，认清石油精神蕴含的重大价值。

石油精神是我国工业战线的行业精神典范。在我国各行各业涌现出的诸多精神中，石油精神始终熠熠生辉。以毛泽东同志发出“工业学大庆”号召为标志，大庆成为我国工业战线的一面旗帜，大庆精神铁人精神成为当之无愧的行业精神典范。2016 年 3 月 22 日，习近平总书记在参加十二届全国人大四次会议黑龙江代表团审议时讲话，对大庆给予“标杆和旗帜”的定位。2019 年 9 月 26 日，习近平总书记向大庆油田发现 60 周年致贺信，希望大庆油田肩负起当好标杆旗帜、建设百年油田的重大责任。

石油精神是中国共产党精神谱系的重要组成部分。中国共产党带领人民在谋求民族独立、人民解放、国家富强的历史进程中，在不同历史时期创造了一系列伟大精神，这些精神滋养着中国共产党人不断进行伟大斗争、取得伟大胜利。石油精神的重要性在于：它是中国共产党带领人民把革命精神精髓运用于社会主义建设的典型，是党在社会主义建设时期最具代表性的精神标识，是中国工人阶级伟大品格和精神面貌最集中、最鲜明的体现。

石油精神是中华民族精神中的一座丰碑。在 5 000 多年的发展中，中华民族形成了以爱国主义为核心的团结统一、爱好和平、勤劳勇敢、自强不息的伟大民族精神，这成为中华民族赖以生存与发展的灵魂和精神支柱。石油精神是中华民族精神的传承、体现和发扬，石油精神的“爱国、创业、求实、奉献”“苦干实干”“三老四严”等内涵，与中华民族精神一脉相承，非常生动、充分地体现了中华民族精神中最根本的精神基因，如“自强不息”的向上精神基因、“厚德载物”的向善精神基因、“天下兴亡、匹夫有责”的爱国主义精神基因。同时，石油精神所蕴含的对党和国家的无限忠诚，以及崇高的思想觉悟、严谨的工作态度和无私奉献的精神等，不仅体现了石油人对中华民族精神的传承，也体现了结合时代特点的发展创新。

石油精神是石油人对人类精神文明的杰出贡献。石油精神不仅是中国的，也是世界的。石油精神所彰显的向上向善的价值追求，所体现的中华优秀传统文化底蕴，所包含的“苦干实干”“三老四严”的态度作风，顺应世界文明进步方向，是对人类精神文明的杰出贡献，赢得了世界的认同与尊重。在实施“一带一路”、构建人类命运共同体的今天，弘扬和传播石油精神，对于在国际上传播中国价值、塑造中国形象、彰显中国力量，对于启迪和激励各国人民自力更生、奋发图强、共谋大同等，都具有重要的现实意义和深远意义。

三、石油精神的特征

几十年来，石油精神历经磨砺而长久不衰，奥秘就在于其自身所具有的“五性”——政治先进性、鲜明时代性、实践创造性、文化归属性、共同价值性。

政治先进性——始终听党话、跟党走。从 1935 年开始，陕北延长石油厂石油精神的每一步成长都离不开党的关怀与培育。大庆石油会战之初，就视思想政治工作为“法宝”和“生命线”，把“以党支部建设为核心的基层建设”作为“三基”工作之首。80 多年来，石油人始终把党的领导和党的建设作为企业发展的“根”和“魂”，坚持用党的创新理论武装头脑、指导实践，践行党的性质和宗旨，弘扬党的传统和作风，坚定不移听党话、跟党走，始终保持正确政治方向。

鲜明时代性——始终与时代同行、勇立潮头。在革命时期，石油精神之可贵主要在于信念坚定、埋头苦干、“一滴油一滴血”，为革命胜利做贡献；在建设时期，石油精神之可贵主要在于艰苦创业、苦干实干，为国分忧、为民族争光；在改革开放时期，石油精神之可贵主要在于改革创新、开拓进取、开放合作，履行企业责任使命；中国特色社会主义进入新时代，石油精神又在实现中国梦的使命担当中焕发出新的光彩。虽然时代不断变迁，但“苦干实干”“三老四严”这一石油精神的核心主线更加突出，“爱国、创业、求实、奉献”的主要内涵更加丰富。

实践创造性——产生于石油工业实践，又推动石油工业实践。一部石油创业发展史，就是石油精神谱写的史诗。石油精神是在实践中创造形成的。“爱国、创业、求实、奉献”“苦干实干”“三老四严”是石油人为国兴油的具体实践，是大量看得见、摸得着、感受得到的人物、事迹的生动写照。石油精神也推动着石油行业实践，并在实践中得到检验和升华。

文化归属性——中华民族优秀文化的展现。石油精神从产生到丰富发展，体现着“为国分忧、为民族争光”的中华民族爱国主义精神，极大地感动着国人心灵；石油人艰苦创业、苦干实干的优良作风，是对中华民族勤劳勇敢、不怕困难传统文化的传承与光大；“三老四严”“四个一样”的优良传统，是中华民族吃苦耐劳、诚实守信等传统美德的凝结。石油精神作为石油人最深厚的情怀坚守，谱写着中国人民自古以来不懈奋进的最强音。这种文化深层的力量已经融入每个石油人的血液，成为一种性格、一种品质、一种基因。

共同价值性——彰显人类精神世界真善美的崇高境界。“井无压力不出油，人无压力轻飘飘”“钻头不到、油气不冒”等实践认识，“履行责任、奉献社会”“奉献能源、创造和谐”等价值追求，体现了现代工业文明的文化特征。石油精神蕴含着坚定的信念、奋斗的精神、无畏的气概、实干的作风、奉献的品质、合规的约束、合作的理念，也包含了对待工作的态度、开展工作的方法、检验工作效果的原则等现代管理理念，彰显了现代工业文明对构建人类命运共同体的美好追求。

第三节 石油企业文化

石油属于自然资源，指原油和天然气。在石油企业生产经营中，“勘探和生产”阶段称为“上游作业”，“石油天然气加工”“运输、分配和储存”“销售和营销”阶段称为“下游作业”。同时经营上游和下游作业的石油企业，称为综合性石油公司。

企业文化是企业发展过程中逐步形成的具有个性特色且为全体员工认同并遵守的价值理念体系，以及这些理念在企业规章制度、员工行为方式、企业整体形象和生产经营管理中的体现的总和。企业文化是企业的灵魂，是推动企业发展的不竭动力。

一、企业文化四层次结构

企业文化由四个层次构成，即精神文化层、制度文化层、行为文化层、形象文化层。从企业文化建设的角度，又可以从四个层面将其依次理解为“内化于心、固化于制、实化于行、外化于形”的过程。企业文化四层次结构释义如下：

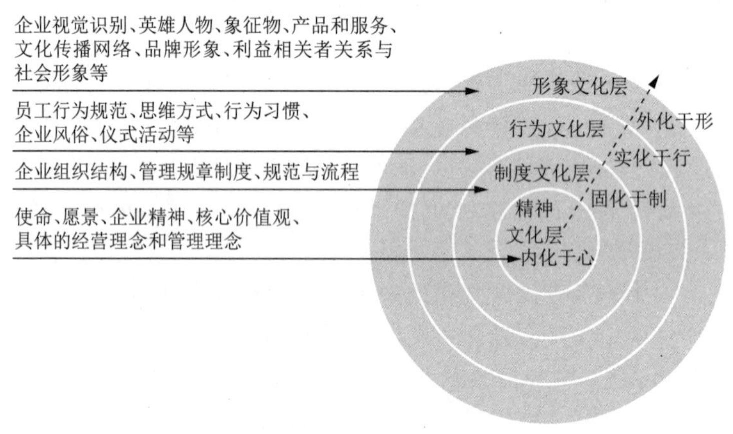

企业文化四层次结构

（1）精神文化层，也称为“企业软文化”，是企业文化的精神内核，是企业文化建设一切活动的源泉，包括价值理念体系，即使命、愿景、企业精神、核心价值观、具体的经营理念和管理理念等内容，是企业意识形态的总和。MI（mind identity，理念识别）是指确立企业自己的经营理念，对企业经营目标、经营思想、经营方式和营销状态进行总体规划和界定。精神文化层主要包括产业特征、组织体制、管理原则、企业精神、企业价值观、企业文化、企业信条、经营理念、经营方针、市场定位、社会责任和发展规划等。它是企业决策者的思维方式在企业经营过程中的全面表现。

（2）制度文化层。它是企业文化的核心理念融入管理的重要载体，是员工践行企业文化以及树立企业形象的重要保障，包括企业组织结构和企业的各项管理规章制度、规范与流程等。

(3) 行为文化层。它是员工践行企业文化理念的具体言行表现，包括员工和管理者的行为规范、思维方式、行为习惯等，还包括企业风俗、仪式活动等。BI(behavior identity，行为识别)对内包括组织制度、管理规范、行为规范、干部教育、职工教育、工作环境、生产设备、福利制度等，对外包括市场调查、公共关系、营销活动、流通对策、产品研发、公益性及文化性活动等。行为文化层是企业管理行为过程中的教育、执行的外在表现。

(4) 形象文化层，也称为"企业硬文化"，包括企业的标识、象征物，以及厂容厂貌、员工服饰、企业广告等对外形象方面的内容，主要以 VI (visual identity，视觉识别)的形式实现。VI 是以标志、标准字、标准色为核心展开的完整、系统的视觉表达体系。形象文化层将企业理念、企业文化、服务内容、企业规范等抽象概念转换为具体记忆和可识别的形象符号，从而塑造出排他性的企业形象。

二、企业精神文化层要素

1. 企业价值观

企业价值观是指企业及其员工的价值取向，是企业在追求经营成功过程中所推崇的基本信念和奉行的目标。从哲学上说，价值观是关于对象对主体有用性的一种观念，而企业价值观是企业全体或多数员工一致赞同的关于企业意义的终极判断。随着社会的发展，产品会过时，市场会变化，新技术会不断涌现，管理理念也在瞬息万变，但是在优秀的公司中，企业价值观不会变。

企业价值观是企业文化的核心，是企业生存、发展的内在动力，是企业行为规范制度的基础。

企业价值观是企业领导者与员工据以判断事物的标准，一经确立并成为全体成员的共识，就会具有长期的稳定性，甚至成为几代人共同信奉的信念，对企业具有持久的精神支撑力。一个企业要长久生存，最重要的条件不是企业的资本或管理技能，而是正确的企业价值观。企业的命运如何最终由价值观决定。当个体的价值观与企业价值观一致时，员工就会把工作看作是为自己的理想奋斗。

2. 企业精神

"精神"是一个多义词，由"精"和"神"这两个字组成。"精"指物质里最纯粹美好的东西；"神"的本义是繁育众庶的先人、人们的祖先，引申义为繁育万物的天灵，扩展为无穷知识、无穷变化、无穷能量。"精"和"神"联成一个词，本意指人固有的精力、精气，形容人或物有生气，扩展为实质要旨。哲学上将"精神"一词解释为人的意识、思维活动和一般的心理状态，为物质运动的最高产物。

美国著名的管理学者托马斯·彼得曾说："一个伟大的组织能够长期地生存下来，最主要的条件并非结构、形式和管理技能，而是我们称之为信念的那种精神力量以及信念对组织全体成员所具有的感召力。"一般地说，企业精神是企业全体或多数员工共同一致、彼此共鸣的内心态度、意志状况和思想境界。它可以激发企业员工的积极性，增强企业的活力。

企业精神若合乎科学、合乎实际，则会焕发出无穷的战斗力。20世纪60年代初，我国大庆油田会战成功，威震寰宇，这显然不是依靠先进的机器设备和丰厚的工资报酬达成的，其关键在于精神，即大庆职工有艰苦创业的品德，有自强自立的气概，有报国之心、效国之志，有甩掉“贫油国”帽子的英雄抱负。

由企业运行过程可以发现，企业精神具有以下基本特征：

(1) 它是企业现实状况的客观反映。企业的生产力状况是企业的精神产生和存在的依据，企业的生产力水平及由此带来的员工、企业家素质对企业精神的内容有着根本性的影响。很难想象在生产力低的条件下，企业会产生表现高度发达的商品经济观念的企业精神。同样，也只有正确反映现实的企业精神，才能起到指导企业实践活动的作用。企业精神是企业现实状况、现存生产经营方式、员工生活方式的反映，这也是它最根本的特征。

(2) 它是全体员工共同拥有、普遍掌握的理念。一种精神只有当其成为企业内部的一种群体意识时，才可认作是企业精神。企业的绩效不仅取决于其自身具有的一种独特的、有生命力的企业精神，而且取决于这种企业精神在企业内部的普及程度，取决于这种企业精神是否具有群体性。

(3) 它是稳定性和动态性的统一。企业精神一旦确立，就相对稳定，但这种稳定并不意味着一成不变，它还是要随企业的发展而不断发展。企业精神中对员工存在的现代生产意识、竞争意识、文明意识、道德意识以及企业理想、目标、思想都具有稳定性。但同时，现实情况又不允许企业以一个固定的标准为目标，竞争的激化、时空的变迁、技术的飞跃、观念的更新、企业的重组，都要求企业做出与之相适应的反应，这就反映出企业精神的动态性。稳定性和动态性的统一，使企业精神不断趋于完善。

(4) 它具有独创性和创新性。每个企业的企业精神都应有其自身的特色和创造精神，这样才能使企业的经营管理和生产活动具有针对性，让企业精神充分发挥其统帅作用。企业财富的源泉蕴藏在企业员工的创新精神中，企业家的创新体现在他的战略决策上，中层管理人员的创新体现在他怎样调动下属的劳动热情上，普通员工的创新体现在他对操作的改进及自我管理的自觉性上。任何企业的成功，都是其创新精神引领的结果。

(5) 它要求务实和求精精神。企业精神的确立，旨在为企业员工指出方向和目标。所谓务实，就是从实际出发，遵循客观规律，注意实际意义，切忌凭空设想和照搬照抄。求精精神就是要求企业在经营上高标准、严要求，不断致力于企业产品质量、服务质量的提高。

(6) 它具有时代性。企业精神是时代精神的体现，是企业个性和时代精神相结合的具体化。优秀的企业精神能够让人从中把握时代的脉搏，感受时代赋予企业的勃勃生机。在发展市场经济的今天，企业精神应当渗透着现代企业经营管理理念、确立消费者第一的观念、灵活经营的观念、市场竞争的观念、经济效益的观念等。充分体现时代精神应成为每个企业培育自身企业精神的重要内容。

3. 企业使命或企业宗旨

所谓企业使命，是指企业在社会进步和社会经济发展中所应担当的角色和责任，是指企业的根本性质和存在的理由。它说明了企业的经营领域、经营思想，可为企业目标的确立、战略的制定提供依据。

一般来说，企业使命包含企业宗旨。企业宗旨也称企业经营宗旨，是指企业就其承担的责任和义务向社会做出的承诺。它反映了企业对待社会责任和任务的基本态度，从而反映了企业存在的社会价值。企业宗旨是企业目标的抽象化。企业宗旨反映的是企业“安身立命”之本，是企业必须严格遵守的承诺。

企业使命需要回答以下五个问题：公司的事业是什么？公司的顾客群是谁？顾客的需求是什么？公司用什么特殊的能力来满足顾客的需求？如何看待股东、客户、员工、社会的利益？

4. 企业愿景

企业愿景体现了企业家的立场和信仰，是企业最高管理者头脑中的一种概念，是这些最高管理者对企业未来的设想，是对“我们代表什么？”“我们希望成为怎样的企业？”的持久性回答和承诺。企业愿景不断地激励着企业奋勇向前、拼搏向上。

企业愿景需要回答以下三个问题：我们要到哪里去？我们的未来是什么样的？目标是什么？

愿景的力量应该在于它处于可实现而又不可实现的模糊状态，它既是宏伟的，又是激动人心的。愿景的哲学意义建立在“你想成为什么，所以你能成为什么”，而不是“你能成为什么，所以你想成为什么”上。愿景哲学给予企业激发员工无限潜能的智慧去实现其人生哲学与企业哲学的终极目标。

5. 企业作风

作风是在思想、工作和生活等方面表现出来的态度或行为风格。所谓企业作风，是指一个企业在长期的生产经营等实践活动中形成的一种风气，是企业内质的外在表现，是企业在各种活动中所表现出来的一贯态度和行为处事的风格，是全体员工在企业发展过程中长期积累并形成的精神风貌。

企业作风是企业的一种氛围、风气，甚至是一种习惯。表面看起来企业作风是看不见、摸不着的，但它却影响着企业的发展方向、经营行为。企业作风既具有本企业特性，也具有企业的行业特征和生产技术、经营管理、员工素质等方面的特点。良好的企业作风，能够协调企业的组织与管理行为，有助于建立科学、规范的企业运行次序，提升企业员工的工作境界，达到提高工作效率与经济效益的目的。

6. 企业哲学

所谓企业哲学，是指一个企业为其经营活动或方式所确立的价值观、态度、信念和行为准则，是企业在社会活动及经营过程中起何种作用或如何起这种作用的一个抽象反映。企业哲学是以企业家文化为主导的公司核心群体对于公司如何生存和发展的哲理性思维，它是一种人本哲学，是公司解决如何在外部生存以及如何在公司内部共同生活的哲学，是公司对内外部的一种辩证式的哲学思考，是指导公司经营管理的最高层次的思考模式，是处理公司矛盾的价值观及方法论。企业哲学由三部分构成：公司愿景、使命及核心价值观。

企业哲学是企业文化的核心和动力源泉，只有在有足够的能力处理公司发展的内外矛盾的前提下，公司才能确立其核心价值观以及围绕价值观的辩证方法论。核心价值观是处理企业各种矛盾的指导原则，是公司哲学思想的最集中体现。企业哲学是一种存在，而企业文化是一种现象。企业文化是基于企业哲学辩证思考之后确立的基本假设，并在此基础上产生的价值观，以及价值观所指导下的行为模式。企业文化是企业哲学的外在表达，企业哲学是塑造企业文化的根本。

7. 企业理念

企业理念是企业在持续经营和长期发展过程中，继承企业优良传统，适应时代要求，由企业家积极倡导、全体员工自觉实践，从而形成的代表企业信念、激发企业活力、推动企业生产经营的团体精神和行为规范。

三、我国石油企业文化的发展

我国石油企业文化是在陆相生油理论的基础上发展起来的。古生代末期，海水逐渐退出我国秦岭—昆仑山以北和东南广大地区，这些地区几乎全部隆起成陆地或褶皱成山。到了中生代，由于三叠纪印支运动，南海北陆的局面基本结束，我国南北陆地连成一片，从而进入了一个以陆地沉积为主的新的地质发展阶段。陆地沉积是我国中新生代重要的地质特点。正是由于在主要油田形成的中新生代我国广泛发育陆相沉积而缺乏海相沉积，所以一些西方学者断定“中国贫油”。但我国的石油工业正是从陆相地层中发现油气田、破除“中国贫油”论而发展壮大的。

我国现代石油工业的发展史是一部在中国共产党领导下艰苦奋斗、无私奉献的创业史，百万石油产业大军在几十年的创业历程中，不仅为我国国民经济发展提供了大量的石油资源，创造了巨大的物质财富，而且创造并形成了石油行业的优良传统和精神财富，形成了与时代相适应的石油企业文化。

1. 革命战争年代的石油企业文化

从精神文化要素看，红军长征到达陕北后，克服重重困难，开发陕北石油，形成了以“埋头苦干”为核心的延长精神。在老君庙建设初期，艰苦的条件和特殊的时代环境使得“无中生有、艰难创业”成为老君庙开发的主要精神支柱。当时的制度文化基本是空白的。

从行为文化和物质文化要素看，这一时期经历了中华人民共和国成立前的战争和成立后的国民经济恢复与发展，是政治经济和社会环境形势都较为严峻的时期。战火的洗礼，使得新中国成立后百废待兴，油田生产一直处于底子弱、基础差、环境恶劣、物质贫乏、条件艰苦的状态。在建设初期，石油人顶风冒雪、风餐露宿，以最为简陋的设备白手起家；在建设过程中，石油人节俭成风，收旧利废盛行，不论是一滴石油还是一度电，或者是一寸管材甚至一团棉纱，都视若珍宝。

2. 计划经济时期的石油企业文化

从精神文化要素看，以毛泽东思想为核心的社会主义价值观得以发展和完善，其核心思想包括全心全意为人民服务的价值取向、消灭剥削实现共同富裕的价值目标、社会平等的价值理念、人的全面发展的思想。在这一思想指导下，玉门油田在发展过程中总结出了“一厘钱”精神、“穷搞鼓”精神、“小厂办大事”精神、“找米下锅”精神、“再生厂”精神五种精神。这些精神进一步丰富和完善了玉门精神的内涵。此后，在克拉玛依、柴达木等地区进行的一系列大型的石油会战过程中，先后形成了以“爱国奉献、艰苦创业、民族团结、求真务实、追求卓越”为核心的克拉玛依精神和以“顾全大局的爱国精神，艰苦奋斗的创业精神，为油而战的奉献精神，开拓创新的实干精神”为核心的柴达木精神。它们都是传统信仰与革命文化契合而成的人文精神。随着我国第一个独立发现和开发的大型油田——大庆油田的开发和建设，逐渐形成了“爱国、创业、求实、奉献”的大庆精神铁人精神，为胜利、辽河、华北、大港等大型油田的开发建设提供了重要动力，也对我国石油工业的发展产生了重要而深远的影响。

制度文化要素体现在探求地下奥秘、开发油田、总结经验、加强企业制度建设和作风建设等方面。与其他诸多行业不同，石油行业依托的是石油与天然气资源的勘探和开发利用，而石油与天然气资源都深埋地下，不确定性高、隐蔽工程多，因此石油人相信“一切经过试验”，并以之为指导研究问题、探索规律、总结经验。这一坚持从实际出发的辩证唯物主义认识观，坚持从实践到认识到再实践到再认识的过程，是我国各油田成功开发的宝贵经验，也催生了“三老四严”（对待事业，要当老实人，说老实话，办老实事；对待工作，要有严格的要求、严密的组织、严肃的态度、严明的纪律）及“四个一样”（对待革命工作要做到：黑天和白天一个样、坏天气和好天气一个样、领导不在场和领导在场一个样、没有人检查和有人检查一个样）等诸多用于指导实践的优良作风和行为规范。

从行为文化和物质文化要素看，中国现代化的典型特征便是将武装革命斗争成功转化为文化创新，社会主义政治又将军事行为文化提升到新的高度。从毛泽东思想的理论角度看，革命军事理论对社会主义运动的贡献是极其杰出的，军事思想和理论鲜明的政治指向本身就是先进科学理论体系的一部分，在中国社会变革中产生了重要作用，对于新中国成立之初的经济恢复与发展也有关键作用。因此，新中国成立后艰苦卓绝的石油会战采用了“集中优势兵力，各个歼灭敌人”的运动战方针和军队填补产业工人空缺的做法，并将“三大纪律八项注意”“无条件服从命令”等军事行为风格移植进了石油文化。

这个时期的石油企业文化具有以下的特点：

一是带有军队文化的特点。石油工业从新中国成立以来，就和军人结下了不解之缘。1952 年，解放军第十九军五十七师 8 000 名官兵改为石油工程第一师，集体转业到石油行业。李聚奎、周文龙、余秋里三位开国将军先后到石油工业部任职。直到 20 世纪 80 年代，历任石油工业的主要领导人都是军人出身。在历次石油大会战中，大量的转业军人成为石油产业工人。从某种意义上来说，石油文化是军队文化与产业文化的需求相结合而产生的。从本质上说，石油文化体现了军队严整、规范、有序、顽强的作风，军队的文化底蕴决定了石油人敢打、善打硬仗，连续作战，不怕艰难困苦，适应力强的作风。

二是带有混合文化的特点。这是构成独特油城文化的一个重要因素。每一个油田都有来自全国各地的人，而油田人转战各地，所吸收、携带的不同工作区域的文化与其本身的文化又会进行碰撞、共生，这就使石油企业文化具有混合文化的特点。

三是带有政治文化的特点。石油作为国家的能源保障，对一个国家的经济有着举足轻重的作用。我国的石油产业从起步开始就受了格外关注。中华人民共和国成立之初，毛泽东就说过，要进行建设，石油是不可缺少的。中国的石油又有“志气油”的称谓。从毛主席向全国发出“工业学大庆”的号召起，石油人便成为中华人民共和国工业界的精神骄子，同时也打上了强烈的政治烙印。

四是带有独特的会战文化的特点。新中国经济建设的起步时期，在资金匮乏、基础几乎为零的条件下，石油行业不得不采取运动的方式开展各种各样的会战，从各地抽调有生力量，运用“集中优势兵力，各个歼灭敌人”的军事原理开展经济活动。从工业经济的复苏到后来的三线建设的整个经济发展过程中，会战成为石油建设的主体方式。客观地看，苏联和中国等国家采取这种方式实现了经济起步时段的崛起，从而奠定了国民经济的布局、框架和其后发展的基础。

五是带有榜样文化的特点。这是石油文化中十分耀眼的部分。铁人王进喜与其他行业的工人英雄一道，登上天安门接受了共和国最高领导人的接见，他们成为工人阶级的一面旗帜。与此同时，职工家属中掀起的“五把铁锹闹革命”的生活自救、创业立业，从另一层面上大大丰富了石油榜样的群体，他们的精神感召着百万石油大军以及全社会投身社会主义建设的热潮。

六是带有达观英雄主义文化的特点。最能体现这一特征的是“石油工人一声吼，地球也要抖三抖”“哪里有石油哪里就有我的家”的精神。早期石油人的工作地域大多是荒无人烟的戈壁大漠、海湾滩涂、荒山野地等待开发或欠发达的地域。石油工人在恶劣的自然环境下克服种种难以想象的困难，取得了一个又一个的胜利。正是这样的艰苦磨难孕育、滋养了石油人乐观、粗犷、豁达、豪放的性格。之后随着人员的调动、搬迁，这种个性遍及各个油田。

七是带有开拓进取文化的特点。勘探开发的不确定性注定了石油人开拓精神的产生和敢于承担责任的特质。由于石油隐藏在地下几百米、几千米的地层，不可能直观地认识，所以勘探成功率很难超过30%，而一口探井动辄就是上百万元的投资，因此石油人提出了“工作的对象在地下，斗争的对象在油层”的口号，钻头只有大胆而不停地向地下的理想深处开拓进取，才能最终达到理想的境地。职业的特点锻造了石油人的开拓精神，也锻炼了石油人的承受能力和韧性，形成了石油文化敢打敢拼的特征。

3. 改革开放时期的石油企业文化

从精神文化要素看，伴随时代政治经济形势的发展和我国改革开放的实施与推进，和平与发展取代了之前的革命与战争成为时代主题，并沿着实现中华民族伟大复兴的道路不断发展。在邓小平理论、“三个代表”重要思想、科学发展观、习近平新时代中国特色社会主义思想的指导下，科学发展、效益优先、拓展市场等理念深入石油文化，低碳环保、和谐、安全、学习等关键社会文化要素被纳入石油文化。因此，这一阶段的石油文化基本将大庆精神作为蓝本，与各自石油企业进行结合，进一步丰富和弘扬石油文化内涵。胜利油田凝练出了“从创业走向创新，从胜利走向胜利”的胜利精神，兰州石化形成了“自强不息、艰苦奋斗、苦干实干、兴业报国、敢为人先、追求卓越”的兰州石化精神，塔里木石油会战形成了“艰苦奋斗、真抓实干、求真务实、五湖四海”的塔里木精神。

从制度文化要素看，这一时期的石油工业从粗放式管理和生产向“科技含量高、经济效益好、资源消耗低、环境污染少、人力资源优势得到充分发挥”的新型工业化道路转型，石油精神文化很好地渗透和融入制度层面，油田企业都在建立和完善生产经营、科技创新、思想政治、企业管理等方面的规章制度，使得石油制度文化也得到了良好的发展且颇具特色。首先，安全管理基本上在油田形成了体系化和常规化，直线领导负责制、属地管理、行为安全审核、安全经验分享、有关领导和全员参与等安全文化建设朝着长效机制建设方向发展。其次，以人为本和促进人的健康发展在油田形成制度化管理，体现在诸如员工健康管理制度化、员工学习与培训管理制度化、带薪休假制度化等方面。最后，将廉洁文化建设纳入石油制度文化范畴，通过油田廉洁文化风景线、思想道德标准线、廉洁从业警戒线等的塑造，使廉洁文化成为新时期石油制度文化的重要组成部分。

从行为文化要素看，这一阶段是我国经济腾飞和石油工业飞速发展的时期，因此这一时期的石油行为文化具备鲜明的时代特征，概括起来主要有三个方面。一是时代性。不断与时俱进，增添符合时代要求的内容与形式，保持先进文化的引领作用，使得油田的行为文化建设有了时代特征。例如油田“班车站点文化”，通过在班车接送点进行橱窗文化建设，宣传典型人物事迹，配合作业区进行多形式任务教育、法制常识教育、安全文化教育等，先后培养和塑造了以杨拯陆等为代表的一批批时代先进人物。二是示范性。石油文化是对经济高速发展时期的社会主义核心价值观的集中体现，通过对行业内各领域优秀人物、模范先锋、典型事件的塑造，评选科技创新青年楷模、劳动模范、技术标兵、感动油田年度人物等，塑造了新时期石油文化的行为楷模，不断推进石油行为文化的建设。三是群众性和实践性。很多源于实际的文化理念被提炼出来，形成油田特有文化，又被应用于油田管理和生产运营。例如塔里木油田在“只有荒凉的沙漠、没有荒凉的人生”的塔里木文化精髓指引下，发挥群众智慧总结了基层单位的诸多行为特质：“心随钻头一起转”为核心的“钻头文化”，“敢于亮剑”为基准的“尖刀文化”，“一不怕苦、二不怕死、团结协作、勇于胜利”的勘探战线“山地精神”等。

从物质文化上看，油田具有特色的物质形态文化也在不断发展，尤其是三大石油公司重组后，按照集团公司的要求，所属企业均统一使用集团公司的标志，例如中石油的宝石花，中石化的朝阳标志，中海油的 CNOOC 标志等，对于大力宣传石油品牌形象和发挥其影响力起到了重要作用。同时，科学技术被广泛应用于石油行业各领域，开展了不同程度的技术攻关并形成了技术优势，使得石油行业生产管理物质环境得到不断改善和提升。油田有线电视台、科教频道、各类石油相关杂志和科普读物以及石油网络建设为石油文化的健康发展提供了重要的物质保障。

第四节 石油高校文化

高校文化是高校师生根据社会发展需要，在长期的教育教学实践过程中，通过学校各个层面所创造、积累并共享的文化，主要反映了师生的共同追求与理想信念，内化于高校校园特色的物质形态形成过程，贯穿于高校精神财富的创造过程。

一、高校文化蕴含的主要内容

1.高校文化的主体要素是在校园中学习、工作和生活的师生员工

高校文化是校园内全体师生员工在长期的教学、科研、管理、生活等实践活动中共同创造的成果。学生是校园文化实践与创造的主力军;教职工是学校物质文化的创造者,其教学计划、模式和方案是体现学校制度文化的典范。高校精神是高校文化的核心,无论是价值观念、思维方式还是行为作风都是以教师为中坚力量培育的。校风是高校文化的直接体现,包括学风,也包括教风和学校各机关部门的工作作风。校训是广大师生共同遵守的基本行为准则与道德规范。它既是学校办学理念、治校精神的反映,也是校园文化建设的重要内容,是一所学校教风、学风、校风的集中表现,是人文精神的高度凝练,是学校历史和文化的积淀,是一个学校的灵魂。

2.高校文化是精神文化、制度文化、行为文化和物质文化的有机统一体

高校文化作为一个有机的整体,按构成要素可以分为以下四个层面:(1) 校园精神文化,它是高校文化的核心,即校园文化的观念层次,包括校园人的思维方式、价值观念、道德情操、理想信念、精神追求及长期形成的校风;(2) 校园制度文化,即学校全体师生员工必须遵守的规章制度及组织形式,是高校文化的行为准则,具有指导的功能和强制性的效力;(3) 校园行为文化,即校园文化的行为方式层次,是各种精神文化的实践形式,如行为模式、集体活动等,它是高校文化最活跃的体现形式;(4) 校园物质文化,即体现于校内物质方面的文化层次,包括教学方式方法、科研成果、校园设施设备、生活条件等,既是校园文化的物质载体,外化于形,又被赋予深刻的文化含义,是高校文化的集中体现。这四者是一个有机统一体,不能割裂或片面孤立起来。

3.高校文化的核心是大学精神

大学精神的本质内容是继承和发展人类理性精神和人文精神:理性精神强调知识和科学本身的价值,人文精神则强调追求、运用知识时的责任感和价值观。新时代的高校文化就是通过对人类理性精神和人文精神的整合、继承、再创造形成的现代科学精神、伦理精神和民主精神相统一的大学精神,超前于社会文化。科学追求真,伦理追求善,而民主是真与善的观念在政治生活中的体现,也是对社会公正的追求。一所大学要展现自己的特色,保持旺盛的生命力,必须有深厚的科学文化底蕴作为基础,才会有源源不断的创造性和前进动力。

4.高校文化是特定的社会大环境和大背景下的产物

高等院校作为社会的重要组成细胞,担负着人才培养、科学研究、社会服务、文化传承和国际合作交流五大职能,其根本目的是为国家经济建设和社会发展服务。高校文化的形成和发展从根本上讲取决于国家的经济社会发展。

高校文化对社会主流文化也具有一定的作用。校园文化育人的职能客观地要求一种更加净化的、更符合社会理想的文化氛围。高校文化启蒙于时代,但其发展又领先于时代。

5. 高校文化体现学校全面素质和整体教育水平，显示出特有的精神风貌

高校文化作为社会文化系统中的一种亚文化，是通过一代代师生共同创建并在发展中不断传承，在传承中不断完善的。就全局意义而言，高校文化因高校办学规模、办学历史、学校类型、专业设置、归属关系、地域特征的条件和环境的不同而各具特色，又因时代的不断发展和变换而形成了不同的文化氛围。高校文化因所处大环境不同而存在着很大的差异，而正是这些差异的存在才使得每所学校形成了自己独特的文化主题、文化模式、教育体系和机制，并且成为该校鲜明的个性和品格的象征，具有特殊的感染力和影响力，潜移默化地影响着每个校园人，又通过每个校园人的精神风貌、整体素质展现出来。

二、我国石油高校的发展

我国是发现和使用石油及天然气最早的国家之一，是世界上著名的石油文明古国，卓筒井、簾盆采气术、木制管道、猛火油术的发明为近代世界石油工业的诞生贡献了源头的技术创新。

1878 年在我国台湾打出的苗 1 井和 1907 年在陕西打出的延 1 井都是进口外国钻机、聘用外国技师钻成的石油发现井。在抗日战争时期，国共两党合作于 1939 年开发玉门油田。从 1939 年至 1949 年，共钻井 48 口，总进尺 2.5 万米，生产原油 49 万多吨。这是旧中国开发规模最大、产量最高的油田。

旧中国原油产量最高的年份是 1943 年，年产量 30 万吨。1949 年新中国成立前夕，全国只有 8 台钻机，原油产量仅 12 万吨。全国的石油职工队伍人数很少，总共不到 1.2 万人。其中具有一定科学文化知识的只有 1 300 人，这些人当中又多是经营“洋油”买卖业务的，生产技术人员只有 700 人。在技术人员中，石油地质和地球物理的技术人员不到 30 人，钻井工程师仅 10 余人。

这样羸弱的旧中国石油工业，是谈不上什么石油教育事业的。旧中国没有一所石油专业方面的学校，更没有一所石油高等院校。在旧中国的大学里，没有石油系科，甚至没有独立的石油学科课程。当时从事石油科研的极少的人员多是从其他学科改行过来的。例如，石油勘探的专家和技术人员多是学物理、电学、普通地质的，石油钻采的专家和技术人员大都来自采矿系科，炼油的专家和技术人员多来自国内外大学的化工、化学、机械专业，等等。旧中国几乎空白的石油教育事业充分说明了当时石油工业的落后。

新中国第一个五年计划对石油工业的要求很高。石油是工业的血液，是先行工业，对于整个国民经济的发展影响极大。毛泽东、周恩来等领导人曾专门征询地质部部长、著名地质学家李四光等人的意见。毛泽东说过，要进行建设，石油是不可缺少的。天上飞的，地下跑的，没有石油都转不动。党和国家在制定发展国民经济的第一个五年计划时，非常重视石油工业的发展，要求石油工业制定出相应的五年建设发展规划。石油工业发展的第一个五年计划为年产 350 万吨。

第一个五年计划提出：“五年内，国民经济各部门和国家机关需要补充的各类高等和中等学校毕业的专门人才共 100 万人左右。”

中国的石油教育事业是应新中国成立后石油工业恢复与发展的战略要求而开创和发

展起来的。

早在 1949 年 11 月燃料工业部成立时，部机关就设立了专人和专门机构主管教育工作。副部长刘澜波主管教育，他非常重视燃料工业教育，做了许多开拓性的工作。

1951 年 11 月，全国第一次高等工业院校会议在北京召开。会议讨论以华北、华东、中南三地区为重点，拟定工学院调整方案。徐今强作为燃料工业部主管石油工业的代表参加了会议，并在会上做了长篇发言。徐今强阐述了石油工业的重要性，介绍了石油工业技术人员奇缺的情况，呼吁重视石油技术人才的培养，希望有关大学为石油工业培养高级技术人才。同时，建议学习苏联经验，建立我国的石油教育体系，不仅要办石油中等技术学校，也要办正规的高等石油院校。建议在条件成熟的时候，及时筹办石油学院。这是最早提出筹办石油学院的建议。

1951 年 9 月，为培养新中国石油工业急需人才，经中央人民政府燃料工业部批准，正式建立"西南石油工业专科学校"，隶属于中央人民政府燃料工业部石油管理总局，校址选在重庆市沙坪坝区(现渝中区)化龙桥。当年招收专科生，与重庆大学合作办学。1953 年，由专科改为中专，更名为"重庆石油工业学校"。1955 年，石油工业部成立后，更名为"石油工业部重庆石油学校"。

承德石油高等专科学校始于 1903 年在天津创办的北洋工艺学堂，是我国兴办最早的高等工业职业院校之一。学校 1952 年开始主要面向石油工业服务，1958 年迁至河北省承德市。

1953 年 10 月 1 日，我国第一所石油高等学府——北京石油学院诞生，成为当时位居北京西北郊的著名八大学院之一。

西安石油学院源于西安力行中学，1951 年在其基础上成立了西北石油工业专科学校，隶属于西北石油地质局。1958 年 8 月，经国务院批准，在西北石油工业专科学校的基础上成立西安石油学院。1960 年 9 月划归石油工业部领导。

为培养油田急需的各民族石油建设人才，经新疆维吾尔自治区人民政府批准，1958 年 8 月在乌鲁木齐石油学校的基础上建立了新疆石油学院。

1958 年，石油工业部在组织四川川中石油天然气勘探开发大会战中建立了四川石油学院，从北京石油学院抽调 70 多名教师进行支援，1958 年 11 月 1 日开学。1970 年经国务院批准改为西南石油学院。

1960 年大庆石油会战时期，石油工业部在安达县于 1961 年 9 月建成东北石油学院，1975 年 7 月 10 日，更名为大庆石油学院。

1969 年 11 月，北京石油学院迁到胜利油田办学，由山东省革命委员会领导，从 1970 年 2 月起改称华东石油学院。

1978 年，中国成为石油产量上亿吨的产油大国。1950 年筹建的北京石油工业专科学校，1953 年定名为北京石油地质学校，后多次搬迁易名。1971 年迁校到湖北江陵，改为江汉石油地质学校，1978 年改名江汉石油学院，2003 年与湖北农学院、荆州市师范学院、湖北省卫生职工医学院组建成长江大学。

1980 年，经国务院批准，恢复建立西安石油学院和抚顺石油学院。1988 年原石油工业部撤销，成立中国石油天然气总公司、中国石油化工总公司及中国海洋石油总公司，抚顺石油学院划分给中国石油化工总公司。

1988 年 2 月，经国家教育委员会和石油工业部批准，将华东石油学院山东部分称为石油大学（华东），在华东石油学院北京研究生部的基础上成立石油大学（北京），并扩招本科生，实行联合办学。以后又陆续于 1988 年将 1981 年成立的广州外语培训中心合并于石油大学，称为石油大学（广州），将北京石油管理干部学院作为一个组成部分并入石油大学。

1998 年之后，国家对于教育管理体制改革的措施出台，石油教育机构发生了很大的变化。石油高校全部由行业管理改为由教育部和地方管理。原有的 9 所石油高校，除石油大学划归教育部管理外，其他学校均由所在省市管理。不少学校更名或与当地其他学校合并。石油大学更名为中国石油大学，保留两地办学；西南石油学院更名为西南石油大学；大庆石油学院更名为东北石油大学；西安石油学院更名为西安石油大学；江汉石油学院与其他三所学校合并更名为长江大学；抚顺石油学院更名为辽宁石油化工大学。

思考题

1. 阅读本章材料，试着为石油文化下一个定义。
2. 阅读陆相沉积的文献，谈谈中国石油文化与陆相的联系。
3. 欣赏《梦逐石油》诗歌，谈谈其中所体现的石油文化。
4. 欣赏《爱石油，爱石油人》诗歌，谈谈其中所体现的石油文化。

诗歌
《梦逐石油》

诗歌
《爱石油，爱石油人》

测试题

第二章

石油精神的红色基因

中国漫长的封建社会束缚了生产力的发展，使我国近代石油开采技术的发展十分缓慢。19 世纪下半叶，世界主要产油国的石油产量迅猛增长，供应量远远超出其国内市场需求，中国便成为其倾销石油的市场之一。1863—1949 年的 87 年中，中国进口各类油料约 3 460 万吨。

外国石油产品对中国市场的倾销对中国经济和社会生活产生了巨大影响，中国有识之士提议开发本国石油资源。在时任福建巡抚丁日昌的倡导推动下，1878 年，在台湾苗栗后垄溪使用进口的以蒸汽机为动力的顿钻钻机，钻成了中国第一口近代油井，标志着中国近代石油工业的开端。20 世纪初，清朝政府批准陕西当局开发陕北石油，1905 年成立延长石油官厂，1907 年 9 月 10 日用进口钻机钻成了中国大陆第一口油井。1935 年红军长征到达陕北，解放了延长油矿，延长油矿的面貌焕然一新，孕育形成了延长精神。抗日战争时期，延长油矿倾其所能支援老君庙油田的开发，国共合作孕育出了老君庙精神。

1952 年，中国人民解放军 19 军 57 师近 8 000 官兵整建制转业到石油工业战线，为我国石油工业植入了强大的红色基因，展开了数次波澜壮阔的石油大会战，彻底改变了我国贫油的面貌，形成了以爱国奉献为主旋律的玉门精神、克拉玛依精神、柴达木精神等石油精神。

第一节　延安精神与延长精神

中共中央自长征到达陕北延安后的 13 年，培育和铸造了以坚定正确的政治方向，解放思想、实事求是的思想路线，全心全意为人民服务的根本宗旨，自力更生、艰苦奋斗的创业精神为主要内容的伟大的延安精神。1944 年，毛泽东为延长石油厂长、边区特等劳模陈振夏题词“埋头苦干”，从此“埋头苦干”就成为延长石油人的精神灵魂。经过长期的积淀和发展，最终形成了“埋头苦干、开拓创新”的延长精神。

一、延安精神

革命圣地延安，既是红军长征胜利的落脚点，也是建立抗日民族统一战线，赢得抗日战争胜利，进而夺取全国胜利的解放战争的出发点。1935—1948 年，毛泽东等老一辈无产阶级革命家就是在这里生活和战斗了 13 个春秋，他们运筹帷幄，领导和指挥了中国的抗日战争和解放战争，奠定了中华人民共和国的坚固基石，培育了永放光芒的延安精神，谱写了可歌可泣的伟大的历史篇章。延安精神正是以毛泽东为主要代表的中国共产党人把马克思列宁主义的科学思想体系与中华民族的优秀传统和作风相结合的产物，是中国共产党在长期革命斗争中所形成的优良传统和作风的结晶，是井冈山精神、长征精神的继承和发展，是一种具有中国特色的无产阶级革命精神。

1. 延安精神的内涵

(1) 自力更生、艰苦奋斗的创业精神。

中国共产党是靠艰苦奋斗起家的，中国共产党和人民的事业是靠艰苦奋斗不断发展壮大的。当时的延安交通闭塞，经济落后。面对国民党的封锁，毛泽东号召根据地军民自己动手，丰衣足食，开展了大生产运动。部队战时作战，闲时种地。多年下来，红米饭、南瓜汤不但没有将根据地军民饿垮，反而铸就了延安军民的铮铮铁骨和艰苦奋斗的精神。

(2) 全心全意为人民服务的精神。

延安时期是中国共产党在中国局部地区建立人民政权，并不断扩大执政区域的重要时期。中国共产党历来把为中国最广大人民谋利益作为自己的根本宗旨，在延安时期就响亮地提出了“为人民服务”的口号，并在全党认真实践。那时的陕甘宁边区政府被誉为“民主的政府，廉洁的政府”。当年驻延安的美军观察组成员说：“这里不存在铺张粉饰和礼节俗套，没有乞丐，也没有令人绝望的贫困现象，人们的衣着和生活都很俭朴，人民之间的关系是坦诚、直率和友好的。这里也没有贴身保镖、宪兵和重庆官僚阶层的哗众取宠的夸夸其谈。”中国共产党就是以对人民的无限忠诚，赢得了人民的拥护和支持。

(3) 理论联系实际、不断开拓创新的精神。

延安时期是中国共产党科学总结正反两方面经验，成功地推进马克思主义中国化、在理论上实现第一次历史性飞跃的时期。毛泽东的许多重要著作，如《中国革命战争的战略问题》《实践论》《矛盾论》《论持久战》《新民主主义论》《论联合政府》等，都是在延安时期完成的。

(4) 实事求是的思想路线。

在延安时期，形成了实事求是这一中国共产党的思想路线。实践表明，只有解放思想，才能达到实事求是；只有实事求是，才是真正地解放思想。在任何时候、任何情况下，一个地区、一个部门、一个党员干部，只有坚持实事求是，才能不脱离群众、脱离实际。

2. 延安精神的传承人物

新中国建设时期，李聚奎、何长工、余秋里、旷伏兆、周文龙等一批开国将军投身石油事业，为我国石油工业的发展做出了重大贡献。

投身石油事业的开国将军简介

二、延长精神

1.延长油矿早期开发历史

1905 年 3 月，清政府外务部批准陕西省自办延长油矿，并指定候补知县洪寅为“总办”。洪寅取油样送到汉口化验，证明油质“胜于东洋，能敌美产”，于是聘请日本技师阿部正治郎到陕北勘查石油资源。同年 10 月，陕西巡抚曹鸿勋会同陕甘总督升允向清政府上书《试办延长石油筹修车路以兴利源而资转运》的奏折，11 月 8 日，光绪皇帝朱批：“商部知道。钦此。”至此，中国陆上第一个石油厂——延长石油厂正式成立。为保证从日本采购的钻机和炼油设备能顺利到达延长，数万民众历经千难万险，费时一年，于 1906 年底，终于修通了金锁关至延长县共 258.5 千米的马车道。延长油矿的建立是清末民族工业依靠本地资源，借助外国先进工业技术自主办厂的一次有益尝试。

1907 年修建的延长石油厂大门

1907 年 4 月，清政府雇用日本技师佐藤弥市郎在延长县西门外勘定井位并安装橹台机器，在主要油苗附近用顿钻机开钻延 1 井，6 月 5 日开钻，9 月 6 日钻至井深 68.89 米处见旺油，开采上三叠统延长组油层，初期日产原油 150～200 千克，9 月 10 日钻到 81 米处完井，日产原油 1～1.5 吨。10 年后日产油量逐渐减少，直到 1934 年油井枯竭。产油时间共计 28 年，累计产油 2 550 吨。延 1 井的出油结束了中国大陆不产石油的历史。

陕北延长出油的消息一传出，美帝国主义认为有利可图，就在 1914 年与北洋政府签订《中美石油合办契约》。美孚石油公司组织一个调查团到山东、河南、陕西、甘肃、河北和内蒙古部分地区进行石油地质调查，并在陕西延长、延安、安塞等地打井 7 口，但均未获工业价值的油流，白白扔掉了 270 多万元。美帝国主义放弃了，中国政府决定自己干。1924—1933 年，延长石油官厂在这里打井 8 口，但出油的只有 1 口，原油年产量徘徊在百吨左右。

1932 年 11 月，孙越崎经翁文灏介绍，参加南京刚刚成立的国防设计委员会(资源委员会前身)，任专员兼矿室主任，职位同少将衔。1933 年 9 月，严爽在以孙越崎为首的考察组的带领下来到黄土高原。举目望去千山万壑，举步维艰，而且地质坚硬得被称为“磨刀石”，孙越崎、严爽一行深感在此创办油矿的艰难，但决心全力相搏。功夫不负有心人，他们终于在永坪、延长一带发现石油，随即上报油田开发可行性报告。

1934 年，国民党政府决定开采陕北石油，任命孙越崎为陕北石油勘探处处长，严爽任延长区主任兼矿技术员。没有设备，就把有限的资金全部用于从德、美进口钻探设备，从上海定制钻机配件。设备是解决了，但问题又来了，近百吨的设备怎么运到不通铁路的陕北大山里呢？严爽苦苦思索方案，同孙越崎四处奔走协调，最后决定把设备从上海分批装火车启运，运抵黄河岸边后，再雇 18 条载重 4～5 吨的木船将设备运到延水关，随后将 3 部钻机的大件拆散，骡驮、人抬，历时 56 天，终于将器材分别运送到延长和永坪。后来，那些运输器材的民工有的就自愿留在矿上，加上从天津招聘来的职工，组成了 100 多人的钻井队伍，这就是中国第一支油矿钻井队。钻探工作刚刚展开，孙越崎便被调离，处长一职由严爽代理，继续钻探。

1934 年 9 月 28 日，由严爽担任第一钻井队队长的 101 井在井深 101 米处钻遇富油区，初日产量 1.5 吨。这是中国人完全以自己的力量打出的第一口产油井，严爽也因此成为中国石油钻井第一人。出油的第二天，他们架起了原始的卧式锅炉，用骆驼草、柳树和附近煤矿的煤作燃料，采用蒸馏的方法炼出了柴油，随即用自己炼出的柴油启动了柴油发电机。

2. 延长精神的形成

1935 年 4 月，刘志丹领导的红军解放了延长，不久中央红军到达陕北。当时油矿因战时人心惶惶已经停产，设备因长期无人管理而瘫痪。后来曾任国务院副秘书长的高登榜向中央国民经济部部长毛泽民汇报工作。得知延长油矿的情况后，毛泽民将严爽等人接到自己住处，长时间促膝谈心，虚心征求如何在最短的时间内恢复和发展延长石油厂生产的意见，并请严爽担任延长石油厂厂长和技术主管，高登榜任党支部书记。严爽很爽快地答应了：“克服一切困难，坚决完成任务！”

严爽回厂后，看到满目疮痍的厂矿景象，立即组织技术人员和工人清理现场，整修设备，争取用最快的时间恢复生产，并亲自挂帅研究采油炼油技术，研发出挥发油、汽油、灯油、白蜡及重油 5 种产品，还附带生产了大批油墨、石蜡、凡士林。当时，汽油、煤油、蜡烛、擦枪油等石油产品是党中央和红军急需的战略与生活物资，几口油井虽然产量不是很高，但在国民党的重重包围和经济封锁下，石油产品是打破封锁的唯一物资，是苏区军民的命根子。中央决定把延长石油厂办成中华苏维埃政府的国有企业，不仅要满足边区的需求，还要争取出口。这个消息极大地激发了职工的生产热情，没有吊车，严爽就带着一帮工人用手摇辘轳吊油；没有储油罐，就砌石板池储油。他们自己动手，修理好旧机器，修配好锅炉、蒸馏釜和油管，还发明了空中套井和钢丝打结法。一个奄奄一息的石油厂很快恢复了生产。1935 年底，毛泽民与高登榜一起介绍严爽加入了中国共产党。

延长石油厂不仅为红军和边区政府生产出了煤油、蜡烛、油墨及油印纸，还研制出预防冻伤的防护油膏。严爽以石油作为原料研制出的治疗冻疮的凡士林药膏，可使干裂的手脚很快愈合，深受红军将士的喜爱。

1936年1月28日傍晚，即将东渡黄河的毛泽东进驻延长县城，住在石油厂工人何延年家里，当夜把石油工人请进他住的窑洞里了解情况。第二天一早，毛泽东在县委书记高朗庭、县长谭生彬陪同下视察了石油厂，观看了炼油和制蜡全过程。毛泽东在这里住了4天，召开了重要会议。毛泽东的视察使延长石油厂工人深受鼓舞，主动加班加点，想尽一切办法多生产石油，支援红军打胜仗。据毛泽民《陕甘苏维埃区域的经济建设》记载："1936年1、2、3三个月中，共生产原油约7万斤，超过国民党任何时代的平均生产额，并生产了大批油墨、石蜡、凡士林，除充分供给红军与机关需用外，还大批运输出口。3个月共有盈余2 000余元。这是全中国仅有的石油矿。"

1936年底，东北军(国民革命军东北边防军)占领延长，强行接严爽和原陕北勘探处技术人员回南京。严爽离开陕北后，被派到美国诺曼大学学习石油工程。

大生产运动开始后，毛泽东反复叮嘱中央军委军工局局长滕代远，一定要把延长石油厂搞好。1938年2月，中央军委军工局将石油开发提上议事日程。其时，延安尚无石油专家，也没有地质工作者、钻井技师，亦没有钻井设备。此时，上海产业工人陈振夏等来到延安，被派到延长石油厂考察。当时延长石油厂共有员工50余人，只有永坪201井日产原油120～150千克，多数油井处于荒芜状态。陈振夏向党中央写了考察报告，提议将散落在延长到永坪沿途农村的打井器材搬回石油厂保管，并建议继续打新油井，开采出的石油供党中央和边区政府使用。陈振夏的建议很快被采纳，同时他被任命为油矿主任工程师。

陈振夏和厂长张永清一起发动职工自力更生、艰苦奋斗，克服设备器材缺乏的困难。井架的用料是钢材，而边区钢材奇缺。穷则思变，陈振夏土法上马以木代钢，除井架角柱用钢管外，其余都以坚硬木材替代。陈振夏首先加深永坪201号井，获日产原油200～250千克，全厂原油产量增加1.6倍以上。为减少运输工作量，油矿工程部将拆迁了1台延长炼油炉到永坪就地提炼原油。

1939年1月初，毛泽东代表中共中央在陕甘宁边区第一届参议会上讲话时，再次提出了"发展生产，自力更生"的口号，号召边区人民群众和部队、机关、学校全体人员开展必要的生产自救。

陈振夏积极响应以毛泽东为核心的党中央的号召，掀起了更大规模的生产浪潮。1940年春，石油厂在延长打延19井，为防止出水后没法堵水，陈振夏和军工局合作，用钢套头堵水，为此军工局毁了一门大炮，用炮筒为延长石油厂做了钢套头。钻机缺少许多配件，陈振夏就发动职工以木代铁，修配好钻机。1940年秋，该井钻至170米处完钻，日产原油1.6吨。石油厂从未有过这么高的产量，该井属名副其实的"旺井"，被工人们称为兴家立业的"起家井"。

消息传到毛泽东那里，他非常高兴："我们不要盲从西方的理论教条，不要因为美孚对中国的石油资源做出了悲观的论断而失去信心，我们要坚持不懈地进行勘探、研究，冲破西方的理论枷锁。""我早说过，由于革命党人的努力，能够逐步地克服困难，开展顺利的局面。"他指示滕代远加派技术力量，克服一切困难，切实把延长石油厂做强做大。

1940年冬，中央军委军工局派工程师汪鹏到延长石油厂负责地质工作。汪鹏毕业于清华大学地质系，七七事变后来到延安。他到厂后，认真整理分析资料，仔细研究老井的地质和生产情况，开展区域石油地质调查。他骑着马，带着一个罗盘，拿着一个地质榔头和一张 1∶50 000 的地形图，在西起安塞、东至黄河的 150 千米的延河河谷进行地质调查和大面积测量工作。对于过去群众报告过的七里村油苗区域，汪鹏认为向西南和西北倾斜的地层到七里村河谷形成了一个状如鱼背的不对称小背斜。这一发现，成为石油厂进行钻探的依据。

1941 年 12 月，陈振夏担任延长石油厂厂长，决定对七里村构造进行钻探。汪鹏提出 5 个井位。当时的陕甘宁边区受到国民党封锁，钻井配件和钻井器材奇缺。在边区政府和八路军的大力支持下，石油厂职工采取积极措施，修理旧废，将磨秃了的钻头、管钳、钢丝绳及锅炉、柴油机修理好，自制螺丝和配件，把钻机配成套。同时，他们抓紧进行钻探前的准备工作，在广大群众的支持下如期完成修路、平井场、盖房舍等任务，使钻机很快安装就位。

1942 年 6 月，七里村构造钻探开始。最先钻探的是七 1 井，先后在井深 35.35 米和 79.46 米钻遇油层，日产原油 1～2 吨；随后开钻的七 2 井、七 3 井也相继钻成产油，而七 4 井产油不多。汪鹏认为延长旺井出油与地层裂缝有关。

为了增加产量，延长石油厂职工们积极钻研，大胆探索，革新生产技术。七 1 井出现水层干扰，影响产油，他们决定封堵水层，加深钻探。当加深至 87 米时，发生强烈井喷，喷出的油柱高达数丈，连喷 9 天，他们遂强行完井投产。该井日产原油 96.3 吨。钻获这样高产量的油井，轰动了陕甘宁边区，这在延长油田开发史上尚属首次。

毛泽东与党中央其他领导人非常高兴，鼓励延长石油厂再接再厉。毛泽东在总结大生产运动经验时进一步指出："困难，并不是不可征服的怪物，大家动手制服它，它就低头了。"这句话让延长石油厂干群备受鼓舞，他们又加深了七 3 井，获得自喷，日产原油 11.6 吨。两口高产油井的钻获使延长石油厂 1943 年的原油产量达到 1 279 吨，创历史最高水平。炼油工人加紧提炼，2 套炼油釜昼夜开工，改敞口小火脱水为加盖大火脱水，由过去的 3 天炼 1 釜改为 1 天炼 3 釜，炼油量比过去提高了 11 倍。厂里原有的贮油罐根本不够用，陈振夏发动工人挖了星罗棋布的地池，但还是装不下。

消息不胫而走，惊动了党中央。毛泽东指示迅速采取对策，军委后勤部命令每个部队及机关团体务必贮存足够半年用的油量。山西国民党阎锡山部闻讯，眼红之余，纷纷带着枪支弹药、医药、布匹、粮食等渡过黄河来交换石油产品。石油成了打破敌人封锁的法宝。

到 1941 年 6 月底，延长石油厂共有资金 12.8 万元(边币)、蒸汽机 3 部、锅炉 2 个、打井钻机 1 套、炼油锅 4 口，石油开发与炼制渐成规模。

为了战胜困难、坚持抗战，1942 年底，党中央提出了"发展经济，保障供给"的方针，号召解放区军民自力更生、克服困难、开展大生产运动。毛泽东在陕甘宁边区高干会上的报告中曾指示延长石油厂，要"增加煤油生产，保障煤油自给，并争取一部分出口"。

在厂长陈振夏的带领下，全厂工人埋头苦干，超额完成了任务。在 1939—1945 年底的 7 年中，延长石油厂共生产原油 13.7 万桶，提炼出大批产品，供应中共中央机关、八路军总部和前线各部队，满足了陕甘宁边区的运输、照明和印刷等的需要，还以部分产品换取了大量布匹和其他物资，直接支援了抗日战争。延长石油厂赢得了"功臣油矿"的美称，厂长陈振夏也声名远播，传遍了延安，传遍了边区。

1941—1945 年，陈振夏担任延长石油厂厂长期间，亲自动手修理机器，不管是刮风下雨还是深更半夜，只要设备出了问题，他一叫就到。有一次陈振夏到延安开会，"起家井"抽油用的锅炉烟管漏水不能用了，无人能修理。陈振夏接到电话后立即赶回延长，自己制作了护管器，将烟管修理好后继续抽油。他设计制造的打捞工具，排除了许多严重的钻具落井事故；他经手制造的制蜡机和编芯机，提高了制蜡的速度和蜡烛的质量。

1942 年春，中央军委召开技术人员座谈会，陈振夏汇报了延长石油厂的工作，中央领导十分满意。毛泽东接见了陈振夏等人，亲切地询问陈振夏的出身、经历，赞赏他从国统区投奔延安的革命行动，称赞他努力开采石油使延安大放光明的奉献精神。

1944 年 5 月 25 日，在陕甘宁边区工厂厂长暨职工代表会议上，陈振夏荣获陕甘宁边区政府劳动英雄和特等劳动模范的光荣称号。在“向陈振夏同志学习”的口号声中，陈振夏走上主席台。毛泽东将他亲笔题写“埋头苦干”4 个遒劲大字的一方白色细布交到他手里，并说：“你是边区埋头苦干的典范，延安之所以能大放光明，离不开你的贡献。”这是对延长石油人最高的褒奖，也成为延长石油人世代相传的精神财富。从此，“埋头苦干”成为延长石油人薪火相传的精神财富，凝练升华为“埋头苦干、开拓创新”的延长精神，激励着一代代石油人励精图治、披荆斩棘。

同一天，中共中央举行招待会欢迎与会代表，毛泽东出席招待会并作了《共产党是要努力于中国的工业化的》演讲，讲话中表扬陈振夏说：“像陈振夏等同志，他们不是共产党员，但是他们的心和共产党员一样，都是为了打倒日本帝国主义而艰苦奋斗的。”

会上发布了《陕甘宁边区工厂职工代表大会宣言》，号召边区的厂长、工程师、技师及全体职工，向特等工业模范学习。其中有一段内容是关于陈振夏的：要学习石油厂厂长陈振夏同志，他埋头苦干以身作则，关心工人生活，注意职工教育，亲身参加生产，虚心向群众学习采石油的技术，恢复旧井，打出新井，大大提高了石油产量。

1944 年 7 月 30 日，《解放日报》发表了陈振夏先进事迹的专题报道，赞扬他“对本身业务非常尽职，终日不倦”，“把专门的技能与群众的伟大创造结合起来，从来不以技能自私，从来没有门户之见”。

当年 12 月下旬，陕甘宁边区劳动英雄与模范工作者大会隆重开幕，评选出新一届特等劳动英雄和模范工作者，陈振夏榜上有名，被授予“特等工业模范工作者”称号。会上，边区政府把毛泽东题写“生产战线上的英雄”的奖状颁发给了陈振夏。这是陈振夏第二次荣获毛泽东的题词表彰。

1945 年 1 月 10 日，毛泽东在会上做了《必须学会做经济工作》的报告，肯定了陈振夏等英模“有许多的长处，有很大的功劳”，“起了带头作用、骨干作用、桥梁作用”。1945 年 2 月，陈振夏加入中国共产党。

第二节　玉门精神

在民族危亡、全民抗战的历史时刻，中华儿女发扬自强不息的优良传统，硬是在不毛之地找到了石油宝藏，把战斗的血液源源不断地输送到前线战场，为取得抗日战争的胜利做出了不朽的贡献，形成了“无中生有、艰难创业”的老君庙精神。

玉门精神是石油精神的重要组成部分，也是石油精神在“石油摇篮”的生动体现。在民族危亡的关键时期，在中国石油工业发展的重要转折关头，一批批爱国知识分子，一批批叱咤风云的解放军官兵，一批批为油拼搏的热血儿女，用青春、才智和对祖国的挚爱，铸就了以艰苦奋斗为核心、“三大四出”为特征、无私奉献为精髓、自强不息为实质的玉门精神。玉门精神与大庆精神等一起丰富着中国石油“爱国、创业、求实、奉献”的精神内涵，一起淬炼出石油精神“苦干实干”“三老四严”的时代光芒。

一、老君庙精神

1. 老君庙油田的开发建设

我国燃料用油过去一向依赖国外进口。1937 年，抗日战争开始不久，南京沦陷，国民党政府迁至武汉，沿海港口相继被日军占领，石油来源断绝，抗日大后方发生了严重的油荒，曾有“一滴汽油一滴血”的写照。

在孙健初、韦勒、萨顿等中外地质学家地质调查的基础上，经翁文灏、钱昌照等爱国人士的奔走斡旋，国民党政府决定勘探开发玉门的石油资源，并于 1938 年 6 月组建了甘肃油矿筹备处。一批爱国知识分子抱着产业报国的坚定信念来到老君庙建起矿场，支援抗战。

中国石油之父
孙健初

在中共代表周恩来的直接关心下，陕甘宁边区政府从延长油矿抽调 20 余名技术工人和 2 部顿钻钻机支援老君庙油田的勘探开发。老君庙油田 1 号井(简称老 1 井)是玉门油矿的重大发现井。1939 年 3 月 23 日，孙健初在老君庙北 15 米处确定该井位，开始人工挖掘方井。3 月 27 日，老 1 井挖掘到 23 米深时，原油从砂砾中涌出，日产原油 1.5 吨左右。5 月 6 日，下入表层套管后，改用顿钻加深。8 月 11 日，在 115.5 米处发现 K 油层，日喷原油 10 吨左右，揭开了开发玉门油田的序幕。

后来 2 号井、3 号井、4 号井……相继钻到 K 油层。1940 年 8 月，从湘潭煤矿运来的钻机到矿，于是决定加深 4 号井。1940 年 11 月 2 日开钻，1941 年 4 月 21 日凌晨 3 时钻到 439 米发生强烈井喷，从而发现了玉门油矿的主力油层 L 油层，证明玉门油矿是一个储量丰富、具有工业开采价值的油田。

1941 年 2 月，首次使用 800 米旋转钻机开钻 8 号井。该井位于构造顶部。当时的工程师是靳锡庚。该井钻至 80 米时下表层套管，注入水泥浆返回地面，这是中国第一次固井并获得成功。10 月 20 日，钻至 449 米处突然发生强烈井喷，靳锡庚带领钻井工人在强烈的瓦斯气及油流暴露情况下安装防喷器，制止了井喷。从此，L 油层成为老君庙油矿的主力油层。靳锡庚一生追求进步，退休后于 84 岁高龄时加入中国共产党。

1941 年 3 月 16 日，甘肃油矿筹备处撤销，成立甘肃油矿局，孙越崎任总经理，严爽任矿长，直至抗战胜利。整个抗战期间，玉门油矿从无到有、从小到大，战胜了日机轰炸、1942 年井喷大火和 1943 年的特大洪水等重重艰难险阻，在 1939—1945 年期间，共完成钻井 61 口，生产的油品为抗战提供了巨大的物资支持。

2. 老君庙精神的形成

1938 年 8 月底，滇缅公路建成通车。从 1938 年到 1945 年全国抗战结束，这条公路为中国输送物资 49 万吨，其中包括油料 20 多万吨，武器弹药、药品、交通通信器材等 20 万吨。这些物资中也包括了玉门油田向美国订购的 1 套炼油设备和 10 套旋转钻机。让时任资源委员会秘书长的翁文灏深感痛心的是，这批紧要的设备在漫长的旅途中，先后经历了日军对越南海防和缅甸仰光的轰炸，当它们绕道万里被运送到油矿的时候，只能拼凑出三套半钻机，而炼油设备则根本没能送到目的地。进口设备的损失大大影响了玉门的石油开发。无奈之下，玉门油田只好自己设计制造炼油设备。但当时的玉门没有相关资源，没有相应材料，只能靠人想办法，人们在内地收购设备配件、管道、马达以及其他物资，经过 2 500 千米的长途跋涉运到矿区，然后进行加工组装。

1939 年 3 月，甘肃油矿筹备处首次采得原油后，随即着手炼油筹备工作。同年 4 月，从酒泉西北化学公司购得 70 加仑(1 加仑＝4.546 升)蒸馏锅 1 个，安装于老君庙油矿。同年 5 月 6 日，试炼成功，获得汽油、灯油、柴油等产品。这是中国现代炼油工业的开端。1939 年 10 月，甘肃油矿筹备处在石油河畔兴建第一炼油厂。该炼油厂于 1940 年 2 月底建成，共加工原油 1 505 吨，生产汽油 211 吨、灯油 100 吨、含蜡柴油 193 吨。时任重庆动力油料厂厂长的金开英兼玉门工程处处长。1941 年 3 月，甘肃油矿局成立后，对第一炼油厂进行扩建。1942 年，金开英正式被任命为甘肃油矿局玉门炼油厂首任厂长。金开英被称为“中国炼油第一人”。

在石油工业发展过程中，翁家和孙越崎都做出了杰出的贡献。

(1) 翁家石油传奇。

1939 年，翁文灏的堂弟，年仅 27 岁的翁文波获伦敦大学博士学位。在留学期间，他研制了一种用于探测石油的仪器——重力探测仪。在他回国时，他把其他所有的东西都托运了，随身携带的唯一一件行李就是这架重力探测仪。

当时国民党政府四川石油勘探处在四川巴县石油沟打了一口探井——巴 1 井。回国后的翁文波，在中央大学授课之余常去巴 1 井做实验。他利用学校实验室的废旧零件自制仪器，然后到四川石油沟的巴 1 井进行试验性电阻测井和自然电位测井。他采用的 1M 电位电极系成功地测出了电阻率曲线，这是我国有史以来第一次利用电测技术测井。翁文波开创了这一学科在我国应用的先河，被我国石油地球物理界称为“中国测井之父”。

1940 年，玉门油矿传出喜讯，经过严爽、孙健初、靳锡庚等石油地质工作者 1 年多的努力勘探，终于在老君庙发现了主力油层，当时称为 L 油层和 M 油层。远在重庆中央大学的翁文波闻讯后兴奋得失眠。翁文波决定离开山城重庆，奔赴玉门关外，大展他的报国宏图。他毅然辞去教授职务，给远在上海复旦大学读书的未婚妻冯秀娥写了一封信:“国家正需要石油，我怎能永远待在远离石油的地方呢？我先走一步了。”他带着自制的重力仪、罗盘磁变仪、测井仪等仪器，闯进了玉门油矿，开始了寻找石油的生涯。冯秀娥接到信后，立刻退学，绕道大半个中国，赶往玉门，追随翁文波在玉门扎了根。

到了玉门油矿后，翁文波担任地质室副主任，孙健初是地质室主任。翁文波首先提出用地球物理方法加强地质勘探，并立即对几口油井进行电测，将取得的资料进行研究整理，并于 1941 年 7 月写出《甘肃油矿物理探矿报告》，应用物探技术指导钻井。油矿筹备处根据翁文波得出的电测资料，将第三口井由 94 米加深到 145 米，使原油日产量由 10 吨提高到 13 吨以上。1942 年，他又根据许多测井资料进行分析，认为“各井地层皆可互相连通”，命名 14 号井 102 米以下的油层为“干油泉砂系”，438 米以下层系为“妖魔山砂系”。

1942 年 3 月，翁心源在父亲翁文灏的建议下前往美国学习石油运输和油管工程。1944 年，翁心源回国后立即带着夫人和两个女儿经长途跋涉，从重庆来到玉门油矿。1944 年，翁心源组织设计建造的中国石油第一条输油管道在玉门油田建成。管道从玉门 8 井区输油总站至四台炼油厂，总长 4.5 千米，管径 4 英寸(1 英寸＝25.4 毫米)。管道建成后，四台炼油厂所加工的原油全部经管道输送，日输油 2 000 桶(1 桶＝0.159 立方米)以上。原油输送实现了“放弃明沟，改用管子”和集中输油。这是中国第一条伴热输油管道，翁心源因此被称为“中国输油第一人”。

(2) 孙越崎的贡献。

1941 年 12 月，太平洋战争刚刚爆发时，孙越崎以甘肃油矿局总经理身份，率领郭可诠、邹明等从重庆第二次来到玉门。他一到玉门，就带领大家冒着严寒，花了一整天时间，详细查看了矿区各个生产现场，最后组织大家讨论。会上趁着大家情绪高涨，孙越崎宣布 1942 年要生产汽油 180 万加仑(约 5 000 多吨)，比 1941 年提高 9 倍，这对抗日战争期间国家严重的油荒将起到极大的缓解作用。玉门油矿远离城市，地处戈壁，生产设备、生活给养都要靠从内地运输。孙越崎对运输线特别重视，经常到各运输站检查，而且非常认真，连站上的工人上厕所是不是方便、门窗是不是结实这类事情都要过问。为了完成 180 万加仑汽油的生产目标，他把当年留学回国途中从苏联学到的“广为宣传”的方式都用上了，每逢遇到工人或职员，甚至小学生都要问：“你们知道今年油矿生产目标吗?”得到的回答都是响亮的“180 万”。1942 年 11 月中旬，经过孙越崎和全矿员工的苦干，180 万加仑的汽油生产目标实现了。在老君庙召开的庆祝大会上，员工们把他们敬重的总经理孙越崎抛到空中，欢呼声响彻山谷。之后 2 年，玉门的汽油年产量一直保持在 200 万加仑以上。

有着多年办矿经验的孙越崎深深懂得，要使玉门油矿进一步发展，人是最重要的。除了要培养高级技术人才和一般技术人才之外，矿上还需要学校教员、会计文书、铁工、木工、泥瓦工、裁缝、理发师以及酿造师等各行各业人员，这使玉门油矿发展成了一个小社会。1942 年，从全国四面八方来的员工及家属接近万人，每月需要面粉 18 万斤、大米 4 万斤，后勤保障工作必不可少。为此，在孙越崎的倡议下，玉门油矿增设总务处，并且聘请农业技术专家，组织指导员工种菜、栽果树、畜牧等。从此，员工不但可以吃到新鲜的蔬菜瓜果，还能吃到牛羊肉、鸡蛋和牛奶。由于当时的米面加工粗糙，常有沙石，吃了易患盲肠炎，于是孙越崎决定建面粉厂，还办起了福利社等。渐渐地，老君庙变成了一个小都市，生活日用品、米面菜蔬及水果、缝衣店和中西药房等一应俱全。

1946 年 6 月，玉门油矿甘青分公司成立，由郭可诠兼任经理。到新中国成立前夕，时任甘青分公司经理的邹明先生率领员工积极进行护矿斗争，向新中国移交了一个完好的油矿。

在抗日烽火中诞生的玉门油田，在解放战争的硝烟中成长，在新中国成立前夜又经受了血与火的考验。1949 年春，中国人民解放军进军大西北，盘踞在河西一带的国民党反动势力图穷匕见，计划彻底破坏玉门油矿。因此，自 1949 年 5 月开始，油矿负责人和我党地下工作者就千方百计展开了护矿工作。9 月 10 日，第一野战军司令员彭德怀在兰州听取解放河西的汇报后指出：毛主席要求，一定要保证玉门油矿安全地回到人民手中。于是，解放军加快了西进步伐。1949 年 9 月 25 日，解放军进驻玉门，军事总代表康世恩宣布玉门油矿解放。9 月 25 日被定为“中国石油纪念日”。

经过 10 年的开发建设，到 1949 年，玉门油矿从无到有、从小到大，初步形成了配套齐全、上下游一体的石油企业，拥有一支 4 000 余人的石油产业队伍，探明可采储量 1 700 多万吨，年产原油 7 万多吨，共生产原油 50 多万吨，占全国同期产量的 90%以上。建成了可产汽、煤、柴、润等 12 种产品炼油能力的炼油厂，成为拥有地质勘探、钻井、采油、炼油、机修、水电、土建、运输和通信等专业队伍的综合性石油企业，是当时中国规模最大、产量最高、员工最多和工艺技术领先的石油矿场。

二、“为国分忧”的情怀

新中国成立后，为满足国家建设对能源的需求，迫切需要找到更多的油气资源。玉门油矿想国家之所想、急国家之所急，展开了大规模的生产建设运动。

1953 年，玉门油矿成为国家“一五”计划的 156 个重点建设项目之一，在祁连山下、石油河畔，展现出了建设现代石油基地的雄伟画卷。石油工程第一师 4 000 多名指战员迅速成为玉门油矿骨干力量，他们把长征精神和延安精神等带到了石油队伍，将解放军优良作风带到了油田，推动油田的供水、发电、运输、机械制造、通信等产业竞相发展，提前完成“一五”计划，成为新中国第一个拥有地质勘探、钻井、采油、炼油、机械修配、油田建设和石油科研等的门类齐全的大型石油联合企业。1957 年 10 月 8 日，新华社庄严宣告：新中国第一个天然石油基地在玉门建成！

作为新中国第一个天然石油基地，玉门油田自觉承担起了“石油长子”的责任。在河西走廊的千里戈壁上，玉门石油人风餐露宿，跋山涉水，取得了大规模地质勘探的累累硕果。1953 年发现石油沟油田，1956 年发现鸭儿峡油田，1958 年发现白杨河油田。至 1959 年，玉门油矿原油产量达到 140 万吨，占当年全国原油总产量的 51%，撑起了新中国石油工业的半壁江山。

炼油加工装置历经几次改造扩建后，一座座新型炼塔矗立在石油河畔。1958 年，炼油厂试制成功海军燃料用油、氧化石蜡等 74 种新产品，成为新中国第一个石油军品基地。1959 年，原油加工能力达 50 万吨，产品 139 种。1 号专用沥青、医药白凡士林等产品填补了国内空白；30 号机械油、15 号汽油机油等产品解决了润滑油短缺的问题。

三、“三大四出”

在我国石油工业从小到大发展的历史进程中，玉门油田承载了“大学校、大试验田、大研究所，出产品、出经验、出技术、出人才”的历史重任。玉门油矿刚刚解放，彭德怀同志就提出，玉门油矿要建成新中国石油工业的摇篮，发挥更大的作用。康世恩同志称玉门油田是石油工业的“老母鸡”，形象地说明了玉门油田的历史地位和作用。

1.“三大”

(1) 大学校。

新中国成立前，玉门油矿就开办专门学校和业余夜校等培养技术人员。新中国成立后，玉门油田先后开办了各类局级乃至全国级的培训学校和培训班，培养了一批生产技术骨干，在石油行业各领域建功立业。80 多年来，这所“大学校”累计输送了 10 万多人才奔赴祖国各地。“凡有石油处，就有玉门人”真实而生动地再现了“大学校”的重要贡献。

玉门油田是新中国第一个天然石油生产基地，也是为祖国未来石油工业培养人才、锻炼人才的基地。为了建设这个油田，5 000 多名高等院校毕业生、2 万多名解放军转业官兵及一大批地方人员共 4 万多人先后走进这个摇篮锻炼成长，又先后走出玉门参加其他新油田的建设。

（2）大试验田。

作为中国第一个现代化石油矿场，这个“大试验田”先后进行了中国第一次边外注水、第一次油井酸化、第一次顶部注水等众多的先导试验，创建了巡回检查、合理化建议、岗位责任制等多项制度，开展了小井眼钻井、旋转快速钻井、钻机整体搬家……一个个管理经验和技术经验纷纷在这里诞生，进而推广至全国，为中国现代石油工业的发展做出了重要的贡献。

（3）大研究所。

中国第一支重磁力测量队、第一个泥浆研究室、第一个采油科学研究所、第一个电测站、第一个油田设计机构等，诸多研究成果和贡献从“大研究所”里孕育而出，许多院士、专家、教授从这里走出，为中国石油工业的科学研究工作做出了重要的贡献。

2.“四出”

（1）出产品。

玉门油田在祖国最需要的时候，肩负重任，义不容辞地为祖国奉献着优良的石油产品。20 世纪 50 年代，玉门炼油厂先后试制成功海军燃料用油、舰艇专用柴油等军用油品。1963 年，玉门油田机械厂生产的抽油机在油田应用。1965 年，玉门炼油厂成功试制 70 号车用汽油。1971 年 4 月 29 日，玉门油田制造出仿“黄河牌”的“玉门牌”8 吨载重汽车。1971 年 12 月 26 日，玉门油田自行设计制造的千吨水压机开始试车。1982 年 9 月，玉门石油管理局炼油厂“祁连牌 10 号航空液压油”产品获得国家金质奖章。

（2）出技术。

玉门油田为国家培养了大批人才，创造了成套的、中国自己的油田开发经验和新技术，指导了全国石油工业的发展。中国第一口多底井、定向斜井、侧钻井，中国第一次顶部注水、清水钻井、火烧油层实验、油井压裂、顶部注气都在玉门油田诞生。中国第一个泡沫驱油试验区、三元复合驱试验区、混相驱试验区、自动化油井控制系统都在玉门油田建成。“石油摇篮”独创的工艺技术发展了生产力，为石油工业的发展壮大奠定了技术支撑和人才储备。

玉门油田还把当时掌握的新技术、新工艺一个个传播到全国各油田。玉门油田是对低渗透、低产油层进行大规模压裂酸化增储上产的开创者，并第一次推行快速钻井法，第一次采用机械采油新技术，首次应用催化裂化工艺，首创氧化焦化新工艺。到 20 世纪八九十年代，油田摸索实践出了以大修、侧钻加深为主的挖潜技术，以压裂为主的稳油技术，以“封、堵、调”为主的控水技术，以“三次采油”为先导的提高采收率技术等十大采油新工艺，为老油田的稳产提供了宝贵的经验。首创的大功率电脉冲、高能气体压裂当时被誉为“山沟里飞出的两只金凤凰”。

(3) 出经验。

玉门油田首创钻井队、采油队、油建施工队、管子站、机修厂、预制厂的“前三队、后三厂”管理模式,成为第一个运用边外注水提高采收率的油田,并把经验推广到大庆等新油田;首创的岗位责任制,强化了企业管理,并在其他新油田得到了发扬光大;首创的巡回检查法,在全国炼化系统得到推广;创造的油井清蜡等经验,在新油田得到广泛推广。1954年12月,老君庙油田开始注水试验,成为中国油田开发史上一个重要的里程碑,为其他油田的长期高产、稳产提供了经验。康世恩同志曾高度评价说:“这些经验应用到大庆油田后,又发展成为早期、内部、切割、分层注水,创出了油田开发的高水平。”

(4) 出人才。

在中国石油工业的发展历程中,“石油摇篮”锻炼、培养、造就了一大批领导干部、技术精英和英模人物。海峡两岸石油界都有出自玉门的谙熟管理的领导、建树卓著的专家、闻名遐迩的英模。中国地质事业著名的创始人翁文灏、工矿泰斗孙越崎等,是开发玉门油矿的主要组织者和领导者;地质学家孙健初等,对老君庙油田进行了早期的勘探,是玉门油矿开发建设的重要奠基人;石油工程专家严爽,是玉门油矿主要创建者之一;地球物理学家翁文波,在玉门油矿创建了我国第一个重磁力勘探队;石油地质专家靳锡庚、杜博民,石油化工专家熊尚元、龙显烈等都在各自的领域为中国石油工业建设做了开创性的工作;陈贲、卞美年、秦同洛、史久光、刘树人、李德生、童宪章等都是我国石油界的高级专家;金开英、吴德楣、虞德麟、董世芬、江齐恩、董蔚翘等从玉门走出的石油专家们,开创了我国台湾的石油事业。

玉门油矿第一任军事总代表康世恩,后来成为我国石油工业的卓越领导者和国家领导人。我国许多石油企业的领导和一些政府部门的领导也来自玉门。其中,杨拯民、焦力人、宋振明、赵宗鼐、李敬、李天相、任志恒、秦文彩、闵豫、金钟超、陈耕、程浩、吴碧莲、黄亦纯14位同志成长为省部级领导干部;翁文波、徐采栋、李德生、田在艺、郭尚平、刘广志、童宪章、翟光明、胡文瑞9名技术专家成为中国科学院或中国工程院院士;同时,有百余名同志成长为石油战线的中高层领导干部。

四、玉门精神与风格

20世纪60年代开始,玉门油田在支援石油大会战后,进入历史上最为艰难的岁月。大批人员、设备支援新区,油田生产经营陷入十分困难的境地。具有艰苦奋斗传统的油田职工,困难面前不低头,迎难而上求发展,在与各种困难抗争中形成了自力更生、艰苦奋斗的“一厘钱”精神,缺乏设备、自己制造的“穷捣鼓”精神,原材料不足、改制代用的“找米下锅”精神,人员不足、多做贡献的“小厂办大事”精神,修旧利废、挖潜改制的“再生厂”精神,简称玉门老“五种精神”。

“一厘钱”精神。20世纪六七十年代,石油沟油矿支援新油田后,没有向困难低头。勤俭节约蔚然成风,节约一滴油、一度电、一寸管线、一团棉纱成为职工的自觉行动,就连打扫井场的扫把也舍不得花钱买，从戈壁滩上割来芨芨草自己动手扎。“一厘钱”精神由此诞生。

“穷捣鼓”精神。1971 年，白杨河油矿开发单北油田，因钻机支援长庆油田后无钻机打井，修井工人翻遍全油田的废料堆，找来一些不同型号的钻机配件，七拼八凑，捣鼓出了一部“苏联头”（天车）、“美国肚”（游动系统）、“罗马尼亚腿”（泥浆泵）的“四不像”钻机，1 年多时间打井 25 口。“穷捣鼓”精神由此闻名。

“找米下锅”精神。玉门油田机械厂在支援新油田会战时，人员和设备走了一半，就连油田当时唯一的 4 米龙门刨床也要被调往新区会战。玉门怎么办？他们经过仔细商议，采取“母鸡下蛋”的办法，用 4 米龙门刨床赶制出 3 米龙门刨床的床身和零配件，然后用土办法，一鼓作气制造出 2 台 3 米龙门刨床，解决了生产的燃眉之急。机械厂为了克服原材料不足的困难，大搞修旧利废和改制代用，职工们推起小车、扛起榔头，将散落在全厂各个角落的废铁、钢渣回收，进行回炉铸造。“找米下锅”精神由此而来。

“小厂办大事”精神。玉门油田地面工程处支援新区后，1 300 余名职工只留下了 307 人；295 台设备，只留下了 70 台。人员、设备减少了四分之三，但基建工程任务却随着油田生产的发展愈加繁重。在困难面前，他们提出了“人走精神在，人减干劲增，小厂也要办大事”的口号来鼓舞群众，发扬革命加拼命的硬骨头精神，向困难做斗争。地面工程处在为炼油厂制造再生器和反应器时，没有大的起重设备，就找来废旧配件自制加工，造出了起重 32 吨的龙门吊；容器高度 4.4 米，而厂房高度只有 4 米，就揭掉房顶干，出色地完成了“两器”制造任务。“小厂办大事”精神由此传扬。

“再生厂”精神。20 世纪 70 年代，在生产过程中使用过的机油和其他油品不能很好地回收，浪费了很可惜。玉门油田生活服务处 2 名职工、6 名家属开始筹建废油再生厂。工房没有自己盖，材料缺少自己找，修修补补凑设备，人拉肩扛搞安装，赶着马车收废油。职工家属奋战 90 个日日夜夜，炼出了第一锅再生油，变废为宝。从小到大，生产能力由 100 吨上升到 630 吨，品种扩大到 11 种。“再生厂”精神由此产生。

玉门油田发挥石油工业老基地的作用，胸怀祖国石油工业大局，在新油田建设需要时，要人给优秀的，要设备给最好的，“慷慨无私支援别人，历尽艰辛发展自己”，这就是“玉门风格”，这就是玉门石油人的思想境界。在参加的所有会战中，玉门油田做到了：需要什么样的设备，需要什么样的人，玉门油田只要有，就千方百计支援。有两个的，拆一个；只有一个的，拆走。工人们说：“新油田条件比我们差，困难比我们大，只要我们有，要什么给什么，这是我们的责任。”

1986 年，玉门油田在继承和发扬玉门老“五种精神”和“玉门风格”的基础上，结合改革、开放、搞活的新形势，总结提炼形成了玉门新“五种精神”，即志在戈壁、扎根祁连的艰苦奋斗精神，以岗为家、自觉从严的油田主人翁精神，“三大四出”、无私援助的顾全大局精神，老矿挖潜、争做贡献的开拓不息精神，干群同心、克己奉公的为人民服务精神。玉门精神得到进一步升华。

至今广为传唱的《我为祖国献石油》歌词最早诞生于玉门油田。1956 年，薛柱国转业到玉门油田文工团，玉门石油工人工作的场景激发了他的创作激情。1958 年，他在玉门油矿创作了诗歌《我为祖国献石油》。1960 年，薛柱国参加大庆石油会战。《我为祖国献石油》在大庆石油会战指挥部的宣传册上发表，被在大庆油田体验生活的青年作曲家秦咏诚发现，随后被谱上曲子，传唱至今。

第三节　石油师精神

1949 年 10 月 19 日，中央人民政府设置了燃料工业部，任命时年 48 岁的陈郁为部长，新中国石油工业有了强有力的组织保证。1950 年 4 月 13—24 日，全国第一次石油会议召开，确定了新中国石油工业的基本方针。朱德总司令到会并讲话指出，石油是中国很缺乏、然而很需要的东西，每年进口数字很大，如不很快地发展，我们不可能成为强盛的国家。

国家在制定国民经济发展第一个五年计划时，提出要完成年产天然原油 350 万吨。而 1951 年全年天然原油加上人造石油的产量仅 31 万吨。短短几年要增长 10 多倍，这无疑是一场异常艰难的攻坚战。怎样才能打赢这场战斗呢？时任西北石油管理局局长的康世恩想到了借助军队，于是给燃料工业部陈郁部长和朱德总司令写了《关于调拨一个建制师担任第一个五年计划中发展石油工业基本建设任务的报告》："为了完成年产 350 万吨天然石油的伟大计划，在五年内需要增加老的党员干部三百余人作为领导骨干，其次需要技术干部 2 250 人，管理干部 640 人，技术工 8 500 人，普通工 4 000 余人，共需增加职工约 15 690 人。这样大批的干部和工人的来源，在西北是有很大困难的。我们除了积极招收青年知识分子，开办各种短期训练班，速成培养中、下级技术干部和管理干部外，另建议中央在天津大学内设一石油学院，清华大学内设一石油系，培养较高级的技术干部。这样下来，仍仅能解决一部分干部问题。至于技术工人的培养和老的党员干部的来源，我们拟请军委在整编部队时，一次拨给一个建制师，加以训练，改编为工业建设大军，战士可大部培养为技术工人，部队干部可作为领导骨干。这样可基本上解决问题，使石油工业能较迅速顺利地发展起来……一个师的力量可以充分地发挥。因此，我们要求调拨一个完整的建制师，使之有组织、有领导地改变为工业建设大军。以解放军的政治思想基础、组织力量和特有的创造精神及克服困难的优良传统，加上工人阶级的领导，和原有技术人员团结起来，对发展石油工业的五年计划就有了可靠的保证。"

中国人民解放军第 19 军第 57 师于 1952 年转业到石油战线上，成为一支军魂与油魂完美融合的石油雄师。

一、听党指挥、保家卫国的军魂

康世恩的报告报到中央后，很快得到批准。毛主席亲自签署命令，批准中国人民解放军第 19 军第 57 师转为中国人民解放军石油工程第一师的改编计划，将光荣的祖国经济建设任务赋予他们。

中国人民解放军第 19 军第 57 师是由原西北民主联军第 38 军 17 师（原爱国将领杨虎

城所属部队）和原二野四纵 12 旅 36 团以及陕南军区郧白独立团在 1949 年 5 月共同组建的野战师，初始隶属第二野战军，在解放陕南战役中奉命归属第一野战军，后划归西北军区。师长张复振，政治委员张文彬。第 57 师先后转战豫、皖、陕、鄂、川等省，是一支彪炳史册的英雄部队。

1952 年 8 月 1 日，第 19 军第 57 师在陕西汉中接受中央军委主席毛泽东对“中国人民解放军石油工程第一师”改编的命令。上午 9 点，师长张复振宣布仪式开始，他与政委张文彬陪同陕西省军区的代表牛书申，登上了吉普车，检阅部队。八千子弟兵手握钢枪，精神抖擞，组成了一眼望不到边的方阵。部队检阅完之后，牛书申宣读毛泽东主席令。新中国石油工业建设的重任，历史性地落在了 57 师这支组建于战火之中、身经百战的英雄队伍身上。经过细致的思想政治工作，全体指战员一致认为：革命的战场变了，解放军的光荣传统不会变；革命的任务变了，服从命令、听从指挥、艰苦奋斗的作风不会变；自己身上的服装变了，为人民服务、不怕流血牺牲的革命精神不会变。

这支被称为石油师的队伍在西北石油管理局的指导下，结合石油工业建设和部队的实际，以 1 团和 2 团第 2 营及师直部分连队组成第一期钻井训练团，以师直机关与 1 团 1 部组建钻探工程处，以 2 团为主组建油建、炼建、安装训练团，3 团全部编为汽车运输团，简称“1 团钻，2 团炼，3 团开着汽车转”。中国石油师的历史性分工，为祖国的石油工业培养和造就了一大批优秀的石油工人。英雄的石油师，从 1952 年 8 月接受主席令参加石油工业的建设以来，通过将近 1 年的过渡、磨合、苦练本领，到 1953 年底，石油师三路大军 4 300 多人会师于祁连山脚下的玉门石油河畔。

拜师学艺的热潮在玉门油矿流行起来。由于受旧社会教会徒弟、饿死师傅等传统观念的影响，一些老师傅顾虑重重，而一心想学到本事为石油工业做贡献的石油师人则想尽各种办法拉近和师傅的关系，想方设法学技术。姚福林是 57 师警卫团的一名副排长，从第一次走上钻井平台开始，他就把自己整个生命和热情用在了对钻井的学习和钻研上。他在短短的 6 个月内学成司钻，这在当时的石油师官兵中引起了不小的震动。

中国军人素以英勇果敢、不怕吃苦、奉献牺牲而著称，石油师人转业到玉门油矿以后，这种精神还像一面旗帜一样时刻感召和鼓舞着他们的学习和工作。不久后，掌握了钻井技术的石油师官兵充实到玉门油矿各个重要的岗位上，在所有钻井队的队长中石油师人占到 75％以上，在技术工人中石油师人占 78％，90％以上的石油师人已经成为技术骨干。

随着钻井队伍的不断壮大，地质员和钻井队之间经常发生意见不统一的情况，如打井过程中，地质员为了详细地了解地底下的情况经常会要求停钻取芯，而钻井人员却希望快速打井，多拿进尺。怎么才能化解地质员与钻井队之间的矛盾呢？玉门钻井处经过认真讨论后，采纳了秦文彩等提出的将党支部建在井队的建议，让支部来做统一思想的工作。

20 世纪 60 年代开发大庆油田，有 2 000 多名石油师人参加会战。在饥饿和各种困难压顶的情况下，石油师人没有一个人当逃兵，他们的唯一信念就是要打破国内外反华势力对我国经济的封锁，摘掉“贫油”帽子。

二、为油拼搏、求实创新的油魂

1958 年 3 月，川中地区钻成的蓬 1 井、女 2 井、充 3 井相继喷出日产百吨的高产油流。3 月 27 日，毛泽东主席冒雨来到四川隆昌气矿现场视察。刚上任的石油工业部长余秋里将军信心百倍，并于 4 月 20 日在南充召开现场会议，拉开了川中石油会战的序幕。

玉门矿务局由秦文彩副局长带队，率领 3 400 多人进军四川。石油部迅速从全国各油田调动人员和物资进入四川，并将四川石油勘探局改名为四川石油管理局。在短短几个月的时间里，川中矿务局的钻井队由 71 个增加到了 115 个，石油职工人数达到 36 837 人。川中 7 个构造上摆开了 68 台钻机，其中在南充、蓬莱、龙女寺 3 个构造上确定了 20 口关键井，作为主攻目标。出人意料的是，20 口关键井获得的井下地质资料与原来的判断大相径庭，奇怪的地质现象出现了。龙女 2 井日产 60 吨油，2 个多月压力、产量没有变化，有人形容其“像钟表一样稳定”。会战开始后，需要关井测井底压力，谁知关井测压不到 1 天，再开井却不出油了。对此现象大家瞠目结舌，不知所措。经过研究，秦文彩建议并经上级批准打梅花井，即像梅花一样在同一个井场内同一个油层打 4 口井，但依然没有出油。南充 3 井开始时每天喷油 300 多吨，随后压力、产量逐渐下降，从间歇喷油到停喷，最后一滴油也不出了。蓬莱 1 井也是类似的情况。

龙女寺等 3 个构造上的喷油宛如昙花一现，它曾给人们带来突然的惊喜，又给人们送来突然的失望。川中石油会战遭遇挫折。

川中地下出现的极其复杂的局面使人们对川中油藏的性质产生了两种不同的意见，其中多数人认为该油藏是砂岩油藏，只有少数地质技术干部认为属裂缝性油藏，其代表人物就是时任川中矿务局总地质师的李德生。

持有不同意见的李德生被认为是悲观主义者、右倾，遭到了批判。李德生一直是秦文彩尊重和熟悉的地质专家，秦文彩始终相信一个严肃的地质科学工作者的良知——尊重科学、尊重知识。在如何认识李德生这个人和他所坚持的地质观点这一问题上，秦文彩始终坚持自己的意见与看法。于是，他被指责为“只走专家路线，不走群众路线”，也同样受到了批判。

1959 年 3 月，康世恩在四川南充主持石油部地质勘探和基本建设会议时全面总结了川中会战的工作。他在报告中实事求是地谈到，原来提出的一些重要目标没有实现，大油田没有拿到手，久攻不下，打成了消耗战。他宣布了石油部党组的决定，结束川中会战。4 月，会战队伍陆续撤出，留下四川石油局的队伍继续工作。

会战结束了，秦文彩和川中石油人依然奋战在这块土地上。秦文彩认为，川中石油会战的结束并不是川中找油的结束。川中仍然是一片充满希望的土地，是一片有着美好勘探前景的地方。对川中石油人来说，最重要的是要认真总结经验、吸取教训，发扬会战的传统，战胜困难，在这片土地上写出川中石油人的历史与光荣。

1959 年 4 月，川中开始贯彻“勘探与生产并举”的方针，陆续在隆盛、桂花、大石、充西地区展开勘探，先后在蓬 40 井、大石 1 井、充西 1 井、合 20 井获得高产，从而得出川中油区是不受局部构造控制的裂缝性油藏的结论。为迅速拿下隆盛、桂花、大石一带的可采面积，

1960 年春，四川石油管理局组织领导的隆盛—桂花—大石—充西会战打响了。

桂花油田的成功开发，在那样一个以“阶级斗争为纲”的时代，显得尤为珍贵。秦文彩对川中矿务局的各级领导干部反复强调，必须坚持实事求是的原则。

三年困难时期，秦文彩积极贯彻石油工业部领导的指示，关心职工，保护群众的生命健康，在川中矿务局始终坚持两手抓，一手抓石油勘探开发，一手抓生产自救，基本解决了粮食和副食品缺乏的问题。

1965 年，国家进行三线建设，第三个五年计划期间规划年产 70 亿立方米天然气，当时四川是主力产气区，于是四川石油会战打响。会战指挥部设在红村，不久威远气田投产。到 1966 年底，四川天然气井年产量达到 11.6 亿立方米。但由于“文化大革命”的冲击，会战只进行了一年半便搁浅了。

四川天然气基地是在血与火的战斗中诞生的。四川的钻井队除了练就出一套打硬地层的过硬本领外，也练出了一支著名的抢险灭火队。1970 年，石油师人秦文彩带领四川油田的灭火专家首次跨出国门帮助阿尔巴尼亚扑灭了一口天然气井的大火，一举成名。1977 年钻成的我国第一口井深超 7 175 米的超深井关基井，铭刻着石油师人的智慧。1977 年，凝聚石油师人心血的川东相 18 井在石炭系获得高产气流，同年举行了川东北石油会战，取得了辉煌战果。石油师人用“战天斗地、大干快上、忠诚敬业、报效祖国”的会战作风，培育了以“艰苦奋斗、求实创新”为核心的“川油精神”。四川油气田的开发充分体现了石油师人为油拼搏、求实创新的油魂。

三、军魂与油魂的完美融合

石油师 4 000 多名指战员先后参加了我国第一个天然石油基地——玉门油田的建设。张文彬等 300 多名石油师人参加了新疆克拉玛依油田的勘探、开发和建设，为建成新中国成立后的第一个大油田做出了突出贡献；张复振等 200 多名石油师人参加了青海柴达木油田的勘探、开发，让世界海拔最高的油田诞生在青藏高原上。张复振、宋振明率石油师三团完成了我国石油工业史上著名的“原油东运”，被康世恩称为“拖不垮、打不烂的石油运输野战军”，创建了新中国的石油运输事业。1952 年底，二团政委陈宾、团长贾振礼同志率 1 300 人赴炼油事业正在崛起的玉门，与当时玉门炼油厂的 300 人一起，成立了基建工程处。在中华人民共和国成立之初的 40 多年的石油炼制与石油化工建设生产中，从简单炼制到后来的深度加工和精细化工，处处都有石油师人的身影。

石油师师长
张复振

石油战线上举行过多次石油大会战，那是因为当时我国在财力、物力、人力上都处于劣势，所以才集中力量办大事，这也是社会主义的优势。正像余秋里说的那样：“国家经济困难，拿不出投资，石油工业底子薄，必须得尽快搞到油。大会战不是关门想出来的，完全是被逼出来的呀！”石油师参加了一个又一个石油大会战：大庆石油大会战（1960 年）、华北石油大会战（1964 年）、江汉石油大会战（1969 年）、长庆石油大会战（1970 年）、辽河石油会战和扶余石油会战（1970 年）、江苏石油会战（1975 年）、冀中石油会战（1976 年）、河南石油会战（1977 年）……1978 年，我国年产原油达到上亿吨，成为世界上第五大产油国。

在我国石油从几十万吨向上亿吨发展的艰苦奋斗历程中，先后有100多名石油师转业干部在石油系统担任了司局以上领导工作，其中有部长和副部长(级)8名。他们是宋振明(部长)、张文彬、陈烈民、秦文彩、李敬、秦峰，以及调往化工部的许士杰和调往财政部的张瑞清。石油师人成为祖国石油工业的奠基者，是共和国的脊梁。

石油师人
陈兴福的故事
（盛誉诵读）

石油师人
郭兴和的故事
（陈麒元诵读）

石油师人
马骥祥的故事
（靳乐涛诵读）

石油师人
史少卿的故事
（李凯奇诵读）

朱德元帅当年视察大庆石油会战，在谈到石油师时说道，石油师变成了一支掌握现代技术的解放军，很好地保持了解放军的优良传统，起到了改造世界的主体动力作用。康世恩对于自己亲自向中央打报告要来的这支部队更是称赞有加。今天看来，全国各个油田的勘探、开发和建设，石油工业的历次重要会战，以及新油区的开辟，都有石油师人及以后陆续从部队复员、转业的干部和战士辛勤的汗水和创造性的劳动，更重要的是，他们把党的优良传统、解放军的革命精神和高尚品质带到石油队伍中来，为建设一支艰苦创业的石油队伍打下了基础。石油师人发扬革命加拼命的精神，践行实干和巧干的工作作风，体现了军魂与油魂的完美融合，为石油精神的形成做出了重要的贡献。

《石油雄师之歌》是中国石油大学(华东)师生对《长江之歌》歌词改编后创作出来的。

石油雄师之歌

你从汉中走来，八一是你的风采
你向油海奔去，惊涛是你的气概
你用赤胆的忠心，保卫中华大地
你用钢铁的臂膀，挽起高山大海
我们赞美雄师，你是无穷的源泉
我们依恋雄师，你有家国的情怀

歌曲
《石油雄师之歌》

你从井冈走来，创新翻卷着时代
你向未来奔去，创业回荡在天外
你用青春的热血，变幻油的色彩
你用磅礴的力量，推动新的时代
我们赞美雄师，你是无穷的源泉
我们依恋雄师，你有家国的情怀

第四节 克拉玛依精神

在新疆准噶尔盆地西北边缘有一座“沥青丘”，这里常年流溢着像山泉一样黑色的油。从20世纪初开始，科研人员围绕这一带有没有丰富的石油资源就进行了激烈争论和长期考察。新中国成立后，在毛泽东、朱德、彭德怀等的关怀和支持下，广大地质科研工作者经过曲折、艰辛的勘探过程，终于在这里发现了克拉玛依大油田，并用几年的时间建起了一座石油城。

在新疆石油勘探开发征程中，“不出油，不死心”的黑油山精神，为油献身的奉献精神，为国戍边的报国精神与中国传统文化、军旅文化、西域民族文化，经过多年的油魂淬炼，孕育形成了“爱国奉献、艰苦创业、民族团结、求真务实、追求卓越”的克拉玛依精神，激励着一代代克拉玛依人奋发有为，推动着克拉玛依油田不断发展壮大。

一、爱国奉献

爱国奉献是对克拉玛依精神最基本的概括。1956年的国庆，天安门广场上接受检阅的游行队伍里有一辆特别夺人眼球的彩车，它悬挂着“1956年发现的大油田克拉玛依”横幅，从此，克拉玛依这个名字伴随着吕远的《克拉玛依之歌》同时进入了中国人民的生活中。那时，石油工人们战严寒、斗酷暑，出油时工人们脸上的喜悦和幸福让这座戈壁城市为之动容，因为这是人生的理想、爱国的激情！

诗人艾青在《克拉玛依》一文中写道：“最荒凉的地方，却有最大的能量；最深的地层，喷涌最宝贵的溶液；最沉默的战士，有最坚强的心；可爱的克拉玛依是沙漠的美人。”著名音乐家吕远抑制不住内心的激动，于1957年10月创作了《克拉玛依之歌》，随即风靡全国。

《克拉玛依之歌》旋律优美，民族风格浓厚，从一个侧面反映出中国摘掉贫油帽子的喜庆场面。“当年我赶着马群寻找草地，到这里来驻马我瞭望过你，茫茫的戈壁像无边的火海，啊克拉玛依。”该曲表现了克拉玛依昔日的荒凉和建设者们在戈壁滩艰苦创业的历程，也让很多听众知道了克拉玛依。歌曲的思想性和艺术性都很强，旋律富有新疆民族特色。歌曲内容由间奏分为两部分：前一部分描写主人公初来克拉玛依看到的情景，表达了他的心情；后一部分抒发了主人公参与社会主义建设的激情，鼓舞人心。

1958年7月25日，克拉玛依市经国务院批准宣告正式成立。1958年9月，朱德视察克拉玛依时对这座城市给予高度赞扬：“你们在荒凉的戈壁滩上建立起一座4万人口的石油城市，这是一个很大的成绩，也是一个动人的神话。”

歌曲
《克拉玛依之歌》

克拉玛依是由一群为石油奉献的人组成的城市。这个城市的精神是爱国奉献，这个城市的追求是国强民富，这个城市的人文理想是国与家——国就是大家的家！

二、艰苦创业

早在 1909 年，新疆省商务总局就在克拉玛依南部的独山子开掘了第一口油井。此后，这种开采活动时断时续。盛世才从 1933—1944 年统治新疆时期，曾利用苏联提供的各类石油专业设备和技术支持，与之合营建立了独山子油矿。1942 年，原油产量达到了 7 321 吨。但这种合作仅维持了几年，即因盛世才当局与苏联关系恶化而告终。

新中国成立后，彭德怀根据自己所掌握的情况清醒地认识到，要使新疆独山子油矿尽快恢复石油开采和炼油生产，为祖国的社会主义经济建设提供能源动力，就必须更新设备、扩大投资，加强技术力量，而这些却是我国难以独立承担的。鉴于苏联紧邻新疆，中苏双方在新中国成立前就有过开发石油资源的合作关系，于是他上书党中央，提出“与苏维埃社会主义共和国联盟联合组建石油公司”的建议，得到毛泽东和刘少奇的高度重视。1950 年 3 月 27 日，中国和苏联两国政府在莫斯科签订《中苏关于在新疆创办中苏石油股份公司协定》，在苏联访问的毛泽东出席了签字仪式。

按照平权合股的原则，1950 年 9 月 30 日在新疆乌鲁木齐组建了新中国成立后石油工业史上第一个中外合资企业——中苏石油股份公司。中共中央为这个公司确定了 3 项任务：一是查明新疆石油资源情况；二是增加石油产量，满足新疆地区的需要；三是大力培养技术干部和工人。公司将勘探区域界定为 16.8 万平方千米，包括新疆北疆（今克拉玛依、独山子）地区、南疆的库车和喀什地区，由此拉开了在新疆准噶尔盆地进行大规模石油勘探的帷幕。

中苏石油股份公司中方首任党委书记、公司副总经理钱萍到独山子上任后，先后三次向王震司令员要人。王震先后从新疆军区机关和各进疆部队抽调余萍等 23 名师团级干部来中苏石油股份公司向钱萍报到，并动员应届毕业生来新疆。到 1954 年 12 月，中方员工已达 5 522 人。

1951 年初，中苏石油股份公司开始投入生产建设，大批苏联专家和技术工人来到独山子油矿，包括 10 部大中型钻机和 14 部井架在内的全部钻、采、炼设备也陆续到达。在后来的 4 年里，独山子共钻井 71 口，总进尺 7.7 万米，生产井开钻 46 口，完钻 42 口。1952 年建成第一套常压蒸馏装置，年加工能力 7 万吨。从 1952 年起，新疆所需的石油产品基本可以自给。1953 年，共和国 23％的原油产量来自独山子。1951—1954 年共生产原油 17.46 万吨，加工原油 17 万吨。独山子成为新疆第一个石油生产矿区和比较完备的石油生产基地，为新疆石油工业的发展奠定了初步基础。

1954 年，为庆祝新中国成立 5 周年，苏共中央第一书记赫鲁晓夫率领苏联政府代表团访问中国。10 月 12 日，《人民日报》刊登《关于中苏举行会谈的公报》。根据中苏两国政府发表的联合公报精神，自 1955 年 1 月 1 日起，包括中苏石油股份公司在内的各中苏合营股份公司中的苏联股份被有偿移交给中国。从此，中苏石油股份公司结束了各项业务活动，将管理和属于公司的全部财产移交给中国燃料工业部新疆石油公司（后改称新疆石油管理局）。自此，中国开始依靠自己的力量，独资经营新疆石油工业。

1955 年，新到任的新疆石油公司经理张文彬了解到原中苏石油股份公司苏联专家争论的有关情况，于是召开了黑油山地质调查专题汇报会。会议听取了乌瓦洛夫关于“走出山前凹陷，走上地台”的观点陈述。会后新疆石油公司党委统一了勘探工作的指导思想：“走出山前凹陷，走上地台”。随后，新疆石油公司所属独山子矿务局根据乌瓦洛夫和张恺的报告，迅速编制了《黑油山地区钻探总体方案》，拟定在黑油山构造带打 4 口探井，构成一个剖面，进而探明白垩纪、侏罗纪的地质情况。

在 1955 年 2 月 4 日结束的第六次全国石油勘探工作会议上，燃料工业部批准了《黑油山地区钻探总体方案》，并决定在准噶尔盆地北部黑油山地区，“为探明侏罗系地层的含油气情况以及研究准噶尔盆地西北缘的地质构造，在获得浅钻补充资料之后，再打两口探井，计划进尺 2400 米”。依照这一决策，王克明等地质工作者立即测定黑油山 1 号井井位，做出地质技术设计，苏联留任专家潘切享娜做出钻井设计，设计方案报经新疆石油公司代理总地质师杜博民批准后付诸实施。1955 年 4 月，开始安装钻机井架。6 月 14 日，一支由汉、维吾尔、哈萨克等 8 个民族 36 名青年职工组成的独山子矿务局钻井处 1219 钻井队奉命进驻黑油山，抱定“安下心，扎下根，不出油，不死心”的雄心壮志，于 7 月 6 日正式开钻。他们战胜了荒漠戈壁夏季的风沙、酷暑，克服了用水需要汽车从几十千米外拉运等困难，在材料极其短缺的情况下，硬是靠智慧和敢打敢拼的精神制服了强烈井喷，在 517 米钻穿侏罗系和三叠系地层提前进入古生界，在三叠系钻遇油层，并于 620 米处用筛管完钻。11 月 1 日，测出 10 毫米油嘴 8.5 小时产量达 6.95 吨；11 月 2 日产油 8.1 吨。黑油山 1 号井后改为克一井，成为克拉玛依油田的发现井。

新疆克拉玛依地区已被证实是一个很有希望的大油田，这一大好消息通过新华社迅速传遍海内外。在 1956 年 9 月召开的党的八大上，李聚奎在发言中无比自豪地报告：“新疆维吾尔自治区的克拉玛依油田面积达到 130 平方千米，储油面积勘探还在扩大，可采储量 1 亿吨以上……”

1956 年 9 月 5 日，《人民日报》发表社论《支援克拉玛依和柴达木油区》。国务院组织 13 个部委支援克拉玛依，全国有 16 个省的 35 个城市为克拉玛依生产设备和器材，此外从苏联和东欧国家进口部分设备和器材。由玉门矿务局、延长油矿、四川石油勘探局抽调的地质、工程、管理干部和技术工人与上海四川等地的有志青年，一批批各方面人才从祖国的四面八方云集克拉玛依。由原北京军区 2 048 名复员军人组成的石油钻探团、从济南和南京等部队转业的官兵、新疆军区生产建设兵团部分部队也陆续来到克拉玛依，投入油田的开发。中共新疆维吾尔自治区委员会发出指示，要求各级党组织、各级政府和全疆人民支援克拉玛依油田建设。新疆生产建设兵团和自治区的一些厅、局、企业抽调汽车帮助抢运积压在口岸的器材，国家动员几千名施工部队战士抢修公路和房屋，塔城地区组织 1 000 多峰骆驼为油田驮运越冬烧柴。克拉玛依油区很快建立起商业、粮食、邮电等服务系统，有力地保障了油田勘探和开发的顺利进行。2 年多的时间里，克拉玛依油区职工迅速增加到 37 000 余人。

勘探开发初期，油田没有一间房屋，从领导到工人都住在帐篷和自挖自建的地窖里，连第一例阑尾炎切除手术也是在帐篷里的马灯下进行的。用水要从几十千米外用车拉运，按人分配，定量供应，节约使用。有时汽车出了故障，几天供不上水，大家只能用当地矿化度很高的苦水洗漱。蔬菜要从上百千米以外拉来，员工经常靠海带和粉条下饭。沙漠戈壁属大陆性气候，冬季严寒，夏季酷暑，春天狂风肆虐，秋天蚊蝇牛虻成群，使人不堪困扰。但是，在这种极端恶劣的条件下，各族建设者不怕困难、齐心协力，发扬战争年代艰苦奋斗、英勇顽强的革命精神，夜以继日地进行油田建设。

克拉玛依是中国石油工业的三大摇篮之一，有百年的石油工业发展史。克拉玛依第一代石油人在艰难困苦中没有抱怨和退缩，他们有一种坚定的信念，愿意为祖国的事业奉献一切。现如今，油田油气当量 1 500 万吨，原油产量规模不断增加。伴随着石油工业的发展，克拉玛依独特地域的石油文化也取得了丰硕的成果。

杨拯陆是爱国将领杨虎城的女儿，她于西北大学地质专业毕业后强烈要求到新疆石油管理局工作，工作中勤奋刻苦。1958 年 9 月 25 日，她在野外地质调查时遭遇极端恶劣天气不幸遇难，年仅 22 岁。

杨拯陆事迹

三、民族团结

克拉玛依是一个多民族地区，有 38 个民族，多年来早已形成“三个离不开”的民族团结氛围。克拉玛依各届各级党委始终重视民族团结进步工作，创造性地执行党的民族政策，在习俗与信仰上尊重、在生活上关心照顾、在工作上培养重用少数民族群众。少数民族群众的生活质量有了大幅提高，大批少数民族干部和人才脱颖而出，少数民族与汉族之间结下了血浓于水的感情。克拉玛依精神的发展史是一部大爱无疆、可歌可泣的民族团结进步工作史。

1955 年 6 月，由 8 个民族、36 人组成的 1219 青年钻井队，在茫茫戈壁安营扎寨，克服大风、酷暑、缺水等重重困难，立下“安下心，扎下根，不出油，不死心”的誓言。同年 10 月，克一号井完钻获得工业油流，标志着新中国第一个大油田——克拉玛依油田的诞生，揭开了新疆石油工业大发展的序幕。可以说，克拉玛依从建设之初就融入了各民族共同团结奋斗、共同繁荣发展的基因。

早在油田开发建设早期，克拉玛依就形成了各族职工结“技术对子”“语言对子”“帮扶对子”“师徒对子”的传统，多年来涌现出一大批民族团结进步先进典型：无私奉献、一心带领乡村群众脱贫致富的“访惠聚”驻村干部黎建东，连续 14 年资助 4 名女孩求学的市民陈志兰，勇敢追求人生幸福、兢兢业业在岗工作的电工肉孜汗·艾买提……他们为克拉玛依民族团结进步事业写下了最动人的注解。

2016 年，克拉玛依市委、市政府在“结对子”的基础上，延伸拓展“民族团结一家亲”和民族团结联谊活动。如今，漫步在克拉玛依市的大街小巷，各族干部群众亲如一家的场景随处可见。各族儿女像石榴籽一样紧紧抱在一起，同心协力、砥砺奋进，以实际行动为实现中华民族伟大复兴的中国梦加“油”。

四、求真务实

2009 年 6 月 19 日，时任中共中央政治局常委、中央书记处书记、国家副主席习近平考察克拉玛依时指出，在石油战线弘扬的大庆精神铁人精神，实际上包括克拉玛依精神、玉门精神。这种精神的弘扬，至今仍然需要，而且永不过时。正是源于石油精神的鼓舞，在克拉玛依 60 多年的发展历程中，一代又一代有志青年投身油城建设，努力推动精神传承、青年成长与城市发展有机融合，这座为梦想加油的城市因为广大青年的接续奋斗而焕发无限活力。

在一代又一代克拉玛依人的努力奋斗和不懈拼搏下，克拉玛依已由起初的亘古荒原变成了如今祖国西部“璀璨的宝石、戈壁明珠、沙漠美人”，而今天的克拉玛依一刻也不会停下它追求卓越的脚步和又好又快建设大油气田的决心，提出了建设六大基地、培育三大产业、打造两个平台等一个又一个宏伟目标，为我们揭开了建设世界石油城的壮丽诗篇。追求卓越的克拉玛依人正以超越历史的睿智、雄视明天的胆识，为实现打造世界石油城的战略目标而不懈奋斗！

五、追求卓越

20 世纪 60 年代到 70 年代，克拉玛依经历了国民经济调整、“文化大革命”和伟大转折三个时期。不畏艰难，敢于拼搏的克拉玛依人以“又让又上”“大干光荣”的实际行动，使处于“两降一升”被动局面的克拉玛依油田走上了科学开发、产量稳定增长的轨道，迎来了克拉玛依大发展的明媚春天。20 世纪 80 年代到 90 年代，沐浴着改革开放的春风，克拉玛依坚持以经济建设为中心，依靠科技进步，实现了经济持续稳定发展，综合实力大幅提升。进入新时代，克拉玛依人坚决维护习近平总书记党中央的核心、全党的核心地位，坚决维护党中央权威和集中统一领导，增强政治意识、大局意识、核心意识、看齐意识，以二十大精神为指引，加强生态文明建设，积极践行“富强、民主、文明、和谐、自由、平等、公正、法治，爱国、敬业、诚信、友善” 社会主义核心价值观。

第五节　柴达木精神

柴达木盆地是祖国的四大盆地之一，它被昆仑山、祁连山和阿尔金山所怀抱，海拔 3 000 米，总面积达 25 万平方千米。柴达木盆地蕴藏着丰富的油气资源，也是我国最早发现石油的地方之一。1947 年 5 月，毕业于北京大学地质系的地质测绘专家周宗浚、关佐蜀等爱国知识分子，怀揣着工业救国的信念，带领 14 人、50 峰骆驼来到柴达木盆地进行勘查探矿。他们从敦煌向柴达木盆地挺进，经过 5 个多月的艰难跋涉才到达柴达木盆地西部的尕斯湖畔。途中，骆驼因饥渴劳累死了 17 峰，随队人员有的因吃不了当时那种难以想象的苦也离去了大半。剩下的几个人坚持在湖畔的荒山进行勘查，就在这里，他们在一座山上发现了 150 米厚的油砂，勘探队员们激动地把这座山命名为“油砂山”，向世人宣告：柴达木有石油了！

柴达木精神的核心是“顾全大局的爱国精神，艰苦奋斗的创业精神，为油而战的奉献精神，开拓创新的实干精神”。

一、顾全大局的爱国精神

青海石油人始终把国家利益放在首位，个人利益服从国家利益、集体利益，勇挑重担，忘我工作，把完成上级下达的经营指标当作一项必须完成的政治任务来抓，无论困难多大、生产条件多复杂，都坚持把生产经营放在第一位，采取一切措施完成生产经营任务。

新中国百废待兴，为解“国家缺油”的困局，柴达木石油人迎难而上，勇敢地肩负起了为国找油的重任。

1954 年 3 月，燃料工业部石油管理总局召开全国第五次石油勘探工作会议，决定派遣石油地质队伍进入柴达木盆地进行地质调查。

4 月下旬，由 6 个地质小队、1 个重磁力队、1 个三角测量队、1 个手摇钻井队共 484 人组成的柴达木地质大队，在大队长、石油师人郝清江和地质师张维亚等的带领下，由中国人民解放军的一个骑兵连护送，从西安出发，途经兰州、玉门、敦煌、阿克塞，沿若羌古道，过拉配泉，穿索尔库里，跨戈壁，趟沙漠，风餐露宿，艰难行进。10 多天后，终于从金湾山口翻越阿尔金山到达柴达木盆地西部的红柳泉地区。当时，野外工作和生活最大的困难是缺水。队上的用水全靠骆驼每五六天送一次。正常情况下，每人每天只发一茶缸水，在野外将随身带的水喝完后，就只能用骆驼和自己的尿液维持生命……他们克服艰难困苦，以苦为乐。下面一段顺口溜表达了石油人乐观向上的精神：

天上无飞鸟，遍地不长草。四季少雨雪，风吹石头跑。
上面烈日晒，下面热沙烤。冬天寒风吹，夏天蚊虫咬。
整月缺水喝，常年不洗澡。指甲当汤勺，虱多用沙炒。
脸蛋黑又红，对象不好找。唯有油气多，大家都说好。

1954 年 9 月，燃料工业部石油管理总局局长康世恩带队，特拉菲穆克院士等地质专家、著名诗人李季等参加的地质考察队再度对柴达木进行实地考察。李季在尕斯库勒湖畔写下了《柴达木小唱》：辽阔的戈壁望不到边/云彩里悬挂着昆仑山/镶着银边的尕斯湖呵/湖水中映照着宝蓝的天/这样美好的地方哪里有啊/我们的柴达木就像画一般。

1955 年 6 月 1 日，青海石油勘探局在西宁正式成立，局领导大部分是石油师人，勘探队伍猛增到 4 700 多人，是 1954 年的 10 倍，柴达木盆地揭开了大规模油气勘探的序幕。

油泉子构造是在柴达木钻探的第一个构造。1955 年 11 月 24 日，石油师人赵复成带领钻井队伍开钻；1955 年 12 月 12 日，泉 1 井钻获工业油流。1956 年 9 月 5 日，《人民日报》发表了题为《支援克拉玛依和柴达木油区》的社论，来自全国各地的 15 000 多名地质科研人员、技术骨干、复转军人、青年学生和社会青年组成的青海石油员工队伍汇集柴达木西部，建起了绵延数平方千米的茫崖帐篷城，掀起了艰苦卓绝的创业高潮。

1958 年，石油师人胡振民所带的钻井队在冷湖地区打井时，地中八井突然失火。在救了三天两夜的火后，他相信冷湖是有油的，并与地质师反复论证，确定了冷湖五号构造一高点的地中四井。1958 年 9 月 13 日，1219 钻井队钻至 650 米时发生井涌，继而出现井喷，喷势异常猛烈，原油连续畅喷三天三夜，日喷原油高达 800 吨左右，由此揭开了冷湖油田开发、发展的新篇章。

地中四井的喷油预示着一个新的高产油田的诞生，展示了柴达木盆地的石油工业具有广阔而灿烂的前景。听闻冷湖喷油的喜讯后，远在玉门的石油诗人李季激动万分，他饱蘸笔墨，当即赋诗《一听说冷湖喷了油》：人人争把喜讯传/盆地原是聚宝盆/柴达木是祖国的大油田……喷油的消息和李季的诗作传出后，全国油田为之震动，各路勘探队伍奔赴冷湖。

1959 年 2 月 20 日，第一车原油从冷湖外运，之后柴达木盆地的运油车辆便络绎不绝。浩浩荡荡的油车如长龙一样，给这片沉寂的土地带来了勃勃生机。1959 年，时任石油工业部部长的余秋里和副部长孙敬文、康世恩先后到冷湖探区视察，望着忙碌的井架和不断涌出的滚滚石油，在喜悦的同时，也明确指示开采队：拿下冷湖油田，为柴达木石油工业大发展打下基础。

青海石油管理局党委随即决定，集中力量，猛攻冷湖。他们在集中人力的同时，陆续抽调 40 多部钻机，在冷湖展开了轰轰烈烈的石油大会战。一时间，冰冷的冷湖沸腾了，戈壁滩上到处红旗招展、人声鼎沸、机声隆隆，沉寂了千年的荒野呈现出前所未有的热闹。到 1959 年底，冷湖油田年产原油近 30 万吨，约占全国的 12%，成为继玉门、新疆、四川之后的第四大油田。1959 年底，冷湖炼油厂炼制的成品油开始运往西藏，供应边防部队用油，在中印反击战中立下了不可磨灭的功绩，同时也对青藏高原地区工业的腾飞发挥了极大的作用。

1960 年 4 月，时任青海省副省长的李芳远陪同铁道部现场会议参观团到冷湖参观，为地中四井题词“英雄地中四，美名天下扬”。这口发现井累计产油达到 32 704 吨，直到 1978 年 1 月才停止生产。

20 世纪 60 年代初，石油工业重心东移，国家组织了大庆石油大会战。青海油田顾全大局，迅速抽调 6 500 多人和精良装备支援大庆石油会战。此后，青海油田精简机构、收缩阵地，大力开办农副业生产，开展生产自救，在资金、物资供应等十分困难的情况下调整勘探部署，重返西部建家园，继续着“我为祖国献石油”的铿锵步伐。

1964 年 12 月，柴达木盆地涩北一号构造获得高产天然气流。经过 1974—1976 年的涩北天然气勘探会战，又发现了涩北二号构造和驼峰山构造，证实柴达木盆地有着丰富的天然气资源。1977 年，青海油田石油勘探在盆地西部的尕斯湖畔获得重要发现，跃参一井深层获高产油流。次年，跃深一井也获得了高产油流。随即，青海石油员工队伍和来自胜利油田、玉门油田等单位的数万名会战健儿一起并肩战斗，展开了规模空前的甘青藏石油勘探会战。会战从 1979 年开始，到 1983 年结束，取得了明显的成果，基本摸清了尕斯库勒油田的情况，探明石油地质储量近亿吨。由此，亿吨级的尕斯库勒油田加入中国石油工业的行列。

二、艰苦奋斗的创业精神

青海石油人在“天上无飞鸟、地上不长草、氧气吃不饱”的柴达木盆地，几十年如一日，立志高原，不畏环境艰苦，自力更生，艰苦创业，迎难而上，千方百计为祖国找石油，多找油，始终保持着一种乐观向上的精神状态，勇攀科学技术高峰，敢于攻克制约生产中的技术难题。

在青海石油人创业过程中，一大批干部、工人、知识分子为了柴达木石油的发展呕心沥血，倾尽全力，甚至献出了宝贵的生命。冷湖四号公墓埋葬着 400 余位为石油献身的英灵，他们出于同一种情怀安息在这荒漠之中。

陈贲就读于清华大学地质系，是老君庙油田开发的功勋，原石油部总地质师，首批考察柴达木盆地的知识分子。1957 年被下放到青海油田，负责编制青海冷湖油田开发方案，搞清冷湖油田的生油地质条件，一干就是 9 年，直到“文革”含冤去世。

黄先训是原石油部石油勘探开发科学院高级工程师，我国杰出的石油地质专家，年轻时就对柴达木盆地魂牵梦绕，1957 年被打成右派前已买好了去柴达木的火车票，行前参加机关大会时遭厄运被送北大荒劳改。弥留之际，他留下遗愿，生不能去柴达木，死也要把骨灰埋在柴达木。

肖缠岐，“柴达木的铁人”，英雄的钻井队队长，在油井发生失火或井喷时，他一贯舍生忘死地冲在前面。1970 年 7 月 23 日，1258 钻井队在干柴沟构造柴 5 井解卡时，肖缠岐让当班的其他同志撤到安全地带后，才开始动手解决卡钻问题，但不料强大的离心力扭断了一个连接螺丝，使近百公斤重的方补心分成两半飞出，其中一块击中他的右胸，导致他不幸牺牲，年仅 31 岁。

1976 年 11 月 4 日，试气队在涩深 15 井求产放喷时，强大的气流从旁通管线冲出，带动旁通管线将井周围的 6 人(油田革委会副主任薛崇仁、钻井处革委会副主任王警民、试油二队指导员陈家良、技术员李松安、大班司钻张忠生、大班司机徐福安)全部扫倒在地，他们用鲜血和生命铸就了百亿方气田的基石。薛崇仁、王警民等涩北“六烈士”奋力拼搏、献身荒原的英名永远镌刻在涩北大地！有诗云:“涩北不缺精神/涩北就是精神/涩北不缺姿态/涩北就是姿态/涩北/这位青海油田的天然气长子/它展示的是精神/它挺立的是姿态。”

南八仙是地处青藏高原柴达木盆地北缘的一个最为诡秘的地方，其奇特怪诞的地貌、飘忽不定的狂风、地形奇特而生成的诡秘风声，再加上当地岩石富含铁质，地磁强大，常使罗盘失灵，导致人们无法辨别方向而迷路，被世人视为“魔鬼城”“迷魂阵”。1955 年，沉寂的柴达木迎来了第一批开发者，地质队员的脚步声震醒了这片亘古荒凉的土地，使它焕发了生机。8 位从南方来的女地质队员为寻找石油资源进入这里，挥洒着青春的风采。一天，她们和往常一样，在迷宫般的风蚀残丘中跋涉测量，但在返回途中，遭遇了铺天盖地的黄沙，仅有的标志被掩埋，她们迷失了方向……直到半年后，人们才发现 3 具身下压着测量图和地质包的尸骨，而其他尸骨未见。后来，人们为了纪念这 8 位女地质工作者，便把她们牺牲的地方——大柴旦和冷湖之间的风蚀土林群叫作“南八仙”。

三、为油而战的奉献精神

青海石油人在恶劣环境里高唱“我为祖国献石油”的主旋律，有着闻油则喜、闻油而动、闻油敢上的石油情结，忍受着常人难以忍受的痛苦，克服着常人难以克服的困难，不叫苦、不叫累，不计名利、不讲条件，默默奉献，立足本职工作，随时听从组织召唤，完成生产经营任务。

1955 年后，来到柴达木的参战队伍达到 2 万多人。由于柴达木盆地无社会依托，生产资料和会战队伍的吃穿用都要从 1 000 多千米外的兰州和西宁运来，致使石油勘探成本不断升高。时任中共中央总书记的邓小平同志在听取青海石油勘探局工作汇报后说:“如果成本降不下来，石油储量再大，再珍贵我们也开采不起。”柴达木石油勘探面临着夭折的危险。在长征老红军、石油师人、时任青海油田党委书记陈寿华的带领下，油田党委下决心要把勘探成本降下来，并制定了十条措施，这就是盆地勘探初期第一代石油创业者立下的“一个决心，十条措施”。其中重点的措施是提高钻井速度和调整职工工资。当时，为了降低勘探成本，每名职工月平均工资减少 80.5 元，降幅为 35.9%。由于十条措施的实施，盆地的石油勘探成本大幅度降低。1958 年，钻井单位成本比上年降低了 500 多元。1958 年，盆地又发现冷湖、尖顶山等 10 个油田和盐湖的 3 个气田。

1960 年国家遭受严重困难，国民经济发展遇到挫折，物资供应匮乏，油田投资大幅减少。投资从原来每年的 1 亿多元减少到每年 440 多万元，职工粮食定量两次降低，平均每人每天只能吃到 7 两粮食，油田的勘探开发工作再次面临困境。为此，油田党委带领广大职工调整机构，精简下放职工 1 万多人，缩短战线，坚守冷湖。一边深入分析油田资料，制订调整方案，加强措施管理，坚持油井生产；一边发扬艰苦奋斗精神，抽调人员上山打猎、下湖捕鱼、开荒种地，到草原上打草籽、挖锁阳、采野菜，先后在敦煌、安西、南湖、阿拉尔等地办起了十几个农场，在极端困难的情况下保证了油田生产，使原油产量一直维持在每年 10 万吨左右。同时，还压缩一切非生产性开支，挤出资金进行油气勘探，先后在盆地东部地区发现了马海、盐湖、涩北一号 3 个气田。在三年困难时期，石油创业者们克服重重困难，坚守阵地、稳步发展，留下了一幕幕感人场景。

四、开拓创新的实干精神

青海石油人秉持实干兴业的态度，实事求是，讲求科学，保持战略定力，发扬钉钉子精神，脚踏实地，实干作为，一切按客观规律办事，多找油气，多产油气。

双百人物、“当代青年的榜样”秦文贵 1982 年从华东石油学院开发系钻井工程专业毕业后，满怀一腔热情，奔赴远在大西北的柴达木盆地。他将人生最美好的 17 年青春留在了我国海拔最高、环境最艰苦的青海油田；他扎根戈壁荒原，走出了一条当代青年知识分子在苦干、实干中锻炼成长的闪光之路；他刻苦钻研技术，勇于探索，顽强攻关。在秦文贵主持下，青海油田先后完成了高海拔地区多项科研项目，推广了数十种新技术、新工艺，破解了大量生产技术难题，使两个月在青藏高原打成一口井的梦想成为现实。

秦文贵事迹

由严振鸣作词、王宏作曲的柴达木石油工人之歌《奉献年华》表现出了石油工人的爱国奉献之情：

在那遥远的青藏高原/长江黄河源头
夏日不融昆仑雪/空碛稀云万物愁
铁旅雄飞/石油队伍
告别故土/关塞别亲友
帐幕围城/驼峰作舟
渴捧冰凌/饥啃青稞馍
他们在奋力/奋力地开拓
开拓那柴达木/开拓那能源石油
……

歌曲
《奉献年华》

第六节　兰州石化精神

1956年，在兰州西固区，国家“一五”计划156个重点工业建设项目中的第一个大型现代化炼油厂——兰州炼油厂（简称兰炼），以及一个石油化工基地——兰州化学工业公司（简称兰化），几乎同时破土动工。兰炼、化肥装置和丁苯橡胶装置在兰州建成投产，树起了新中国炼油和石化工业丰碑。兰炼和兰化（简称两兰）被誉为新中国炼油、化工工业的摇篮，以“出产品、出技术、出人才、出经验、出效益”而闻名全国。在两兰的基础上重组整合后的兰州石化公司，不忘初心，不断挖掘精神内涵，形成了以自强不息的“砂子炉”精神、艰苦奋斗的“扁担”精神、苦干实干的“铁梅”精神、兴业报国的“三航两剂”精神、敢为人先的“四出”精神、追求卓越的“三精”精神为内涵的兰州石化精神，养成了“高标准、严要求、精细化、求实效”的“高严细实”作风。

一、“砂子炉”精神

20世纪60年代，国家决定将从西欧引进的年产3.6万吨乙烯的砂子炉等4套装置建在兰化。1968年下半年砂子炉基本建成后，面对国外专家撤走、无技术资料、无操作规程、无实践经验的状况，兰化人打响了砂子炉试车战役。遗憾的是从1968年8月到1969年8月，5次点火都不成功。于是，他们认真总结，反复试验，1970年4月15日砂子炉终于开车投产，生产出了合格的乙烯、丙烯。随后又陆续生产出高压聚乙烯、聚丙烯、丙纶和丙烯腈，乙烯产量由年产几千吨上升至3.6万吨。

砂子炉的投产使兰化成为名副其实的石油化工联合企业，对我国开发石油化工技术具有重要意义，是中国石油化工发展的里程碑，为中国人争了光，为中国工人阶级争了气。

砂子炉精神的本质就是“矢志不渝的理想信念、敢闯新路的攀登意识、勇于奉献的精神面貌、奋发图强的创业精神”。

二、“扁担”精神

1956年，兰化人硬是靠一根根扁担，把54万块耐火砖一筐一筐地从仓库挑到施工现场，提前18个月生产出合格的硝酸铵肥料。三年困难时期，兰炼、兰化生产建设受到重创，“两兰”人又一次用扁担挑起艰难岁月。在粮食紧缺、员工体质严重下降的困难情况下，“两兰”人一手抓生产、一手抓生活，展开生产自救：兰炼先后派400余人到平凉、会宁、广元等地采购洋芋、萝卜、甜菜、白菜等，相继开办农场7个，开荒种地8 900亩，生产粮食100万斤、蔬菜590万斤、油料4万斤，产肉20万斤；兰化在陕西、宁夏、青海、甘肃开办农场11个，种粮5 711亩、油料430亩，1962年共生产粮食74万斤、蔬菜210万斤，养猪756头、羊360只、奶牛58头。农副业生产在特殊历史时期弥补了职工粮食的不足，保证了正常生产。在这一非常时期，“两兰”人挺起胸膛，迎难而上，用扁担促生产、保生活，取得了炼油和化工生产的新成绩。

三、"铁梅"精神

20 世纪 70 年代初，兰炼运销处卸油台有一支青年女子团队，即闻名全厂的"铁梅卸油排"。铁梅卸油排组建于 1970 年 9 月，1972 年 4 月改名为"铁梅卸油班"。

当时，卸油台工作环境差，油污遍地，杂草丛生，时常有野兔和青蛇出没。而且，卸油是室外作业，夏季温度达五六十摄氏度，卸油胶管晒得烫手；冬天寒风刺骨，卸油管冻得硬邦邦的，对车接管特别困难。再者，卸油作业是力气活，对女职工来说，对车、开关阀门非常吃力。艰苦的环境和工作没有吓倒铁梅卸油班的姑娘们，她们不怕脏、不怕累，争先恐后地和男职工比干劲，尽管原油时常喷到了脸上和身上，但无一人退缩。1977 年冬天的一个夜班，在一辆槽车泄漏的紧急关头，班上的冯珠珠毫不犹豫地冲上去，想用身体堵住卸油口，但强大的油流一下子将她击倒。她爬起来，再一次奋不顾身地冲上去，拼命用身体顶住卸油口。等伙伴们关好阀门后，她的全身被黑乎乎的原油浇遍了，就像是镀了一个黑色的"外壳"。此后，人们把她称为"黄继光式的卸油工"。

虽说从事的是既脏又累的工作，可铁梅卸油班的姑娘们始终乐观向上、朝气蓬勃。从这个班成立到解散，"铁梅"们在卸油台平凡的岗位上为兰炼的发展奉献了 10 年美好的青春，奏出了强劲而又动人的乐章，至今仍被人们啧啧称道。

"铁梅"精神，其本质就是爱岗敬业的态度、吃苦耐劳的作风、厂兴我荣的责任和担当。

四、"三航两剂"精神

"三航两剂"即航空汽油、航空煤油、航空润滑油，石油裂化催化剂、石油添加剂。

20 世纪 60 年代初，石油部提出了"以军用油为纲，大力发展石油新产品"的方针，兰炼首当其冲地承担起巨大责任。时值三年困难时期，在蒸汽、电力严重不足，职工饿着肚子工作，在不少人身体浮肿连正常倒班都难以坚持的艰难情况下，兰炼人齐心协力渡难关，开始了以"三航两剂"为中心的炼油工艺技术和产品开发。

1960 年试生产航空汽油获得成功，1962 年国产航空汽油正式在兰炼投入生产。1960 年 8 月全力试制航空煤油，经过不懈努力，终于突破难关，生产出了质量优良、安全可靠的航空煤油。1962 年研制出质量合格的航空润滑油。"三航"的试制成功为兰炼积累了大量资料和丰富经验，为电缆油、压缩机油、轧钢机油等 85 种高级石油产品的相继试制成功奠定了坚实基础。

1961 年，石油工业部决定建设石油裂化催化剂生产基地。1963 年，兰炼开始了裂化催化剂装置的工程化建设。1964 年 4 月，建成我国第一套硅酸铝小球催化剂生产装置，6 月试生产成功，从此扭转了裂化催化剂依靠国外进口的被动局面。1965 年 11 月，建成国内第一座微球催化剂装置，生产出第一批合格的微球催化剂。1970 年，建成国内第一套 13X 分子筛生产试验装置。1976 年，建成我国第一套稀土 Y 型分子筛生产装置。1977 年试生产出 Y 型分子筛小球催化剂。这一先进工业技术的开发成功对发展提升催化裂化工业技术起到了重要的推动作用。

1960 年 10 月，兰炼开始石油添加剂的研究和试生产。1962 年，建成中型装置，经过近 400 次试验，掌握了添加剂生产的规律和特点，生产出一批质量合格的添加剂产品且通过检验并批量生产。1964 年，建成年产 2 500 吨的浮游多效添加剂工业生产装置，填补了我国新型油品添加剂的空白，改变了从国外进口添加剂的局面。20 世纪 80 年代初，兰炼参加石油部组织的油品添加剂制造技术攻关，并在丁二酰胺无灰分散剂带剂制取工艺技术开发方面取得突破。

“三航两剂”精神，其本质就是奉献石化的事业感、胸怀全局的责任感、报效祖国的使命感。

五、“四出”精神

2007 年 2 月 18 日，胡锦涛在视察兰州石化新建成的大乙烯工程时说：“兰炼、兰化在炼油化工行业是很有名的企业，是共和国的长子，不仅出产品、出技术、出经验，还出了大批人才，有不少人才走到全国各地，为国民经济发展做出了重大贡献。”

(1) 出产品。60 多年来，兰州石化人始终坚持以向社会提供量多、质好的石化产品为己任，保持和发挥多种类、多规格、多系列的生产特点，先后诞生多个国内首套炼油化工生产装置和多项炼油化工先进技术，开发生产了一系列国家急需的石油化工产品，填补了国内空白，形成了自己的产品优势。至 2018 年，兰州石化已累计加工原油 2.7 亿吨，生产乙烯 1 199 万吨，累计上缴税费 1 404 亿元。自 2009 年以来，兰州石化连年成为甘肃省纳税超百亿元企业，有力地支持了当地经济建设和社会发展。

(2) 出技术。20 世纪 60 年代，两兰首创原油深度加工、提高收率和扩大品种、“三航两剂”、重油常压汽化和甲烷氢转化制合成氨、制合成酒精等多项先进技术，建成我国第一套尿素脱蜡、催化重整、合成橡胶、合成酒精等生产装置，一批批中国石油化工独家产品在这里诞生，一次次填补国内空白，数十项技术获国家科技进步奖、国家优秀技术开发成果奖和全国科学大会奖，取得各类重大科研、设计成果 600 多项，重大技术改造和科技进步成果 500 多项，重大机械仪表制造技术成果上百项。近年来，兰州石化推动炼化结构由燃料型为主向材料型为主转变，先后完成汽油加氢、柴油加氢、烃重组等重点工程项目，实现汽柴油国Ⅲ、国Ⅳ、国Ⅴ质量升级“三级跳”。2018 年 9 月，国Ⅴ油品比国家规定时间提前 4 个月投放市场，满足了西北西南市场对绿色清洁油品的需求。

(3) 出人才。按照“自己动手，兴办教育，培养人才”的方针，“两兰”制定和实施了人才培养制度与规划，成立业余大学、业余中专、红专学校，掀起学文化、学技术热潮。领导干部、专业技术人员快速成长，工人文化素质和技术水平迅速提高，先后向国家机关和全国石化企事业单位输送 4 万余名各类人才，其中 2 人成为党和国家领导人，32 人成为省部级领导。

(4) 出经验。60 多年来，兰州石化在科学发展、生产经营、技术进步、企业管理、党的建设、思想政治工作和企业文化建设等方面，不断探索实践、总结提高和继承创新，形成了一整套独特的管理思想、管理模式和管理方法，先后荣获全国勤俭办企业红旗、科技先进集体、设备管理先进单位、环境保护先进企业、环境优美工厂、效益显著企业、质量管理奖、企业管理金马奖、“全国五一劳动奖状”等数十种国家级荣誉和奖项。

“四出精神”，其本质就是主动作为的长子风范、国家至上的大局观念、永争一流的进取意识、勇于创新的发展能力。

六、“三精”精神

1964年4月13日，《人民日报》以《严字当头》为题，用整版篇幅介绍了兰炼从严治厂的经验。

严字当头，从严治厂，从建厂初期就成为兰州石化的治厂法宝，在半个多世纪的兰州石化建设发展史上、在炼化行业乃至全国都产生了广泛而深远的影响。经过几代兰州石化人的精心培育，“严字当头”的管理做法被升华为“高严细实”的企业作风，即工作上坚持高标准、管理上追求高效能、技术上争创高水准、产品上保证高质量、服务上做到高水平、经营上实现高效益；严格的要求、严密的组织、严肃的态度、严明的纪律，从严治企、从严管理、从严建班子、从严带队伍；思想工作深入细致、经济工作精打细算、管理工作严细到位、服务工作细心周到；坚持实事求是，理论联系实际，一切从实际出发，作风务实、责任落实、工作求实，当老实人、说老实话、办老实事。如今，这一优良传统又发展转化为“精准操作、精细管理、精益运行”的治企之道。

“三精”精神体现的是兰州石化人从不满足、永不懈怠、精细精致、尽善尽美的价值追求，其本质就是精益求精的品质追求、以质取信的品牌保障和超越自我的品格塑造。

思考题

1. 欣赏诗歌《石油师的旗帜》，体会石油师人所表现出的石油精神。
2. 阅读孙健初的英雄事迹，谈谈孙健初身上体现的石油精神。
3. 阅读徐今强的事迹，谈谈徐今强身上体现的石油精神。
4. 欣赏歌曲《克拉玛依之歌》，体会歌曲中体现的石油精神。
5. 欣赏歌曲《奉献年华》，体会歌曲中体现的石油精神。
6. 阅读“当代青年的榜样”秦文贵的事迹，总结其身上体现的石油精神。
7. 欣赏诗歌《万人广场作证》（作者为原石油工业部部长宋振明），体会其中的家国情怀。

诗歌
《石油师的旗帜》

徐今强事迹

诗歌
《万人广场作证》

测试题

第三章

大庆精神铁人精神

大庆精神铁人精神是石油战线老一辈领导人和广大石油职工在困难的时候、困难的地方、困难的条件下，学习和运用毛泽东思想，继承和发扬中国共产党、中国工人阶级和中国人民解放军的优良传统，在开发建设大庆油田的实践中逐步培育和形成的，是战争年代革命精神的继承和发展，是中华民族精神的重要组成部分。

大庆精神是在大庆油田开发过程中形成的创业创新精神，铁人精神是大庆精神的人格化和具体化，两者一般同时表述为“大庆精神铁人精神”。大庆精神铁人精神所蕴含的强烈的主人翁情结、执着的责任意识、忘我的奉献精神、严谨的优良作风、诚信的职业道德，具有跨越时空的不朽价值和永恒魅力！

大庆精神铁人精神得到了党和国家领导人的高度评价和充分肯定。1964 年，毛泽东发出了“工业学大庆”的号召，亲手树起了大庆红旗。1978 年，邓小平同志第三次视察大庆时，做出了“要把大庆油田建设成美丽的油田”的重要指示。1981 年 12 月 18 日，中共中央转发国家经委党组《关于工业学大庆问题的报告》，以中央文件的形式肯定了国家经委党组对大庆精神的概括。1990 年 2 月，江泽民同志到大庆油田视察工作，高度评价了大庆精神，并把大庆精神概括为“为国争光、为民族争气的爱国主义精神，独立自主、自力更生的艰苦创业精神，讲究科学、‘三老四严’的求实精神，胸怀全局、为国分忧的奉献精神”，简述为“爱国、创业、求实、奉献”八个字。2009 年 6 月，胡锦涛同志到大庆油田考察，希望石油战线“高举大庆红旗，继续艰苦创业”。

2009 年，习近平同志在大庆油田发现 50 周年庆祝大会上的讲话中指出，大庆精神铁人精神已经成为中华民族伟大精神的重要组成部分，永远是激励中国人民不畏艰难、勇往直前的宝贵精神财富。大庆的成长和辉煌，见证了中华人民共和国的成长和辉煌；大庆的探索和成功，体现了党领导人民进行社会主义建设、进行改革开放的探索和成功；大庆的成绩和贡献，已经镌刻在伟大祖国的历史丰碑上，党和人民永远不会忘记。2016 年 3 月 7 日，习近平总书记参加十二届全国人大四次会议黑龙江代表团审议时指出，大庆就是全国的标杆和旗帜，大庆精神激励着工业战线广大干部群众奋发有为。2019 年是大庆油田发现 60 周年，习近平同志专门给大庆油田发贺电并指出：“大庆油田的卓越贡献已经镌刻在伟大祖国的历史丰碑上，大庆精神铁人精神已经成为中华民族伟大精神的重要组成部分。”

精神以物质为基础,在实践中产生。石油工业对国家的巨大贡献既是大庆精神铁人精神的强大物质基础,又是大庆精神铁人精神传承和发扬的科学载体。正是在大庆精神铁人精神的激励和感召下,一代代石油人砥砺奋进,创造了巨大的物质财富:1963 年,一举甩掉了中国"贫油"落后的帽子,实现了石油自给;在"十年动乱"中,对国家经济建设仍能有所进展起到了重要的作用;如今原油年产量超 2 亿吨,天然气年产量超过 2 000 亿立方米,年原油加工量超过 7 亿吨,中国已经跻身世界产油大国行列。

大庆油田的开发建设,形成了符合油田实际、具有自身特点的管理模式和管理经验,以此为基础,陆续开发了胜利、大港、辽河等油田,走出了一条独立自主、生机勃勃的中国特色石油工业发展之路,为探索中国特色的新型工业化道路提供了重要的实践基础和宝贵经验。

第一节 大庆精神

大庆精神的内涵是"爱国、创业、求实、奉献",即为国争光、为民族争气的爱国主义精神,独立自主、自力更生的艰苦创业精神,讲究科学、"三老四严"的求实精神,胸怀全局、为国分忧的奉献精神。

一、为国争光、为民族争气的爱国主义精神

大庆石油会战发生在 1960 年,正值年轻的中华人民共和国内外交困的艰难时期。在国内,全国上下正处在三年困难时期。在国际上,20 世纪 50 年代末至 60 年代初,风云变幻的国际形势使中国周边形势日趋紧张,政治压力和经济封锁如同一团团黑云向华夏大地压来,使刚刚步入社会主义建设道路的中国人民经受了前所未有的考验。

新中国成立伊始,美帝国主义不甘心在中国的失败,对新中国极端仇视,在政治上采取不承认和孤立政策,在经济上实行封锁禁运政策,在军事上实施封锁包围、伺机侵略颠覆的方针,并借助 1950 年爆发的朝鲜战争,企图把年轻的新中国扼杀在摇篮之中。20 世纪 50 年代前期是中苏关系的"蜜月期",面对新中国百废待兴的经济建设及社会发展需要,苏联曾给予中国人民以无私的援助。当时成千上万的苏联专家来到中国,他们把知识、经验和技术传授给中国,并与中国人民一道挥洒汗水,为新中国政权的稳定、经济的恢复和工业化基础的建设贡献了自己的力量。然而到 20 世纪 50 年代末期,双方的分歧与矛盾逐渐呈现,随着时间的推移,中苏争端愈演愈烈,矛盾不断恶化。

1956 年苏共二十大以后,中苏在如何评价斯大林的问题上出现明显分歧,特别是从 20 世纪 50 年代后期开始,苏联为了实现"美苏合作,共同主宰世界"的全球争霸战略,将意识形态的分歧扩大到国防合作和国家关系上,企图染指中国国家主权,进而导致了中苏关系从友好到恶化的转变。1958 年 4 月,苏联国防部部长马利诺夫斯基致函中国国防部部长彭德怀,提出希望由中苏共同建造一座大功率的长波电台,以指挥苏联在太平洋地区活动

的潜艇。信中还明确提出，建造电台的大部分费用由苏联支出，小部分由中国支出。虽然中国对这种军事设施也有需要，但因为事关国家主权，中方在对苏方提议表示同意的同时，提出费用由中国全部承担，欢迎苏联提供技术帮助，建成后可由两国共同使用，并建议两国政府就此签订一项协议。但是，苏联对中国政府的意见没有重视，仍然坚持共建、共管和共同拥有。长波电台问题尚未结束，苏联又向中国提出建立共同潜艇舰队的问题。赫鲁晓夫通过苏联驻华大使尤金向中国方面表示：希望同中国商议建立一支共同的潜艇舰队。毛泽东听后当即表示：首先要明确方针，是我们办，你们帮助，还是只能合办，不合办，你们就不给帮助。

苏联所处的国际地位及其在对外关系中长期存在的大国沙文主义表现，使中苏在长波电台和联合舰队的问题上无法达成共识成为必然。第二次世界大战后，苏联社会主义建设取得了巨大成就，但其总体实力与美国相比还有差距。随着国际局势的缓和，苏联热衷于推行美苏合作，企图共同主宰世界。对综合实力较弱的苏联而言，要想实现这一愿望，只有把中国纳入苏联的全球战略当中，使中国在军事上依附于苏联，才能使苏联在美苏争霸中处于有利地位；而刚刚站立起来的中国人民，自近代以来，受尽外强凌辱，无数中华儿女浴血奋斗才获得今天的独立解放，自然无法答应苏联的要求。这两件事情加速了中苏关系恶化。

1958 年 10 月，苏联开始逐渐卡紧对我国的援助合作，推迟对“两弹一星”的援助，导致我国从苏联进口的石油产品锐减，全国成品油供应严重短缺，城市公共汽车背上煤气包，军队配给也被迫缩减，军队执勤、训练受到严重影响，坦克绝大多数已经蒙上帆布，除了必需的战备巡逻外，军机的正常训练全部停止。至此，国家安全遭遇空前威胁。朱德总司令曾忧心忡忡地说：“现在战争打的就是钢铁和石油，有了这两样东西，打起仗来就有了物质保障。没有石油，飞机、坦克、大炮不如一根打狗棍。”举国上下对石油充满无限的渴求！

1960 年 7 月 16 日，苏联政府突然照会中国政府，单方面召回苏联在华专家。他们在 1 个月内撤回了在中国工作的全部 1 390 名苏联专家，撕毁了中苏两国政府签订的 2 个协定和两国科学院签订的 1 个议定书以及 345 个专家合同和合同补充书，废除了 257 个科学技术合作项目。他们撤走时带走了所有的图纸、计划和资料，并停止供给中国建设急需的设备，使中国一些重大的设计和科研项目中途停顿，一些正在施工的建设项目被迫停工，一些正在实验生产的厂矿不能按期投产。苏联的这些举动使中国的经济建设受到严重的损失。

与此同时，西方资本主义国家对我国的经济封锁也在持续。我国无法通过国际贸易来缓解油气供应不足、物资紧缺的局面。中国共产党和中国政府在巨大的压力面前保持了独立自主的品格和自力更生的精神。正如邓小平在回复苏联人时说的那样：中国人民准备吞下这个损失，决心用自己双手的劳动来弥补这个损失，建设自己的国家。

百折不挠是中华民族的优秀品质。在如此困难的条件下，石油工业部决定集中人力、物力、财力，以打歼灭战的形式，积极组织大庆石油会战。1960 年 2 月 13 日，石油工业部党组向党中央呈送了《关于东北松辽地区石油勘探情况和今后工作部署问题的报告》。党中央、毛主席热情支持社会主义建设中这一创举。一周后，中央正式批准并向相关部委、省市和地区转发了该报告，批复指出：中央同意石油工业部为了加强松辽地区石油勘探和开发工作，准备抽调各方面的力量“进行一次‘大会战’”的工作部署，认为“这一办法是好的”，对于迅速改变我国石油工业的落后状况，有着重要的作用。中央军委还做出决定，从中国人民解放军退伍军人中，动员3万人参加大庆石油会战，随后又安排3 000名转业军官参加油田工作；石油工业部集中了全国37个厂矿、院校的精兵强将，抽调了其他油田几十个钻井队，共计约4万名职工，从五湖四海向着大庆油田汇集。

大庆石油会战是大庆人开创我国石油工业快速发展的关键战役。会战之时正是我国处于内忧外患之际，广大会战职工胸怀爱国主义的情怀，在中国石油史上留下了光辉的一页。

二、独立自主、自力更生的艰苦创业精神

在当时的条件和环境下，大庆石油会战面临着“吃、住、行”基本生存问题的挑战。会战中大庆石油人发扬我党我军自力更生、艰苦奋斗的优良传统和作风，克服困难，不懈努力，创造了一个个奇迹。

大庆石油会战正处在我国三年困难时期，粮食奇缺，国家给会战人员提供的配给也被迫削减。会战初期，职工吃粮基本能按工种定量供应，但到1960年10月，黑龙江省的粮食储备越过“危险线”，不得不减少会战人员定量配给。随着会战的逐步推进，工作量越来越大，但粮食供应却越来越少，最严重的时候，会战工委不得不以“五两保三餐”作为保底线的标准，即每人每天只吃五两粮食。定量配给吃不饱，有的职工饿得难受，不得不到冻土地里捡白菜帮子和甜菜叶子来充饥；有的在开水里加点酱油喝，以安慰饥饿的“肚皮”；更有甚者靠变卖衣服、手表甚至被褥，去自由市场换一点土豆、甜菜。1961年1月，会战队伍中出现了因饥饿造成的浮肿病，并快速蔓延，最严重时有4 600人患病，生产一线大量减员。

粮食问题已成为决定会战能否继续进行下去的关键，会战领导小组召开会议，并做出决定：一把手既要抓生产又要管生活，书记下伙房，专管生活；食堂设立政治指导员，就餐人数在200人以上的要建立伙委会；指挥部派车出去搞生活物资；得浮肿病的职工一律停止工作，为他们办专门营养伙食；大搞代食品，在上班途中、下班路上，每个人把采挖野菜作为义务；组织打猎队、捕鱼队。由于采取了有效的措施，浮肿病得到了有效的控制，发病率逐月下降。1961年5月底，会战指挥部提出了新的措施：缩短战线，集中力量，保证重点；大力开荒种地；大挖野菜，大搞主副食品加工；建立农副业生产基地，掀起一个南泥湾式的大生产运动，从会战队伍中抽出2万人突击农活。钻井指挥部家属站的家属薛桂芳、王秀敏等5人率先响应号召，主动去开荒。她们的事迹被誉为“五把铁锹闹革命”。在其精神鼓舞下，广大职工家属自觉“组织起来，走生产自给的道路”。这一系列举措基本缓解了粮食短缺的困难。1961年冬到1962年春，在严寒里会战的一线职工没有一人得浮肿病。1963年，95%以上有劳动能力的家属组成了3 398个家属生产队，开荒种地18 000亩，初步解决了职工家属的口粮和副食供应问题。

不仅“吃”是问题，“住”也曾是关乎会战能否坚持下去的一个大问题。大庆自然条件恶劣，每年5月份地表依然覆盖着1米多深的冻土层，同时又逢雨季，大雨有时连续十几天不停。9月雨季过后，因受西伯利亚寒流影响而多大风，国庆节前后开始下雪，冬季最冷时可达零下40多摄氏度。刚到大庆的会战队伍基本上住在临时搭建的帐篷、牛棚、地窖、木板

房内，无法抵御冬日的严寒。几万人冬天住哪里，便成了影响会战正常进行的一个大问题。

为了解决冬季“住”的问题，会战指挥部形成了两种不同的意见：一种意见认为人是最宝贵的资源，为了保护会战队伍，除少数留守人员外，应当分批把队伍就近撤到各中等城市的石油厂矿或学校去过冬，待到来年 4 月大地开始解冻的时候再继续会战；另一种意见则认为，如果把队伍撤离会战地区，来年再上，则至少要耽误半年时间，这必然要延缓我国石油工业的发展，加重国家的经济困难。对此，指挥部争论不休。时任黑龙江省委书记的欧阳钦（1900—1978 年，湖南人，军人出身，1924 年入党）对余秋里和康世恩提议建“干打垒”房子，就地取材，建成速度快，既节省木材，又冬暖夏凉。

对这一提议进行讨论后，会战工委和会战指挥部果断做出打一个过冬突击战的决定，要求在严寒到来之前必须做到“人进屋、机进房、车进库、菜进窖”。为此，会战工委专门成立了“干打垒建设指挥部”，由副部长孙敬文负责，采取组建部分专业队伍和广大职工劳动自建相结合的办法。专业队伍主要负责拉运木材、加工门窗、制造工具等技术性工作，业余队伍白天干本职工作，晚间挑灯打“干打垒”。上至部长，下至工人，男女老少齐上阵，下了班就卷起袖子动手掘土打夯、挑水和泥、脱坯抹墙，一起建房子。经过 120 天奋战，全油田建成了 30 万平方米的“干打垒”房子，解决了石油会战中几万石油工人住宿难的“燃眉之急”。

“干打垒”是特定历史条件下的产物，它体现了白手起家、勤俭节约的创业精神。当时建造 30 万平方米“干打垒”，只投资了 900 万元，如果建成砖瓦结构的房屋，大约需要 6 000 万元。在 1960 年国家经济最困难的时期，为国家节省了半个多亿的资金。在《大庆精神大庆人》一文中有这样一段记载：看到了“干打垒”，就像看到了当年的延安窑洞；来到大庆，就像回到了战争年代的延安。

对大庆人而言，会战不仅要解决吃、住等问题，还要战胜因交通不便、物资紧缺带来的种种挑战，更要面对几十年不遇的雨水天气造成的难题。

1960 年，会战遇到了 40 年不遇的连绵降雨。萨尔图不仅没有通公路，连电话线路也未接通，组织指挥生产全靠步行传达，从各地运来的设备、器材、行李堆满了长达 50 千米的铁路沿线。没有工业水源，无送水管线、设备，钻井用水只能到水泡子一盆盆地端往井场。钻井设备笨重，安装机械严重短缺，运输汽车载重小，道路破烂不堪，几十吨的钻机运输与安装基本上全靠人拉肩扛。几千台设备运转起来后没有修理设备房，更谈不上机修厂，机修人员在露天进行机器维修。更困难的是当雨季到来后，很多人没有雨衣雨鞋，只能光着脚蹚在水中；衣服晾不干，整天黏糊糊地黏在身上。虽然有帐篷、活动板房、牛棚马圈可以住，但四处漏雨，一天到晚屋外下大雨，屋里下小雨。屋外不下了，屋里还滴滴答答的，床和被子都湿了，拧也拧不干，睡也不能睡，坐也不能坐。就连余秋里住的牛棚，有一天晚上，为了避雨，也把床挪了 7 次。

雨季给生产带来的困难更大，许多工地和井场都泡在水塘中，工人们都是站在没膝深的水中干活。土路经过车碾人踩、大雨冲刷，简直成了烂泥塘，车辆寸步难行。由于洪水隔绝，生活用品运送不过去，器材设备运送不过去，支援队伍运送不过去，有的连音讯都断绝了。有一个 5 人油建小分队在荒原深处施工，被暴风雨困在野外，失去联系。他们靠野菜充饥，用雨水解渴，坚持施工，度过了 7 天 7 夜。连绵的雨季，使大片的草原低洼地变成沼泽，人踩车碾，道路完全不可辨认，运送设备和施工耗材的大型载重运输车很容易陷进泥塘，一线的钻井队、工程队面临停钻、停产的危险，纷纷向指挥部告急。

为解决这一问题，会战指挥部向全战区宣布了战胜雨季的命令：不管雨下多大、多久，哪怕天上下刀子会战也不能撤，只准前进，不许后退，千方百计战胜雨季困难，抓住夏秋季施工的黄金季节。全战区不分干部工人，不分前方后方，不分你的我的，把所有车辆组织起来，由领导干部带队，派出勘察道路的侦察人员，选择最好的第一路线，并同时预备好第二、第三条行车路线，保证最好的车况和出车率，以及适当的载重量；不管哪个地段出现了陷车，驻在附近的队伍都要有求必应，主动支援；请求附近的国营农场和生产队把他们所有的拖拉机动员出来，摆在陷车最多的地段，随时准备把陷车拖出来。把马车、牛车、人拉的架子车也动员出来，以帮助汽车不能到达的分散单位运送粮食和材料。运输供应战线全体总动员，日夜突击，保证了前线的急需。基本建设和物资供应部门更是千方百计同雨季做斗争。他们抢晴天、战阴天，最终战胜了雨季，站稳了脚跟。解放军沈阳部队派出 3 000 多名指战员到大庆修建公路和供水管线，在雨季里连续紧张施工 240 天，完成了 40 多千米的公路和近 30 千米的“八一”输水管线的修建任务。

1960 年 6 月 1 日，仅用了 1 个月时间，大庆油田生产的第一列车原油就冲破雨雾驶向辽宁锦西炼油厂，汇入了我国石油工业的大动脉。

歌曲《满怀深情望北京》表现了石油工人在遥远的北方大雪原上无限向往首都北京：

青天一顶星星亮/荒原一片篝火红
石油工人心向党/满怀深情望北京
要让那大草原/石油如喷泉
勇敢去实践/哪怕流血汗
心中想着毛主席/越苦越累心越甜
天寒地冻不觉冷/热血能把冰雪融
石油工人英雄汉/乐在天涯战恶风
用我那大吊钳/推着地球转
挥手起风雷/顽石要打穿
毛主席领导我们向前进/革命前程多灿烂……

歌曲
《满怀深情望北京》

三、讲究科学、“三老四严”的求实精神

大庆石油会战不仅是一部“革命加拼命”的艰苦创业史，更是一部科学求实的自主创新史，是多种学科、多项技术和多个部门相互配合完成的一项大型系统工程。如果没有科学的理念做指导，尊重知识、尊重人才、尊重客观规律，如果没有“因地制宜”“土洋结合”“苦干加巧干”的科学方法，如果没有广大群众对科技创新工作的积极参与，那么取得会战的胜利是不可想象的。

大庆油田的发现经历了千辛万苦，如何开发好这个大油田更是让许多人绞尽脑汁、废寝忘食。会战指挥部从一开始就提出“一切科学分析要建立在大量数据资料、大量事实的基础上”。石油人从最基础做起，制定出《大庆油田勘探和开发过程中取全取准 20 项资料和 72 种数据的技术规程》,掀起了以“四全四准”为要求的群众性获取地质资料工作。领导和科技人员组成许多三结合小组,在井场、工地实行“四同五包”,其中很重要的工作就是包资料整理和向工人讲地质课。历史资料的齐全准确为油气储量计算、开发方案制订、油层动态研究、“六分四清”措施、储层挖潜增产、表外储量递增和提高采收率措施等打下了坚实的基础。广大会战职工和科技工作者,以“三老四严”的科学求实态度,默默奉献,他们不仅攻破了油田开发早期的重重难关,其科学求实的工作态度和精神也为油田后期的开发、迅速上产、实现高产、持续稳产提供了保障,创造了一个个世界工业史上的奇迹,积累了大量丰富的原始资料。

在会战中,采用“全民大办地宫”的办法,运用图表、模型等形式,因地制宜,用通俗易懂的方式向群众普及地质知识。科技人员深入基层,与工人同吃、同住、同劳动、同娱乐,为工人群众普及科学知识,提高了广大职工尊重科学、积极参与科技创新的积极性。广大科技工作者以“敢为天下先”的创新精神,将集体的智慧和科技人员的聪明才智相结合,先后解决了油田开发早期的原油含蜡高、凝点高等系列世界性难题,创造了注水开发的世界水平。

如当年 26 岁的年轻技术员、1954 年毕业于西安石油学校的冯家潮提出的利用地层能量,采用“挂灯笼”式的管输流程设计方案,以及北京石油学院的张英教授和任瑛教授发明的水套式加热炉等方法,在油田开发早期很好地解决了原油含蜡高、凝点高、黏度高的原油集输的世界性难题,这一发明后被命名为“萨尔图流程”;采油技术研究室刘文章主任带领大家历经 1 018 次实验,成功发明“糖葫芦”封隔器;钻井技术研究室主任陈李中组织的“三结合”攻关队对钻头进行革新,发明的镶装阶梯式刮刀钻头,把仿苏式刮刀钻头平均单只进尺只有 173 米提高到 1 000 米以上。1964 年大庆油田的三项革新成果“水力皮球式封隔器”“水套式加热炉”“镶装阶梯式刮刀钻头”获得国家重大革新奖,1965 年“萨尔图流程”获得国家发明证书,1985 年获得国家科委发明一等奖。

大庆石油会战不仅体现了中华民族勤劳勇敢的奋斗精神,更体现了大庆人面对科学实事求是的严谨作风。在中国开始寻找石油的时候,外国专家就说中国贫油,不可能找到石油。大庆找到油田后,一些外国人又换了一种说法:大庆油田原油又黏又稠,只有搬到赤道才能开采,低于 28 摄氏度就会凝固,并吹嘘离开他们中国人就不能开发这样大的油田。但是对余秋里、康世恩来说,中国人不信这个邪。用余秋里的话说:“对于一个国家来讲,要有民气,对于一个队伍来讲,要有士气,对于一个人来讲,要有志气,这三股气结合起来就会形成强大的精神力量,就没有战胜不了的困难。”

四、胸怀全局、为国分忧的奉献精神

“要先全局,后局部;要先国家,后个人;要先生产,后生活。”这是大庆石油会战时期提出来的处理生产与生活关系的一条原则,是大庆人克己奉献、艰苦奋斗精神的重要组成部分。大庆石油会战是在国际环境十分严峻、国内经济严重困难的历史背景下展开的。

20 世纪 60 年代初期,国民经济急需石油,而国家用于开发石油的财力和物力又十分有限,开展石油会战所遇到的生产和生活方面的困难和矛盾很多。在这种情况下,是按照国外的习惯做法，先建石油城，后搞大规模的石油勘探和开发，还是先搞石油勘探和开发，后建石油城，成为亟待解决的问题。大庆石油会战指挥部以“两论”为指导，引导广大干部、群众正确认识和分析形势，提出在全局与局部的关系上，“要先全局，后局部”；在国家与个人的关系上，“要先国家，后个人”；在生产与生活的关系上，“要先生产，后生活”。这些原则得到了广大石油会战职工的认同。他们说：“千困难，万困难，国家缺油是最大的困难；千矛盾，万矛盾，国家缺油是最大的矛盾。”他们宁肯在生活上吃大苦，也要高速度、高水平地拿下大油田，为国家分担困难。

上述这条原则包含着深刻的经济思想：① 生产决定生活，生产是生活的物质基础。大庆人根据油田勘探、开发、建设的特点，形象地说：“先盖楼再搞油，搞不到油就丢了楼；先搞油后盖楼，有了油就保住了楼。”② “后生活”绝不是不要生活，而是要在生产发展的基础上不断改善职工的生活。事实上，“全面关心职工生活”是大庆石油会战的一条重要经验，是大庆企业的优良传统。因此，这条原则不仅反映了大庆人的科学态度，更重要的是体现了大庆人胸怀全局，把发展石油生产、为国家分担困难看成比个人生活苦乐更为重要的价值观念。有了这种克己奉献精神，大庆人才心甘情愿地艰苦奋斗。

大庆石油会战初期，余秋里、康世恩等部领导大多住在牛棚指挥部里。一天，余秋里部长见到会战指挥部自己的办公室兼卧室的时候，一眼就盯上了里面摆着的一张三人沙发。他把行政负责人叫过去，狠狠地训斥了一番，说会战的同志们住什么，他就住什么，让负责人马上把房间里的沙发搬走。行政处的同志只好把沙发分配给了正在筹建的会战医院。当天，余秋里向会战全线干部和机关发出一道命令，所有会战一线的干部和机关人员一律约法三章：一是不准买卧铺，二是指挥机关不得有沙发、地毯之类的高档商品，三是不准为领导干部建单独的宿舍。1964 年，会战工委制定了更为综合的领导干部约法三章，就是坚持发扬党的艰苦奋斗的优良传统，保持艰苦朴素的生活作风，永不特殊化；坚决克服官僚主义，不能做官当老爷；坚持三老四严的作风，谦虚谨慎，兢兢业业，永不骄傲，永不说假话。1978 年，邓小平同志到大庆视察时指出，大庆职工贡献大，收入应该高一些，鼓励学习，鼓励上进，今后油田发展了，房子要盖得好一点，盖点楼房，搞点新型建筑材料，把大庆建设成美丽的油田。1979 年，大庆油田才盖起了第一批楼房，办公条件逐步得到改善。

大庆油田 60 年来创造了举世瞩目的历史成就：建成了我国最大的石油生产基地，累计生产原油 23.7 亿吨，上缴税费及各种资金 2.9 万亿元；创造了领先世界的陆相油田开发水平，主力油田采收率突破 50%，实现年产原油 5 000 万吨以上连续 27 年高产稳产，4 000 万吨以上持续 12 年稳产，三元复合驱产量突破 400 万吨。

歌曲《天涯万里飘油香》表现了石油战线广大职工家属全心全力做好后勤工作的决心，保障了广大石油职工以饱满的热情投入工作中：

背起钻机走四方/英雄的井队夺油忙
妇女顶起半边天/要让山河换新装
地下的油海千重浪/地上的新粮堆满仓
茫茫荒原搭篷帐/四海为家心欢畅
风吹钻塔顶天立/雨打衣裳斗志昂
待到白云传捷报/天涯万里飘油香

歌曲《天涯万里飘油香》

大庆石油会战是余秋里将军在和平时期“用思想来打硬仗”的经典之作，这一仗的经典和精彩程度是无可比拟的，受到了毛主席的高度评价。

第二节　铁人精神

王进喜(1923—1970)，甘肃玉门人，1950年春参加工作，1956年4月加入中国共产党。历任司钻、钻井队长、大队长、大庆石油会战指挥部副指挥、大庆革委会副主任、党的核心小组副组长等职。第三届全国人大代表，第九届中共中央委员。“铁人”是党和人民给予他的光荣称号。2000年被新华社评为“百年中国十大人物”之一，2009年当选“100位新中国成立以来感动中国人物”之一。

铁人王进喜

王进喜是中国石油工人的光辉典范、中国工人阶级的先锋战士、中国共产党人的优秀楷模、中华民族的英雄。他为祖国石油工业的发展和社会主义建设立下了不朽功勋，在创造了巨大的物质财富的同时，还为我们留下了宝贵的精神财富——铁人精神。铁人精神是“爱国、创业、求实、奉献”大庆精神的典型化体现和人格化浓缩，是中华民族精神的重要组成部分。铁人精神内涵丰富，主要包括：“为国分忧、为民族争气”的爱国主义精神，“宁肯少活二十年，拼命也要拿下大油田”的忘我拼搏精神，“有条件要上，没有条件创造条件也要上”的艰苦奋斗精神，“干工作要经得起子孙万代检查”“为革命练一身硬功夫、真本事”的科学求实精神，“甘愿为党和人民当一辈子老黄牛”、埋头苦干的无私奉献精神。

一、“为国分忧、为民族争气”的爱国主义精神

铁人精神诞生的背景

中华人民共和国成立前，铁人王进喜是个放牛娃，受尽了地主的欺压。中华人民共和国成立后，当上了钻井工人的他觉得自己成了主人，一心想报答党的恩情。他很快成长起来，成为玉门油矿的劳动英雄。

1959年9月，王进喜出席了甘肃省劳模会，并被选为中华人民共和国成立10周年国庆观礼代表和全国“工交群英会”代表。

1959年10月1日，庆祝中华人民共和国成立10周年大典在天安门广场隆重举行，王进喜同当时全国各地的劳动模范一起参加国庆观礼，幸福地见到了毛主席。看到伟大领袖，他激动万分，更加坚定了多打井、快打井的信念。10月26日，全国“工交群英会”在北

京隆重开幕。作为一个贫苦农民的儿子，王进喜坐在庄严的人民大会堂，心里牢记党和国家对工人阶级的关怀与鼓舞。

“工交群英会”休会期间，王进喜和其他人一起兴高采烈地参观了首都北京。正当他目不暇接之时，在沙滩街一辆辆行驶而过的公共汽车引起了他的注意。那长长的大汽车上背着个“大包袱”。他好奇地问身边的同志：“汽车背的是个啥？”人家告诉他那是煤气包，因为国家缺油，公共汽车改烧煤气了。王进喜听后大吃一惊，他说：“我在玉门觉得油很多，可出来一看，油缺得很。连首都北京——毛主席居住的地方都没有油用了。作为一名钻井队长真是有愧呀，还有什么脸开大会，受表扬！”那一刻，几天来的幸福激动突然间全部消失了，取而代之的是深深的羞愧。国家这么缺油，作为一名石油工人，不能为国家打出够用的石油，甚至连首都北京都用不上油，他这个石油工人没尽到责任啊。想着想着，这位坚强的西北汉子，蹲在北京大学红楼附近的沙滩街头哭了起来。

那汩汩而流的泪水里有悔恨，更有决心，他想，今后一定要想方设法为国家多打井，把汽车上的煤气包换下来，让毛主席他老人家高兴，让自己的国家强大。

从此，这个“煤气包”沉甸甸地压在王进喜的心上，成为他后半生为国分忧、为民族争气的思想动力和精神源泉。

二、“宁肯少活二十年，拼命也要拿下大油田”的忘我拼搏精神

1960 年 3 月 25 日清晨，在凛冽的寒风中，萨尔图火车站从沉寂中醒来。

一列满载着石油会战大军的列车远远地鸣响汽笛，穿过遥远的旷野，呼啸着驶进车站。车刚一停稳，就有一队人从车上急冲下来，站台上的人还没看清他们的脸孔，一面写着“更高标杆立祁连”的红旗就迎风飘扬起来。这就是“玉门闯将”王进喜带领的 1205 钻井队。

王进喜带队参加石油大会战

走出车站，遇到了接站的同志，队长王进喜操着浓重的西北口音，劈头就是一句：“同志，我们的钻机到了没有？”接站的同志先是一愣，缓了缓才说：“真对不起，我只负责接站，你们的钻机到没到，请你到调度室问问。”

王进喜有些着急了，人到了设备没到有什么用，得赶紧找到设备。他拉着技术员郭继

贤一路打听着找到了萨中勘探指挥部。见到调度，他张口就问：“我们是1205队的，我们的钻机到了没有？我们的井位在哪里？”调度员有些奇怪地说：“人家报完到，都去解决吃住，你怎么急着问钻机和井位？”

王进喜瞪着眼睛说：“同志呀，如今国家缺油，我们恨不得一拳头砸出一口井来，让原油咕咚咚往外冒，咋能不急呢？”

郭继贤怕王进喜发火，赶紧把他拉到了门外。这时，曾是王进喜老上级、时任萨中勘探指挥部指挥的宋振明走了过来。不等宋指挥开口，也顾不上寒暄，王进喜又是张口就问：“宋指挥，你一定知道我们的钻机到了没有？井位在哪里？这里的最高纪录是多少？”

宋振明心里很是感动：“你们钻机到没到，我还真不知道。不过你们要打的萨55井井位在马家窑，离这不远，也就十几华里。至于纪录嘛，也不多。不过各局的精兵强将都来了！”

王进喜一拍胸脯说：“你放心，我们队一定早安装、早开钻，打出好成绩。老领导，我们走了。”

望着王进喜匆匆离去的背影，宋振明心里感慨万千：王进喜同志下车一不问吃，二不问住，首先想到的是“武器弹药”、战斗岗位和努力目标，这正是战士的品格。有这样的好同志，就算有再大的困难，我们也一定能拿下大油田！

1960年4月29日，1205队的工人们早早起来放井架，做“搬家”准备。王进喜太专注了，刚打起手势，冷不防，一根钻杆突然滚落下来，砸在了他的腿上。王进喜当时就昏了过去。醒来时，几个工人正围着他抢救，而井架还没放下来。他一看急了，一边挣扎着站起来，一边说：“我又不是泥捏的，哪能碰一下就散了。”他挺起身子，继续指挥。

搬到2589井后，王进喜受伤的腿肿得厉害，脚面肿得连大头鞋都穿不进去，大家要送他去医院，他不但不去，还让大家给他保密，不准向领导汇报。他拄着拐杖继续在井上指挥钻井，一见上级来人，就把拐杖藏起来。后来，还是被领导发现了，硬把他送进了萨尔图人民医院。住院第二天，趁医护人员不注意，他拄着拐杖，偷偷截了一辆车回到井场。领导知道后，为了让他安心养病，把他送到齐齐哈尔住院，哪曾想，没住两天，他又坐火车跑了回来。回来后，水也没喝一口，先问进尺到了什么层，接着又拄着拐杖上了钻台。

第二天上午，井已钻到油层。王进喜正坐在钻杆上和大家研究应注意的问题，忽然“轰”的一声，钻台上60多斤重的卡瓦从钻盘上飞了起来。王进喜大喊：“不好，井要喷了！”他站起来，连拐杖也顾不得拿，就向井口冲去。要制止井喷，必须加重泥浆比重（现称密度），但由于车辆不足，井场上加重泥浆比重的重晶石粉不够，怎么办？王进喜和工人们研究决定加水泥来提高泥浆比重。可水泥加进去就沉了底，不能有效融合。强大的气水流越喷越高，井喷的吼声震耳欲聋。在这千钧一发之际，王进喜忘了腿伤未愈，不顾生命危险，大吼一声，纵身跳进齐腰深的泥浆池，用带伤的身体搅拌起泥浆来。仿佛是无声命令，队里的司钻戴祝文、北京石油学院实习女生段功武，还有几名工人也跟着跳了下去。他们在泥浆池里，手脚并用着搅拌，扑腾了3个多小时，井喷终于压住了。

爬出泥浆池，每个人的手上、脚上、脸上都被烧出很多水泡。已是筋疲力尽的王进喜，伤腿上缠的纱布早已不知去向，那条受伤的腿和脚更是惨不忍睹，上面冒出了密密麻麻的血泡，工靴也脱不下来了……

王进喜跳进泥浆池搅拌泥浆

根据我国著名编剧、作家张天民撰写的长篇小说《创业》拍摄的电影中的插曲《石油工人一声吼》表现了创业者面对突然出现的井喷，为保住油井和钻机，奋不顾身跳进泥浆池搅拌泥浆的大无畏的革命气概。

石油工人一声吼/地球也要抖三抖
自力更生拿下大油田/降龙伏虎显身手
从前当马牛/今日抬起头
在高高井架上/望见五大洲
让那红太阳照亮全球/快给革命烈火来加油
……

歌曲
《石油工人一声吼》

三、“有条件要上，没有条件创造条件也要上”的艰苦奋斗精神

1960年初春，王进喜带着36名钻井工人来到大庆，就盼着早日开钻。4月2日，听说钻机运到了火车站，不等天亮，他就带领1205钻井队职工跑步15华里(1华里＝500米)来到车站。可一到车站，王进喜和工人们遇到了难题：车上是几十吨重的钢铁大件，没有吊车、拖拉机，怎么卸车、搬运、安装？

铁人之艰苦
奋斗精神

王进喜集合全队，问在朝鲜打过仗的支部书记孙永臣：“我没有打过仗，你说若是在战场上遇到这种情况怎么办？是上还是退？是打还是坐下来等？”孙永臣说：“只能进，不能退；只能上，不能等，就是豁出命来也要上！”王进喜接过话来说：“对！我们大会战也像打仗一样，只能上，不能退。我们不能再等了，没有吊车，我们37个人就是37部吊车，汽车不够，我们有手有脚有肩膀，蚂蚁搬山也要搬。我们就是要靠我们自己的力量卸车、搬运、安装，早开钻。我们大家说，行不行？”“行！”全队异口同声地答道。

“好！有条件要上，没有条件创造条件也要上！”王进喜说完，甩掉老羊皮袄，抄起一根

王进喜带领队伍人拉肩扛搬钻机

撬杠，大喊一声“跟我上！”就跳上了槽子车。大家也拿起工具一拥而上。

全队战士把钻机拆卸成几大件，用滚木加撬杠，推的推，拉的拉……棕绳把手勒出了血，肩膀被压得又肿又痛。许多人甩掉棉袄，只穿一件衬衣，全身热气腾腾。从 4 月 2 日早上 7 点一直干到次日凌晨，硬是将 60 多吨重的钻井设备全部运到萨 55 井井场。

这时，又遇到了钻机安装的难题。队长王进喜在全队工人动员会上，代表党支部向大家高声说：“现在摆在我们面前的任务，是怎样把钻机安装起来。我们国家现在有困难，我在北京参加‘群英会’时，看到汽车背的是煤气包。国家没有油，外国卡我们的脖子，帝国主义封锁我们的国家，千困难、万困难，国家缺油是最大的困难。我们石油工人是国家的主人，就得想办法把钻机安装起来。我们要干出样儿来给外国人看看！”王进喜的一席话说得大家精神大振，个个摩拳擦掌。大家以撬杠、大绳、木头、钢管为工具，人拉肩扛苦战三昼夜，巍峨的钻塔终于屹立在萨 55 井的井位上，屹立在石油大会战的战场上。

设备安装好了，井架立起来了，要想马上打井还是困难重重。

打井离不开水，可用水却成了大问题。1205 钻井队使用的是贝乌-40 型钻机，是通过泥浆泵、立管和水龙头组成的循环系统把用水配制的泥浆通过空心钻柱注入地下，再从钻柱外边返回地面。每口井耗水 60 多吨。正常情况下，这些水是由专业供水队专门接管线输送的。但当时马家窑的管线还没有接通，等罐车运水大约要 3 天时间。

王进喜哪里肯等，他又一次把队员们集合在一起，有些激动地说：“还是那句话，有也上，无也上！就是尿尿也要开钻！”这时，有人提议说 1 千米外有个水泡子，可以到那里破冰取水。有人说：“谁见哪个国家端水打井？”王进喜回答：“就是我们中国人，端水也要把井打出来。”说干就干，决定之后，王进喜马上带领全队工人赶到那个大水泡子，把已经冻得厚厚的冰层用镐砸开一个大窟窿。望着清亮的冰水，全队人都兴奋起来。仿佛是捞宝贝，他们把能用的家伙都拿了出来，有拿脸盆的、有拿水桶的，实在没有大东西了，四下一划拉，铝盔、灭火器外壳也派上了用场。

端水开始了，走一走，跑一跑，连走带跑，谁都不想被落下。被他们的精神所感染，附近的老乡和指挥部的机关干部都赶来帮忙，渐渐汇成了 100 多人的运水长龙。当时的气温零下 30 多摄氏度，却没有人觉得冷，甚至脸上都挂上了细密的汗珠。天渐渐黑了，有人点亮了马灯，有人燃起了火把。从白天到黑夜，从黑夜再到白天，直到水池满了，他们才感觉到身体的困乏、肚子的饥饿。

经过一天一夜的艰苦努力，他们硬是端了 100 多吨水。王进喜走上钻台，高喊一声："开钻！"萨 55 井井场上霎时响起隆隆的钻机声。

有几分兴奋，有几分紧张，更有几分着急，萨 55 井一开钻，王进喜就没离开过井场。饿了，啃几口冻窝窝头；困了，裹着老羊皮袄在钻杆堆上打个盹，不眠不休地盯在井场。功夫不负苦心人，只用 5 天零 4 个小时，1205 钻井队就打完了到大庆油田后的第一口生产井。

四、"干工作要经得起子孙万代检查""为革命练一身硬功夫、真本事"的科学求实精神

王进喜在世 47 年，有 26 年在旧社会受苦，这 26 年的穷困煎熬、牛马生活和西北大漠的砥砺，筑就了他之后 21 年不断进取的坚实基础。王进喜在旧社会受到的压迫，使他从小就有一股改变贫穷地位的强烈愿望和坚定意志。

王进喜在旧社会受尽苦难，从来没有上过学，认识的几个字还是在扫盲班学习的。刚解放时油田办了识字扫盲班，王进喜因为年龄大，学习困难，没有重视。因为没有文化，曾经闹出过一个大笑话，这深深地刺痛了他，使他下决心学习文化。他从小迷恋秦腔，最熟悉秦腔，一次秦腔团到钻井队现场慰问演出，他照着别人给他写好的稿子念，竟然把"秦腔"念成了"秦月空"，沦为笑谈。从此他发誓要学文化。他说，学文化对我来说很难，但是我认一个字儿，就像搬走一座山，我要翻山越岭去见毛主席。从此，王进喜从学《毛泽东选集》开始，一手拿着《毛泽东选集》，一手拿着字典，一遍一遍、一篇一篇地认真阅读，一边学习，一边做笔记。他还坚持做工作笔记，会的字就写下来，不会的字就用图形画出来。就这样，经过一点一滴积累，他终于能写出一段完整的文字了。可见王进喜知耻而后勇，有不断进取的精神。

但如果有人以为铁人没文化，把他的吃苦肯干和"蛮干""瞎整"联系在一起，那就错了。一个刚到大庆的钻井队因为没有钻机，变成了"徒手队"。王进喜从"徒手队"要来的司钻闻昆山，没来几天就看出王队长的厉害。王进喜不但要求严，而且会调动、会管理，粗中有细。闻昆山说："王队长没事儿就蹲在井场上抽旱烟，想事情，大眼珠子转来转去，把多少天的事情都谋划好了。全队工作能干今天，看明天，想着五六天的。他这种'干一看三想着五'的特点，一般的队长不具备。"王进喜就是看得远，想得全。虽然他人在井上，但心里想着全队，昼夜不停地谋划整个工作。在他脑子里转的，除了怎样打好井，还有井队怎样过好生活；除了眼前的事情，还有将来工作的长远安排。每提一个目标，他都要经过精心的计算和筹划；每打一口井，开钻前他都要根据地层地面情况提出具体要求。据史料记载，在大庆打第一口井时有个"9 条"要求，第二口井是"10 条"，第三口井变成了"12 条"，每个岗位明确，责任分明，方方面面都考虑到了。他的这种作风不仅体现在动手干体力活上，更表现在动脑筋搞好技术革新和科学管理上。1960 年《战报》上一篇名为《一个很好的指挥员》的短文，有过这样的记载："王队长一到井场，两耳听的是钻机运转声，两眼看的是操作人员的每

个动作，嘴里说的是安全生产，心里想的是下一步的工作安排，就是怎样革新工具、设备，提高钻速……从这里看，王进喜不仅是一个艰苦奋斗的铁人，也是一位足智多谋的革新老手，既有坚强的性格、勇猛的作风，又有敏捷的头脑和智慧的双手，使我倾心佩服。”

大庆油田全面开发以后，领导特别注意抓好质量，教育职工要为油田负责一辈子。然而有的钻井队为了快速达到高指标，只追求速度，忘了质量，结果连续发生井斜超过标准，固井窜槽、替空，射孔射错层位等事故，就连1205队这样的标杆也把井打斜了。

问题反映到会战总部，总指挥康世恩大发雷霆，他说：“质量是油田的生命。谁不讲质量，我就和谁拼命。”

1961年4月19日，油田召开大会，批评钻井指挥部只讲高速度，不讲钻井质量。王进喜来晚了，就主动上台陪着钻井领导一起挨批。散会以后，他带领干部和工人背水泥，把一个标杆队打的斜井填掉，以此来狠反“一粗二松三不狠”的老毛病和“马虎凑合不在乎”的坏作风。有个工人说：“填井是给标杆队的队史写下了耻辱的一页。”王进喜说：“没有这一页，队史就是假的。这一页不仅要记在队史上，还要记在我们每个人的心里。要让后人都知道，我们填掉的不光是一口井，还填掉了低水平、老毛病和坏作风。”

安排好大队工作，王进喜拿上老羊皮袄，背着炒面袋来到1205队。1205队正在开支委会，支委们一见老队长来了，心里十分难过，有的鼻子一酸流下泪来。队长张学贵说：“老队长，我们本想多打几口井，抖抖咱铁人队的威风，哪承想却给您脸上抹了黑！”王进喜一听就火了，大声地说：“你张学贵只会眼睛望着天说胡话！到现在还没明白咋回事！我王进喜算老几，脸黑脸白有啥关系？关键是要对大油田负责任，不是一般的负责，要负责一辈子。”

一次，搬家甩钻杆，一位司钻很随便地把方钻杆撂在地上，连垫都没垫。铁人见了亲自扶刹把，把那根方钻杆吊上钻台重新按操作规程往下甩，并叫那名司钻到井场上去垫，要求必须垫得绝对平。这位司钻和几名工人抬来木方给方钻杆搭了一张“床”，平平地放在地上。王进喜下来检查，不平又重垫，最后拿水平仪量过确实平了才算合格。

铁人带领的1205队就是这样，从大处着眼，对油田负责一辈子；从小处着手，不放过一个影响质量的“低老坏”。

责任是不分大小的，一切缺陷，哪怕只是一丁点儿的缺陷都是对责任的“背叛”。只有用做到120%的标准来严格要求自己，才是真正具有责任心的人。

一天夜里，1205队做开钻准备，保养站的人把井口装置给焊错了方向，值班副队长在井上打盹没有发现。第二天王进喜检查时发现了，他气冲冲地找到值班副队长并质问他值班时干什么去了。晚上开总结会，王进喜不请自到，他对干部们说：“上梁不正下梁歪，中梁不正倒下来，有了制度不执行等于没订。干工作，就要丁是丁，卯是卯，半点也马虎不得！”

“干工作，就要丁是丁，卯是卯，半点也马虎不得。”这是一种绝对负责到底的精神，是铁人内在素质的折射。正是责任，使铁人以及所有的石油工人在困难时期对自己的岗位忘我地坚守，出色地做好了每一个环节。

铁人王进喜在很多人眼里是个粗人，然而在打井方面却粗中有细、认真负责。在队里他总会教育大家“打井要猛如老虎，细如绣花，为油田负责一辈子”。

当时有一个钻井队怕把井打斜了，不加压快打，速度慢了下来。王进喜就到这个队蹲点，和他们一起学习《实践论》，研究既好又快的措施。铁人说：“我们要想知道梨子的滋味，就得亲口吃一吃，不进老虎窝逮不住虎娃子，我们要放开胆子细心打。”他鼓励大家解放思想，大胆实践。在铁人的帮助和指导下，各基层钻井队都越打越好，越打越快，不仅井斜都在 3°以内，符合质量标准，还打出了井斜不到 1°的笔直井。

五、“甘愿为党和人民当一辈子老黄牛”、埋头苦干的奉献精神

长期繁重的钻井工作使王进喜患上了严重的胃病和关节炎。组织上为了使他早日康复，安排他到北戴河去疗养。他不去，会战领导要他“把疗养当作政治任务来完成”，强令他去。

来到风景美丽、气候宜人的北戴河，王进喜真的把疗养当任务来完成，一边休息，一边学习，特意带了毛主席著作。他开始几天待得很安心，还随大家一起去看海，游鸽子窝，参观天下第一关，在孟姜女庙留影。但没几天，他就想大队的工作，想念在井上苦干的职工，白天吃不下，晚上睡不安。有一天夜里，他在梦里回到了井队，跳上钻台大喊一声：“开钻！”惊醒了同室的伙伴。这次疗养期 3 个月，王进喜只住了 1 个多月就提前回到大庆的工作岗位上。

对铁人王进喜来说，井是他的命，油是他的魂。当上大队长后，他改驻井为“跑井”，一个井队一个井队地去解决问题，围着十几部钻机转，照样是“全天滚”，24 小时管生产。

困难时期，粮食定量，王进喜就叫爱人把玉米面炒好，出门时背上，走到哪儿，遇上开饭时间，抓把炒面用开水冲一缸子，就是一顿饭。队干部和工人们不答应，打饭打菜让他吃，他一筷子都不动。他说“粮食一人一份，我吃了，你们吃什么？”有时干粮袋没在身边，他就借故离开，饿上一顿。工人们说：“铁人上井三件宝：笔记本加炒面袋，还有一件羊皮袄。”一次万人大会上，康世恩总指挥表扬铁人背“炒面袋子”上井的行为说：“这种艰苦奋斗、吃苦耐劳的精神是革命的传统、延安的作风，值得人人学习，大大发扬。”

正当铁人为实现更高的目标而奋斗的时候，“文革”动乱开始了，王进喜立场坚定，铁骨铮铮，同“四人帮”的干扰破坏进行了针锋相对的斗争。在残酷迫害面前，他说：“就是刀架脖子，我也不承认大庆红旗是黑的！”

“文革”时期，大庆一些人鼓吹“踢开党委”“停产闹革命”，王进喜心急如焚。他在群众中呼吁不见效，就只身到北京。石油部领导挨批斗了，他就直接去找周总理，汇报大庆的情况。1967 年 1 月 4 日，周总理接见了铁人和大庆代表。1 月 8 日，又在工人体育馆接见了石油系统工人和群众代表，发表了重要的“一八”讲话。在这次讲话中，周总理肯定了石油战线和大庆的成绩，讲了大庆会战的背景和意义，分析了成功的原因，特别强调要坚持抓革命，促生产，强调大庆生产不能停，企业不能停产闹革命。

听了周总理的讲话，王进喜受到了巨大鼓舞，吃了“定心丸”，回到大庆后积极传达周总理讲话精神，努力做好自己的工作。

1967 年 1 月下旬，铁人开始被批斗。在受迫害最严重时，周总理通过解放军把他营救出来，让他住进军营，把他保护起来。住在干净有序的军营里，王进喜感受到的不仅是宁静和安全，还有久违了的被人仰慕和尊敬。那些早就想见大庆铁人的解放军战士不仅把他当英雄来崇拜，还按上级指示把他当作首长来接待。在那疯狂的年代，这种远离争斗，宁静而

安全的生活，正是多少人求之不得的。可是，王进喜享受不了，待不下去。这个“宁肯少活二十年，拼命也要拿下大油田”的铁汉子，想的不是个人安危，而是钻井生产和油田的安全。他毅然离开军营，回到钻井前线，参加一线班子的工作。

当时，党组织瘫痪，大批干部被关进牛棚，生产指挥系统被砸烂，钻井生产十分困难。可铁人不怕苦，不怕死，肩背小挎包，身披羊皮袄，和当年“跑井”一样，领着几个青年工人在百里油田上，一个井队一个井队地去帮助基层解决生产、生活问题。有的队缺设备，起不了架子，王进喜帮助想办法；有的队技术上遇到困难，王进喜就去给想点子、出主意。铁人王进喜就是这样，在十年动乱时期想的是大庆油田，在自己的生命受到威胁时想到的仍然是大庆油田。他把他的生命都奉献给了石油事业。

王进喜说：“我从小放牛，牛吃草，马吃料。牛的享受最少，出力最大。我愿意为人民当一辈子老黄牛。”勤勤恳恳、任劳任怨、吃苦耐劳、默默无闻是“老黄牛”精神的精华所在。铁人王进喜为大庆油田做了一辈子的“老黄牛”。

第三节　大庆优良作风

大庆的作风就是“三八作风”的具体化，它是大庆人活学活用毛泽东思想的产物。培养革命作风，要有个标准。这个标准就是毛泽东提出的三句话、八个字的“三八作风”。三句话是坚定正确的政治方向，艰苦朴素的工作作风，灵活机动的战略战术。八个字是团结、紧张、严肃、活泼。“三八作风”同大庆的实际相结合，就成为以严、细、准、狠为中心的“三老四严”“四个一样”等作风。

大庆的作风体现了革命精神和科学精神的结合，反映了石油工业现代化生产和建设的要求，也反映了广大石油职工的革命愿望。

一、“两论”起家、“两分法”前进是大庆油田的基本功

1960年4月10日，大庆石油会战一开始，会战领导小组就以石油部机关党委的名义做出了《关于学习毛泽东同志所著〈实践论〉和〈矛盾论〉的决定》，号召广大职工学习毛泽东的《实践论》《矛盾论》和其他著作，以马列主义、毛泽东思想指导石油大会战，用辩证唯物主义的立场、观点、方法认识油田规律，分析和解决会战中遇到的各种问题。广大职工说，我们的会战是靠“两论”起家的。

1963年12月，毛泽东为中共中央起草的《加强相互学习，克服故步自封、骄傲自满》传达下来。1964年1月25日，毛泽东发出了“工业学大庆”的号召。1964年4月20日，《人民日报》发表了《大庆精神大庆人》长篇通讯。石油部党组根据油田实际抓住时机，及时在全体职工中进行了“两分法”教育。“两分法”的主要内容：在任何时候，对任何事情，都要学习“两分法”；成绩越大，形势越好，越要一分为二；要坚持“两点论”，反对“一点论”，坚持辩证法，反对形而上学，揭矛盾，找差距，戒骄戒躁，不断前进。

二、"三老四严""四个一样"集中体现了石油职工作风

1."三老四严"

三老:当老实人,说老实话,办老实事。

四严:严格的要求,严密的组织,严肃的态度,严明的纪律。

"三老四严"是大庆石油职工在会战实践中形成的优良作风。在会战中,大庆采油一厂中四队曾发生过这样的故事:一名学徒工由于操作失误挤扁了刮蜡片,但隐瞒不报。这事让队长辛玉和知道了,组织全队在这口井前召开事故分析现场会,进行深入的讨论,从而找到了干好工作的根本。经总结提炼为:对待革命事业,要当老实人、说老实话、办老实事;干革命工作,要有严格的要求、严密的组织、严肃的态度、严明的纪律。

1964 年 5 月,石油部召开第一次政治工作会议,将采油一厂中四队的经验总结提炼为"三老四严"精神,并在全油田加以推广。

2."四个一样"

对待革命工作要做到四个一样:黑天和白天一个样,坏天气和好天气一个样,领导不在场和领导在场一个样,没有人检查和有人检查一个样。

"四个一样"是大庆石油职工把党的优良作风和解放军的"三大纪律八项注意"同石油会战具体实践结合起来的产物。1962 年 3 月,大庆油田建立和推行岗位责任制后,会战工委结合生产实际,开展树立岗位责任心的思想教育,增强了广大职工的主人翁责任心和执行制度的自觉性,涌现出以"李天照井组"为代表的一大批先进单位和个人。"李天照井组"负责的是一口于 1961 年 7 月投产的地处油田边缘的油井。自投产以来,未发生过一次事故;井场设备焊口和阀门没有一个漏油漏气;使用的大小工具无一损坏丢失;记录的上万个产量和压力等数据,经反复检查无一差错;油井长期安全生产,月月超额完成原油生产任务。其基本经验是能自觉从严,做到了"四个一样"。大庆会战工委大力总结推广他们的先进经验,使"四个一样"逐步成为大庆石油职工队伍的优良作风。

三、"三个面向、五到现场"是机关作风要求

三个面向:面向生产、面向基层、面向群众。

"三个面向"是大庆油田机关工作的基本指导思想。1960 年,大庆石油会战一开始,会战工委便强调,各级领导要"亲临生产第一线指挥生产""机关工作要面向生产"。经过不断总结,到 1964 年形成了完整的"三个面向"的工作指导思想。机关坚持这一指导思想,对于克服主观主义、官僚主义和命令主义,密切干群关系,调动各方面的积极因素,提高工作和生产效率都有重要意义。

五到现场:生产指挥到现场、政治工作到现场、材料供应到现场、科研设计到现场、生活服务到现场。这是大庆油田机关在会战中形成的传统作风。

四、岗位责任制

岗位责任制具体包括以下内容:岗位专责制、巡回检查制、交接班制、设备维修保养制、质量负责制、班组经济核算制、岗位练兵制和安全生产制。

1962 年 5 月 8 日,中 1 注水站因管理不善,发生了一场火灾。会战工委立即抓住这起事件不放,发动群众围绕“一把火烧出的问题”展开大讨论。在开展讨论中,北 2 注水站发动职工对照中 1 注水站事故查找自己的问题,从查物点数做起,把全站每样东西、每件事情,由谁管、怎么管、负什么责任,都落实到岗位和每个人身上,做到了事事有人管、人人有专责、办事有标准、工作有检查。经过不断总结提炼,逐步健全为一套行之有效的岗位责任制度。

岗位责任制

大庆油田在推行工人岗位责任制的过程中,发现如果不建立干部的岗位责任制,工人岗位责任制的作用就不能充分发挥。于是又在总结经验的基础上,建立了基层干部岗位责任制、领导干部和机关干部岗位责任制。大庆油田的岗位责任制是一项综合性的制度,其内容包括岗位的专责(即职责)、完成专责必备的权限,必须进行的工作和基本方法以及应当达到的基本要求。其中,岗位专责制是核心。由于岗位不同,工作不同,所以工人岗位责任制、基层干部岗位责任制、领导干部和机关干部岗位责任制的具体内容也不同。大庆油田的岗位责任制不仅适应油田社会化大生产的客观要求,也符合社会主义生产关系的基本要求,保障了企业职工当家作主的权利,是企业内部人与人之间特别是领导与群众之间平等的、同志式的分工协作关系的反映。它在大庆油田的各种管理制度中处于中心地位。大庆油田十分重视岗位责任制的贯彻执行。在改革开放的新时期,大庆油田的岗位责任制逐步发展成为企业经济责任制,还推行了不同形式的承包经营责任制。

五、思想政治工作

1963 年 2 月的《松辽石油会战政治工作汇报提纲》第一条明确地阐述了“思想政治工作是经济工作和其他一切工作的生命线”这一观点。《石油工业部 1964 年工作基本总结》中指出:“政治工作是经济工作的生命线,是做好一切工作的根本保证。”坚持这一论断,就“无往而不胜,石油工业建设得也就快一些、好一些;反之,政治思想工作稍一放松,我们的生产、技术工作就会走到邪路上去”。同年 12 月,大庆石油会战政治部组织各级党委、广大政工干部总结了大庆油田政治工作经验的 10 条要目,后来中共中央东北局经济委员会以此为主体,在出版的《大庆油田政治工作经验》一书中写道:“企业的政治工作,必须重视在做好经常政治工作和集中的政治思想教育基础上,结合生产特点,加强生产过程中的政治思想工作。如果脱离生产就会脱离实际,就会脱离群众,就一定做不好思想政治工作。衡量政治工作的好坏,要以完成国家生产计划作为重要标志。”

1. 支部建在队上

“支部建在连上”是建党、建军的一项基本原则和制度,是 1927 年 9 月毛泽东在秋收起义失败后于江西永新三湾村改编部队时提出的。“支部建在连上”即在连队设党支部，在优秀士兵中发展党员，在班排设党小组，在连以上设党代表并担任党组织书记。在部队建起严整的党组织体系，为党全面建设和掌握部队提供了可靠的组织保证。这一制度是党在缔造和领导人民军队的斗争实践中逐步建立起来的，一直延续至今，并不断进行完善和创新，是人民解放军加强基层建设的历史经验和优良传统。大庆石油会战时期，会战工委结合会战实际，把解放军的政治工作经验运用到石油企业思想政治工作中，并在实践中坚持和发扬。这是从实际出发做出的正确抉择。当时，石油企业就像是个没有“厂房”的企业，生产具有“野战”性质；会战职工大部分来自部队，沿袭着解放军的优良传统；会战面临严峻形势，需要学习解放军的政治工作经验，建设过硬的职工队伍。坚持“支部建在队上”，抓基层、打基础，企业设政治部（处），基层配备政治指导员、教导员，加强党对企业的领导，发挥党支部战斗堡垒作用和党员先锋模范作用，把党的“三大作风”“三大纪律八项注意”同会战实际相结合，培养并形成了“三老四严”“四个一样”等大庆石油会战时期的优良传统和作风。

2. 领导干部人人当政治部主任

这是大庆石油会战时期对领导干部提出的一条基本要求。其实质是领导首先是政治思想上的领导，领导干部人人要抓思想政治工作，当好政治思想战线上的指挥员和实践者。会战工委强调，不管是做党的工作的干部，还是做行政工作的干部，或是做技术工作和群众工作的干部，都要把政治工作当作自己的、经常的工作任务。领导干部人人当“政治部主任”，政工干部人人当“生产办主任”，这样才会有共同的语言、共同的思想、共同的行动。通过发动和组织各级干部做思想政治工作，吸收他们参加思想政治工作会议，表扬思想政治工作做得比较好的行政、技术干部，总结推广了采油三矿五队队长姬德先、钻井二大队工程师蒋希文等做思想政治工作的经验。实行厂长负责制以后，明确思想工作以专职政工干部为骨干，大庆油田企业各级党组织加强对思想政治工作的领导，发挥行政干部、技术干部和工、青、妇等群众组织的积极性，共同做好思想政治工作。围绕党的中心工作和企业生产、经营、管理实际，制定思想政治工作规划，建立“双文明”建设委员会，层层实行目标责任制，党政工团妇齐抓共管。基层队政工干部和生产管理干部分工不分家，坚持 24 小时值班，管生产，管思想，从而保证思想政治工作不断得到加强和改进。

3. 抓生产从思想入手，抓思想从生产出发

“抓生产从思想入手，抓思想从生产出发”是大庆油田思想政治工作的优良传统，是在创业时期形成并一直延续至今的正确处理思想政治工作与经济工作关系的基本原则，也是大庆思想政治工作的一条基本经验。抓生产从思想入手，就是坚持思想领先，抓生产首先要抓住人的思想政治教育，注重解决生产过程中遇到的各种思想问题，把思想工作做到前头。抓思想从生产出发，就是思想政治工作必须围绕经济建设这个中心进行，根据经济工作实际，确定思想政治工作任务，把思想政治工作贯穿于生产建设的全过程，保证生产建设任务的完成和经济效益的提高。1964 年石油工业部政治部在《关于加强基层建设，健全经常性政治工作的 12 条基本经验》中，将大庆油田在思想政治工作上创造的这些经验概括为“抓生产从思想入手，抓思想从生产出发”。

六、“五条要求”

五条要求即人人出手过得硬、事事做到规格化、项项工程质量全优、台台在用设备完好、处处注意勤俭节约。

1964 年初，大庆会战工委根据油田发展形势，组织职工开展学先进、找差距活动，坚持“两分法”前进。通过认真总结油田生产建设工作的经验教训，在同年 5 月 15 日召开的油田“五级三结合”会议上系统提出了“三条要求、五个原则”。“三条要求”即项项工程质量全优，事事做到规格化，人人出手过得硬。“五个原则”即有利于质量全优，有利于提高效率，有利于安全生产，有利于增产节约，有利于文明生产和施工。接着，广泛发动群众，在全油田开展了怎样才能做到“三条要求、五个原则”的大讨论，并先后总结和树立了“自觉从严、好字当头”的油建十一中队，“五过硬”的井下作业队，“硬骨头”运输十三车队等一批先进典型。同时，坚持在每年“战役”开始时组织“样板月”活动，即每个单位、每个职工把开始打的第一口井、砌的第一面墙等都做出样板来。这样有了工作标准，提倡什么、反对什么十分清楚，从而使“三条要求、五个原则”落到了实处。后来又增加了“台台在用设备完好”“处处注意勤俭节约”两条要求。为便于记忆，将“三条要求、五个原则”概括阐述为“五条要求”。

第四节　新时期铁人精神

王启民，男，汉族，中共党员，1937 年 9 月 26 日出生，浙江湖州人。曾任大庆石油管理局勘探开发研究院院长，管理局局长助理，大庆油田有限责任公司总经理助理、副总地质师。中国共产党第十五届中央委员会候补委员。1997 年 1 月，被中国石油天然气总公司党组授予“新时期铁人”荣誉称号。2018 年 12 月 18 日，党中央、国务院授予王启民同志“改革先锋”称号，颁授改革先锋奖章，并获评“科技兴油保稳产的大庆‘新铁人’”。2019 年 9 月 17 日，国家主席习近平签署主席令，授予王启民“人民楷模”国家荣誉称号。2019 年 10 月，获“最美奋斗者”称号。

“新时期铁人”王启民

王启民先后主持参与了大庆油田实现稳产高产的 8 项重大开发试验项目，参加并组织了 40 多项科研攻关课题和大庆油田“七五”“八五”“九五”开发规划编制研究等工作，多次获得国家科技进步奖。20 世纪 60 年代，他提出的“高效注水开采方法”，打破了当时国内外普遍采用的“温和注水”开采方式，开创出中低含水阶段油田稳产的新路子。20 世纪 70 年代，他主持进行的“分层开采、接替稳产”开发试验，使水驱采收率提高了 10%～15%。20 世纪 90 年代，他组织实施的“大庆油田高含水期稳油控水系统工程”结构调整技术，创立了油田高含水后期“控液稳产”的新模式。

1996 年 8 月 27 日，中共大庆石油管理局党委在《关于向“新时期铁人”王启民学习的决定》中将“新时期铁人”精神高度概括为：视国家利益高于一切的爱国主义精神，艰苦奋斗、顽强拼搏的创业精神，锲而不舍、敢于攻关的求实精神，兢兢业业、克己奉公的奉献精神，尊重群众、讲究民主的团结协作精神。

一、视国家利益高于一切的爱国主义精神

1961 年 8 月，王启民和同班同学、后来成为他妻子的陈宝玲一毕业就来到大庆石油会战的战场，立志为祖国的石油工业贡献青春和力量。

当时的大庆石油会战是在艰苦的年代、艰苦的环境、艰苦的条件下开始的。王启民白天在井场奔忙，晚上就加班整理资料，有时饿急了，跑出“干打垒”，捡些白菜根，用小刀切一下放在饭盒里煮一煮，就算是很好的宵夜了。那样的日子对王启民来说是苦并快乐着。他并不在意艰苦的环境，而是沉浸于繁重的工作，他说：“年轻人挺一挺就过去了。”他坚信大庆油田的未来会非常美好，他要靠自己的努力为油田建设多出一些力。

然而，当时有些国外专家却对中国的石油事业大泼冷水，他们断言中国技术落后，靠自己的力量根本开发不了那么复杂的油田，甚至还挖苦说：“凝固点、含蜡量这么高的油田，除非搬到赤道上去开采。”有的国家妄图用石油卡住中国的脖子，撤走了进行技术援助的专家。听到和看到的这一切都让王启民十分气愤。他不相信外国人能办到的事中国人就办不到！

王启民发了狠，一定要做出个样子让外国人看看，一定要用行动证明中国人的能力。春节到了，远方的亲人盼望着儿女的归来，人们内心深处故乡那根弦也在时时拨响。但王启民和他的伙伴们却都忍住了，他们有思念的煎熬，更有为祖国争光的渴望。于是，那个春节他们都没有回家。有一次，偶然聚在一起，他们七嘴八舌地议论开了。他们说起自己的理想，说起年轻人应该担负的责任，也说起对外国人的愤慨……说着说着，几个年轻人突然来了灵感，愤然写下了一副对联：上联——莫看毛头小伙子，下联——敢笑天下第一流，横批——闯将在此。他们特意将“闯”字中间的“马”写得大大的，寓意要做一匹突破限制奋力奔腾的骏马，闯出中国自己油田开发的新道路。

二、艰苦奋斗、顽强拼搏的创业精神

20 世纪 60 年代初，大庆油田采用的是“保持压力开采，早期内部注水”的开发方针，随着开采时间的增加，工作中的困难接踵而至，地层中的矛盾不断显现出来。到 1963 年，刚走上开发之路的大庆油田出现了“注水三年，水淹一半，采收率只有 5%”的问题，如果按含水上升速度计算，大庆油田 80%的资源将被浪费掉。

当时，国际通行的油田开发主导理论是“均衡开采”，就是通过向地下均匀地注入一定数量的水，把油均匀地开采出来，但注水之后许多油井遭到水淹，产量急剧下降。这一现状

让技术人员都患了“恐水症”，只要油井一见水，就降低注水速度和数量。有专家借此提出“温和注水”理论，但采油速度无法提高，严重影响油田开发。

“对地下情况绝不能凭着一时冲动和想象，必须经过科学分析才能确定开发方针”，困境面前，王启民冷静分析，决心找出适合大庆油田开采的新方法。

此后，王启民开始了艰辛的探索。白天，他留在井场取样观察，不放过任何一份数据；晚上回来，他在灯下画油水变化曲线，思考变化原因。2 000 多个日日夜夜，王启民在井场间往来奔波，在灯光下一遍遍勾勒，地下结构在纸上反复呈现，无数念头在脑海中来来去去。终于，地下复杂结构在图纸上清晰而系统地被描绘出来，随着复杂结构一同呈现的，还有油水分布规律。王启民依此提出了分层开采理论。他形象地比喻说，厚油层好像大个子运动员，体力好，跑得快，而薄差油层像小个子运动员，体力差，跑得慢，要想让大、小个子运动员一起慢慢地跑，这是违反客观规律的。分层开采，发挥了大个子和小个子的不同作用，能让它们各自做出自己的贡献。

为了证实这一理论，王启民带领攻关小组先在一口含水 60%、日产量降至 30 吨的油井上做试验，结果这口井的日产量迅速恢复到 60 吨。

三、锲而不舍、敢于攻关的求实精神

1975 年 8 月，为了缓解国民经济严重恶化的形势，当时主持中央日常工作的邓小平同志要求石油战线“要大力开采，尽可能多出口一些。”大庆油田作为石油系统的“老大”，自然要把最重的担子揽到肩上。如何提高产量？油田领导把询问的目光投向王启民等人。王启民和他的同事们立即递上一份中区西部“分层开采，接替稳产”的试验成果。这一试验始于 1970 年，当时已经进行了 5 年。到 1976 年，大庆油田实现年产原油 5 030 万吨，从而跨入了世界特大型油田的行列。

接下来，人们又提出：大庆油田年产 5 000 万吨能稳产多久？这是一个分量很重的问题，没有人能给出确切的答案。这时，王启民又站了出来，他认为，要使油田持续稳产，必须要有一整套油田开发方法及配套工艺技术作为保证，其中首当其冲的必须是高度清楚地下油层分布情况。他大胆设想，能不能把地下的地质情况画成一张图，使之一目了然？

为此，王启民像着了魔一样天天泡在试验区。王启民的试验区有 87 口油水井，单井资料搜集需要 8 种、1 万多个原始数据。他一个井点一个井点地核对分析，最终选出了比较符合实际的资料，编绘出了全油田第一张主力油层高含水期地下油水饱和度图，从这张图上可以看出油水分布状况。依据此图，他对 2 口剩余油饱和度高的井进行了层系补孔。施工后，一口井日产量增加了 40 多吨，含水降低到 20%，另一口井日产量从 50 吨上升到 130 吨。

年底总结时，油田总地质师专门“点将”，让王启民介绍试验区的情况。王启民如数家珍，一口井一口井地讲了整整 3 天。人们惊叹道：“王启民已经钻到地层里去了，他是油田的活字典、活地图！”

依据油水分布状况、室内模拟试验及大量现场试验，王启民创立了油田中含水期“分层开采”接替稳产方法。这一方法成为大庆油田实现稳产目标的重要基石。

世界上还没有一个油田的油层像大庆油田这样丰富，层层叠叠加起来有100多个，厚的有十几米，薄的只有几十厘米，最差的甚至只是一些油斑、油浸。

大庆油田开发初期，那些当时认为无法开发的0.5米以下的薄层被甩到了开发图表之外，称为表外层。20世纪70年代，王启民在中区西部进行科学试验时发现，大庆油田的表外层十分发育，特别是油田南部，表外层井井有、层层有，单独看起来这些层很“瘦”，然而累加起来却很“肥”，储量有好几亿吨，实在是一个巨大的石油宝藏。

1986年，念念不忘表外层的王启民主持建立了表外层开发试验区。最初的2口井试油，一口井日产量达到10吨，一口井达到7吨。这一消息曾震动了全油田，人们都感到有这样好的表外层，大庆不得了啦！然而，17口试验井全部投产后，有一半油井含水高达70%以上，许多人悲观地认为表外层根本就没有什么啃头。王启民却不为所惑，他对负责试验的宋勇说，要再做工作，看看是怎么回事后再下结论。宋勇和参加试验的同志经过反复调查分析，认为含水高的原因是固井质量不过关，造成地下主力油层与表外层窜槽所致。接着，他们采用3种科学方法进行窜槽，证明分析的结果是正确的。

通过一系列封窜措施，实验区井含水迅速下降，平均单井日产量达到8吨，后经过6年多开采，仍保持在6吨。这一重大的突破打开了地下几亿吨的石油资源宝库，为油田实现第二个稳产10年奠定了资源基础。

接着，王启民又主持开辟了一个开发更薄“毛毛层”，甚至只是油浸、油斑的小型试验区。这些油层中75%以上是泥岩。一些石油地质专家看了这种薄层岩芯，都连连摇头，觉得实在太差了。王启民却认为，这些层就像一棵大树的细根须，油既然能运移储藏进去，就可以开采出来。果然，4口打在钙质层的油井，按照王启民的意愿，流出了日产3吨的原油，而且还不含水。这样，这种地下大面的、平缓的“毛毛层”又成为油田资源宝库的一部分。

四、兢兢业业、克己奉公的奉献精神

1960年6月17日，王启民收到浙江湖州老家发来的电报：父亲病故，速回家料理后事。悲痛万分的王启民本该立即赶回去，为含辛茹苦将他养大，又省吃俭用供他上学的父亲尽最后的孝道。可当时正是现场实习的关键时刻，他又是试油队里懂石油的知识分子，若是走开，不仅会影响试油队的技术工作，还会被人误解。而试油队又是油田开发的侦察兵，属先遣部队，葡四井的试油关系到对这一带油藏的评价。目睹热火朝天的会战场面，他几次走到领导面前，又把涌到嘴边的话咽了回去。他强压悲痛默默地将电报揣进口袋，硬起心肠给老家回了封电报，请老家的亲友帮助料理父亲的后事。当时，举国上下正憋着一口气，非要早日拿下这个大油田，这种时刻，谁离开会战现场，谁就有当逃兵的嫌疑。在这样一个大环境、大氛围下，王启民留了下来。

就在“稳油控水”大战火爆进行之际，王启民家乡又来了一封信。信是他的大弟王新民发来的，信中写道：高堂老母突发脑血栓，生命垂危，无力的手总是指着大哥您的照片，全力挣扎着，盼望与儿子做最后的诀别。王启民只觉得肝肠寸断。他恨不得立刻跑到母亲的身边。可当时油田正筹备召开一个很重要的技术座谈会，他是会上的主角，众多的领导、众多的技术骨干都等着他拿大舵。偌大的油田、偌大的举措，他怎么可能为一己私事就置大局于不顾！他无法离开！再者，“稳油控水”大战已经开始，整个油田都在严格地按步骤运行，并依照“三分一优”模式一步一步地实施着这个“稳油控水”战略蓝图。每天，他都得面对一线出现的各种问题，研究对策加以解决。况且，局长已向上级立下了军令状。能让攸关国家命运的油田生产等着自己吗！他只得怀着深深的歉疚，汇出400元钱，并在汇单的附言栏中写道：工作脱不开身，望弟妹们代劳，万望照顾好母亲。

他把一生的奋斗目标锁定在开发好大庆油田的事业上。他始终如一，不讲条件，不怕困难，艰苦奋斗，在开发大庆油田的格局中锻炼自己，砥砺成长，一干就是50多年。他的“三不动摇”是指不当院士，不当博导，不离开大庆油田。“三不动摇”实际上体现了一种大情怀、大热爱，以及对油田的无私奉献精神。

五、尊重群众、讲究民主的团结协作精神

1997年1月1日，中国石油天然气总公司授予王启民首届“铁人科技成就奖”金奖，以奖励他多年来在大庆油田开发中做出的突出贡献。面对鲜花和掌声，王启民表示：“我取得的每项成绩都包含着油田许多科技人员和现场工人的心血，我只是他们的代表，是代表他们领奖的。”对于总公司发给他的10万元奖金，他自己一分钱没要，而是用作科研奖励基金，鼓励广大科技人员搞科研。王启民主持研究试验的项目，多是事关油田发展的重大科研课题，参加者少则几个人，多则几十人，上至技术专家，下至钻井工人。每搞一次现场试验，每担一个科研课题，他都博采众长，认真听取各方面意见。

从1985年开始，大庆油田有3个地区连续2年发生大面积油井套管损坏，最严重的是南八区147口油井，损坏率高达95.9%。套管损坏导致部分区块关井，严重威胁整个油田的正常生产。王启民心急如焚，带领几名技术骨干深入现场进行调研和技术攻关。套管损坏涉及地质、工程、管理等多方面专业，为了彻底查清套管损坏原因，王启民打破学科界限，虚心向各方面技术人员请教，向现场的工人师傅请教。他们白天到地质队查阅资料，晚上再把资料借回来和大家一起研究。遇到一些具体问题。王启民就把现场老工人请来，一个一个讨教，共同研究解决问题的办法。靠着这种团结协作精神，他们终于查清了套管损坏原因，并提出了具体的防范、整治措施，使被称作“井瘟”的套管成片破损得到有效治理。

由李懂章、卢官程作词，韩德全作曲的《百年油田　百年辉煌》表现了大庆人的使命和担当：

唤醒沉睡的大地/追寻流淌的星光
我们是光荣的大庆石油人/肩负着民族的希望
爱国创业 发奋图强/求实奉献 斗志昂扬
传承铁人的精神/持续发展谱新章
张开腾飞的翅膀/托起金色的朝阳
我们是自豪的大庆石油人/实践着祖国的理想
诚信创新 业绩至上/和谐安全 绿色畅想
高举大庆的旗帜/百年油田铸辉煌

歌曲
《百年油田　百年辉煌》

思考题

1. 大庆会战五面红旗是什么？各有什么典型事迹？
2. 欣赏《百年油田 百年辉煌》歌曲，体会里面包含的石油精神。
3. 欣赏《筑梦》诗歌，谈谈里面体现的石油精神。
4. 阅读海上铁人郝振山的典型事迹，总结其身上体现的石油精神。
5. 阅读大庆新铁人李新民的典型事迹，总结其身上体现的石油精神。

诗歌《筑梦》

海上铁人郝振山

大庆新铁人李新民

测试题

第四章 石油精神的传承

1978 年，全国原油产量首次突破 1 亿吨，我国跨入世界产油大国的行列。进入 20 世纪八九十年代，在邓小平同志改革开放政策指引下，石油勘探开发领域从陆地扩展到海洋，在稳定东部油田产量的同时，西部油区和近海海域取得了一个个重大成果。同时，经营管理模式实行重大改革，从 1 亿吨产量包干到"两新两高"新机制；从单一利用国内资源到利用国内、国外两种资源，开辟国内、国外两个市场，海外石油事业取得重要突破。2021 年，全国石油产量达 1.98 亿吨，天然气产量达到 2 053 亿立方米，我国石油企业海外权益产量达 2.1 亿吨油当量。我国石油工业得到了快速增长。

进入中国特色社会主义新时代，习近平总书记以更加宽广的视野、更加深邃的思考，把石油行业优良传统作风集中概括凝练为以"苦干实干""三老四严"为核心的石油精神，覆盖面更广、包容性更强、历史跨度更大，标志着石油精神在新时代得到新的升华。

第一节 胜利精神

胜利精神、胜利文化是伴随着胜利油田勘探开发形成的。在胜利油田 60 多年的发展历程中，一代代胜利人传承石油精神、弘扬石化传统，不仅为国家创造了巨大的物质财富，而且创造了宝贵的精神财富，积淀形成了独具特色的"胜利文化"。

胜利精神是胜利文化的灵魂。以胜利精神为核心的观念形态文化，经历了孕育成长、融合发展、创新提升等不同阶段，内涵不断丰富，表述不断完善，成为全体干部员工的群体认知、价值追求和行为自觉，推动"胜利油田"成为享誉中外的国企名片。

一、继承大庆精神铁人精神

1961 年 4 月 16 日，在东营村附近打的华 8 井首次见到了工业油流，日产原油 8.1 吨，从而发现了胜利油田。当年 7 月，石油工业部决定集中"优势兵力"对东营凹陷进行重点勘探。1962 年 9 月 23 日，在东营构造上打的营 2 井获日产 555 吨的高产油流，这是当时全国日产量最高的一口油井。胜利油田始称“九二三厂”即由此而来。

1964 年 1 月 25 日，中共中央正式批准组织华北石油勘探会战。从大庆、玉门、青海、四川、北京调集石油会战队伍和技术人员 1 万多人，会师在渤海之滨、黄河两岸。其中，调集了全国 70％的地震队，将山东东营地区作为重点区域，形成了继大庆石油会战之后的又一场石油勘探油田开发建设会战。1964—1966 年，以东营凹陷为重点，并扩展到全济阳坳陷上万平方千米的区域，打探井 345 口，相继发现 30 个油气田。1965 年 3 月，坨 11 井和坨 9 井分别获日产 1 134 吨和 1 036 吨的高产油流，是国内首次发现的千吨级油井。由于该油井位于东营地区胜利村一带，为了纪念石油会战取得的巨大胜利，1971 年 6 月 11 日，“九二三厂”更名为“胜利油田”。

全体会战职工发扬大庆精神铁人精神，负重前行，践行“苦干实干”“三老四严”的作风，始终保持昂扬的斗志。1973 年，胜利油田原油年产量 1 083.51 万吨，首次突破千万吨大关。1978 年，原油年产量达 1 946 万吨，胜利油田成为我国第二大油田。

二、胜利五种精神

1981 年，改革开放正催动中国经济迅猛发展。这一年，国务院决定对石油工业部实行原油产量 1 亿吨大包干政策。石油部把胜利油田作为大包干的试点单位，国家经委、财政部和石油部联合下发文件，给胜利油田定的原油包干指标是 1 590 万吨，且一定 3 年不变。为了确保包干任务的完成，为国家多找储量、多产原油，胜利油田党委自觉加压，主动按超产计划来安排工作量。全面建立了指标分解、层层包干的经济责任制，激发和调动了干部工人的积极性。

党和国家领导人对胜利油田的发展十分关心并寄予厚望，密集视察胜利油田。1984 年 2 月 11 日至 13 日，胡耀邦总书记视察胜利油田时满怀激情地鼓励广大干部职工：“四化的希望，能源的责任，全靠你们打头阵！”亲切关怀，厚望如山。胜利人树立了敢打大仗、勇攀高峰的雄心壮志，在全油田形成了一种压力越大越想干、担子越重越光荣、自觉加压、勇挑重担的好风气。胜利油田勘探开发取得了振奋人心的新成果，生产建设打开了一个崭新的好局面。1985 年，在辽河召开的石油工作会议上，胜利油田被授予锦旗，其上书写：众志成城创大业，石油增产排头兵。

正是在这样的历史背景下，1985 年年底，胜利油田党委总结提炼了胜利人的五种精神，即“立志改革、开拓前进的创新精神，自觉加压、勇挑重担的进取精神，滚石上山、逆水行舟的拼搏精神，大胆探索、勇于实践的求实精神，同心同德、团结战斗的协作精神”。

五种精神是对当时大包干试点、大会战经验、大发展成果的系统总结和集中展示，框定了胜利精神的内容结构，突出了“改革”“创新”的时代精神。胜利人把巨大压力变成前进动力，铆足了冲天的革命干劲，迎难而上，团结拼搏，攀高峰、创大业、打头阵，为胜利油田进入发展的“黄金时代”打下了雄厚的物质基础和领先的技术储备，提供了坚实的思想保障和强大的精神动力。

三、"四句话"的胜利精神

20 世纪 80 年代末、90 年代初，国际局势风云激荡，东欧剧变，苏联解体，社会主义遭受严重挑战。胜利油田作为党和国家的重要"台柱子"，表现出了坚定的社会主义信念。1991 年广泛开展"学讲唱做"活动，即学社会主义理论、讲社会主义新事、唱社会主义赞歌、做社会主义主人，营造了"一片热气腾腾大干社会主义的动人景象"。

1991 年 7 月，山东省社会科学界联合会组织部分专家学者，由省社联副主席刘蔚华教授带队，赴胜利油田学习考察。考察组一路受教育，一路受振奋。他们从胜利人身上真切感受到了社会主义制度的强大生命力，找到了社会主义如何经受挑战、走向胜利的答案。考察组认为，胜利油田作为我国第二大油田，不仅为国家做出了巨大的物质贡献，而且在生产斗争实践中逐步培养了一种具有自己特定内涵和鲜明特点的企业精神，就是"胜利精神"，并提炼归纳出四个方面的基本内容，即"坚定不移的政治信念，以国为重的主人意识，以苦为荣的奉献精神，求实创新的科学态度"。1992 年 4 月，在济南和胜利油田召开了第一次"胜利精神理论讨论会"。

"四句话"的胜利精神生动揭示了胜利职工队伍崇高的思想境界、高尚的家国情怀、昂扬的精神状态，集中展现了胜利人理想信念的执著坚定、思想觉悟的高度唤醒、精神人格的饱满丰盈。

四、新时期的胜利精神

1998 年石油石化重组后，中国石化集团提出了以"爱我中华、振兴石化"精神为核心的一套文化理念。为与集团公司文化相承接，胜利油田党委提出"要高度重视企业文化创新，铸造支撑企业蓬勃发展的内在精神支柱"。2002 年 3 月，油田成立企业文化研究小组，对以"胜利精神"为核心内容的胜利文化进行创新研究。2002 年 11 月，管理局暨有限公司第四届职工代表大会第十四次代表团长联席会议审议通过了"胜利观念形态文化标志性语言"，从而确立了"从创业走向创新，从胜利走向胜利"的新时期胜利精神，并以胜利精神为核心，创新发展独具特色的胜利文化。

"从创业走向创新，从胜利走向胜利"的新时期胜利精神，是全体干部职工一致的信念追求和共同的价值目标，不仅反映了胜利油田过去几十年的辉煌成就，而且显示了胜利人在新的历史条件下实现更大发展、为国家做出更大贡献的雄心壮志、崇高追求和豪迈气概。

新时期的胜利精神可概括为"爱国、创业、创新、开放"。

"爱国"是胜利油田最赤诚的精神底色。60 多年来，胜利油田响应祖国召唤，华北找油；听从祖国号令，为油而战；牢记祖国重托，勇于担当。进入新时代，胜利油田始终紧跟党中央决策部署，坚守"为祖国找油、为民族争气"的鲜明政治底色，坚决扛起"在经济领域为党工作"的责任使命，始终沿着正确的方向和道路勇毅前行。

"创业"是民族精神的具体体现，是胜利油田最坚韧的精神特质。60 多年来，胜利油田始终激情满怀，闻油而动，战严寒斗酷暑，战井喷斗冰凌，以苦为荣，永不言败，在荒原上建起一个又一个大油田。进入新时代，油田始终保持创业情怀，以“不靠油价靠作为”“越是困难越向前”的责任担当，推动实现较长时间内效益稳产 2 340 万吨、盈亏平衡点持续降低。

“创新”是胜利油田最深沉的精神禀赋。60 多年来，胜利人求真求实求突破，敢闯敢试敢争先，大力破除体制机制梗阻，完善制度流程体系，推进党的领导融入公司治理，培育创新生态、优化创新环境、完善创新体系、催生新发展动能，形成依靠创新驱动、实现内涵发展的思想共识，走出老油田可持续高质量发展的创新之路。

“开放”是胜利油田最豪迈的精神气魄。60 多年来，胜利油田胸怀壮阔、视野超拔，坚持合作共赢、开门办企业、开放办企业，全面增强企业活力、市场竞争力。进入新时代，胜利油田高点站位、胸怀全局，以开阔的视野、宽广的胸襟、开放的市场，在更大范围、更宽领域、更深层次，强化内引外联，深化互利合作，推动实现高质量发展。

第二节　塔里木会战精神

新中国石油工业发展史上组织过多次石油大会战，对石油行业乃至国民经济发展产生了重大而深远的影响。1989 年 4 月开始的塔里木石油会战是在我国改革开放新的历史条件下，发扬大庆精神铁人精神，大胆改革创新体制机制，大力引进并消化吸收世界先进科学技术，开辟新的石油战略接替区的一次跨世纪的战略行动，是新时期最具代表性的一次石油会战。会战坚持“两新两高”工作方针，采用新体制、新技术，实现高水平、高效益，把一个年产不足 3 万吨的小油田，建设成为年产 2 500 万吨的我国陆上第三大油气田，走出一条用人少、效率高、效益好的新路，是改革开放伟大实践在塔里木盆地的生动写照。

塔里木盆地是我国最大的含油气盆地，为天山、昆仑山和阿尔金山所环绕，总面积 53 万平方千米。盆地中部是号称“死亡之海”的塔克拉玛干沙漠，面积 33 万平方千米。塔里木盆地的油气勘探开发史是一部艰苦奋斗、波澜壮阔的创业史。它伴随着新中国坎坷前行的脚步，经受着时代风云变幻的洗礼，在历经了“五下六上”艰苦历程的同时，大力弘扬大庆精神铁人精神，积极践行“奉献能源，创造和谐”企业宗旨，培育形成了以“艰苦奋斗、真抓实干、五湖四海”为内涵的塔里木石油会战精神，树立了“只有荒凉的沙漠，没有荒凉的人生”的崇高人生观，按照党中央、国务院“稳定东部，发展西部”的战略部署，坚持“两新两高”工作方针（工作方针的核心是新体制、新技术，目标是高水平、高效益），实行专业化服务、社会化依托、市场化运行、合同化管理，在塔里木盆地开展新型石油会战，拉开了西部大开发的序幕，形成了具有石油行业和塔里木地域特色的先进企业文化，为国家现代化事业奉献着能源，也奉献着弥足珍贵的精神文化财富。

一、塔里木会战精神

塔里木会战精神：艰苦奋斗、真抓实干、五湖四海。

“艰苦奋斗”是塔里木石油人的宝贵品质，就是继承老一辈石油人不怕困难、艰苦创业的精神，始终保持勤俭节约、顽强奋斗的作风。

"真抓实干"是塔里木石油人的责任意识，就是脚踏实地、求真务实，勇于攻坚、敢于担当，一门心思干事业，扑下身子抓落实，加快建设一流大油气田。

"五湖四海"是塔里木石油人的广阔胸怀，就是牢固树立全局观念，加强团结协作，以海纳百川的胸怀吸纳优秀队伍和人才建设塔里木，成就更加美好的未来。

"艰苦奋斗、真抓实干、五湖四海"的塔里木会战精神是塔里木油田在会战实践中形成的优良传统，是对大庆精神铁人精神的继承和发扬。

二、塔里木石油人的工作作风

塔里木石油人的工作作风：闻油而动、雷厉风行。

这强调的是石油人对石油天然气资源的敏锐性，以及像雷一样猛烈的意志和像风一样快速的执行力，体现在工作中就是办事果敢、令行禁止、高效执行，闻油而喜、闻油而行、闻油而战。

三、塔里木石油人的人生观

塔里木石油人的人生观：只有荒凉的沙漠，没有荒凉的人生。

1990 年早春，会战队伍在荒凉的戈壁和沙漠中迎来了塔里木会战开始后的第一个春节。正在承钻轮南 9 井的中原钻井公司 7012 钻井队平台经理范智海和党支部书记高绍智商议，过春节要写一副提劲头、长斗志的对联。大家反复斟酌，写出了"塔里木只有荒凉的戈壁大漠，大会战没有荒凉的青春人生"的对联挂在了井场的彩门上。这副对联道出了塔里木会战队伍共同的心声，引起了大家的强烈共鸣。对联内容在探区很快被传播开来，后经集体措辞修改加工，成为"只有荒凉的沙漠，没有荒凉的人生"这样一句闪烁时代精神的格言。1990 年 8 月，江泽民到轮南视察时，在讲话中肯定了"只有荒凉的沙漠，没有荒凉的人生"的思想意义和精神内涵。《人民日报》、中央电视台等多家媒体在诸多文章、节目里多次引用和传播。一句从荒漠上喊出的誓言，就这样成为振聋发聩、广为人知的名言。2005 年，"只有荒凉的沙漠，没有荒凉的人生"作为塔里木油田的人生格言，被正式写入《塔里木油田企业文化手册》。2009 年 9 月，"只有荒凉的沙漠，没有荒凉的人生"入选中国石油评选的"新中国 60 年最具影响力 60 句石油名言"。

塔里木自然环境极其恶劣，给生产组织和员工生活造成极大困难。为了祖国的石油事业，为了实现建设一流大油气田的目标，塔里木石油人以革命的乐观主义和大无畏精神，在号称"死亡之海"的塔克拉玛干沙漠，战风沙、斗酷暑，在塔里木开发的大舞台上展示个人才华、实现人生价值。

塔里木石油人王光荣事迹

四、《塔里木石油人的歌》

由郑南作词、田歌作曲的《塔里木石油人的歌》表达了石油人的奉献精神：

走进石油门/拥有了奉献的心
苦在离家走四方/乐在油田井成林
嘿 石油人哪 是这样的人/石油人勇于担重任

歌曲
《塔里木石油人的歌》

久当石油人/扎稳了做人的根
靠以青春换成功/常把黄昏当早晨
嘿 石油人哪 是这样的人/石油人是远征的人

第三节　长庆精神

长庆油田地处鄂尔多斯盆地，是世界上罕见的“三低”(低渗、低压、低丰度)油气田，其储层由于坚硬致密，又被称为“磨刀石”。长庆油田曾被国际咨询机构判定为“边际油田”，意味着没有商业开发价值，然而却为中国石油保障国家能源战略安全撑起一片新的蓝天。对于油气需求连年较快增长、石油对外依存居高不下的中国而言，年油气产量当量达 $6\,500\times10^4$ t 的油田，其现实作用和长远意义不亚于美国的页岩气革命。

长庆石油人把他们的企业精神概括为“磨刀石上闹革命”的精神，他们用“好汉坡”精神、“苏里格”精神、“山丹丹”精神支撑起整个企业的“磨刀石”精神，并为之赋予了“攻坚啃硬、拼搏攻关”的内涵。这既贴切又厚重，既有铮铮铁骨的硬度，又有精研耐久的韧性，它是长庆石油人的写照，也是长庆石油人人格的化身。

长庆油田企业文化的成长得益于他们的文化战略定位，文化是有传承性的。长庆石油人将自己的企业文化定位为大庆精神铁人精神在长庆的传承和发展，既自觉融入中石油传统文化的家园，又脚踏陕北高原、融合延安精神和解放军传统，结合“磨刀石上闹革命”的实践，生于斯、长于斯，极富长庆特色和长庆气派。

随着长庆油田从创业期转入发展期，以及从现代管理走向文化管理，乃至从“以人为中心”的工业文明转向“人与自然和谐发展”的生态文明，人们思想观念的多元化成为常态，企业文化建设应主动适应，常建常新。

一、长庆油田的“磨刀石”文化

“磨刀石”是对长庆坚实致密油气层的形象描述，是长庆近半个世纪厚重历史的具象象征，也是长庆人遇强更强、砥砺奋进的精神象征。

从地质特征上看，长庆油田是典型的低渗、低压、低丰度“三低”油气田，丝丝油脉深藏在坚硬的石头里。石比刀硬，这是自然资源的禀赋，更是要矢志战胜的对手。

从科技特质上看，要想“磨刀石”里冒石油，必须有石头一样耐得住寂寞的坚守精神，比石头还硬的攻坚精神、比油丝还细的极致精神，解放思想，大胆创新，从而打败“磨刀石”，攻克低渗透。

从队伍特质上看，长庆人以油为令、以石为魂、炼石为骨，在“磨刀石”上建成中国产量最高的油气田。长庆人攻克了“磨刀石”，磨刀石也坚韧了长庆人的精神品格。

2012 年，长庆油田正式启动“西部大庆文化同行系统工程”，对长庆文化进行再总结、再提炼、再提升。通过“西部大庆精神文化研究”课题，认真梳理和整合长庆历史文化资源，提炼形成了长庆“磨刀石”文化体系。长庆“磨刀石”文化体系由八部分内容组成，分别是长庆核心文化理念、长庆文化品牌、长庆精神代表人物和集体、长庆典型格言、长庆经典故事、长庆文化名片、长庆之最、长庆金曲。

(1) 长庆核心文化理念是长庆新时期发展的价值指引和文化之魂，其组成如下：

长庆精神：“磨刀石”精神。

精神品质：攻坚啃硬，拼搏进取。

三个组成部分：艰苦创业、勇攀高峰的“好汉坡”精神，解放思想、锐意进取的“苏里格”精神，忠诚敬业、坚韧奉献的“山丹丹”精神。

长庆发展愿景：建美丽长庆，创幸福家园。

长庆管理方针：标准化、模块化、数字化、市场化。

长庆安全观：生命和健康高于一切。

长庆人才观：胜任是才，因才适用。

长庆事业观：发展长庆就会发展自己，奉献长庆就是奉献社会。

(2) 长庆文化品牌是“磨刀石”。“磨刀石”既是长庆文化的具象象征，又是长庆文化的精神象征、品格象征。

(3) 长庆精神的代表人物和集体共 49 名(个)，其中长庆英烈 9 名，长庆铁人 10 名，长庆金花 10 名，创业时期十面红旗 10 个，新时期十面红旗 10 个。他们是数万长庆人接力奉献的典型代表，是长庆“磨刀石”精神的具体体现。

(4) 长庆典型格言。“磨刀石上闹革命，低渗透中铸丰碑”“垮的是困难，不垮的永远是石油人的意志”等 30 句经典格言，是“磨刀石”精神的生动表达，是长庆宝贵的精神财富。

(5) 长庆经典故事。整理形成的 30 个经典故事，是长庆建设西部大庆征程上 30 个闪光瞬间，是长庆“磨刀石”精神在不同时期的生动体现。

(6) 长庆文化名片。文化阵地是最有代表性的长庆文化名片，好汉坡、庆 1 井等 25 个阵地组成长庆文化名片，承载和展现了长庆文化品质。

(7) 长庆之最。长庆之最包括“鄂尔多斯盆地是我国最早发现油气的地方”“我国最早有效开发的低渗透油气田”等 10 条表述，集中体现了长庆油田发展过程中敢为人先、永争第一的气魄和自信。

(8) 长庆金曲。企业歌曲是企业文化的重要载体。《眷恋》《压裂歌》等 10 首金曲，曲调优美、内涵丰富，是长庆油田 40 多年艰苦创业、铸造辉煌的见证，集中表现了长庆人“我为祖国献石油”的伟大情怀和乐观向上的精神面貌。

二、长庆精神的组成

1. 艰苦创业、勇攀高峰的“好汉坡”精神

好汉坡是安塞油田原王三计量站员工每日巡井必经的一道陡峭的山坡，海拔 1 300 米，坡度 70 度，山势险峻，沟壁陡立，常有人或牲畜不小心滚下坡去，当地老乡称它为“阎王

坡”。坡下是几十米的深涧，被称为“无人沟”。好汉坡是安塞油田艰苦的自然环境、复杂的地质环境和艰辛的人文环境的典型写照。20 世纪 90 年代初，伴随着安塞油田大发展的号角，好汉坡地区进入了大规模开发阶段，一群不满 20 岁的年轻人，每天都要身背 20 多斤重的工具风雨无阻地上山巡井，每巡一次井必爬一次坡，但他们以“不到长城非好汉”的勇气踏出了一条巡井巡线的“创业之路”。从此以后，王三计量站的青年工人们被称为“好汉”，好汉爬的坡也就成了“好汉坡”。

“好汉坡上好汉多，风似钢刀雨如梭。让那青春来拼搏，莫将岁月空蹉跎”的豪迈诗句是安塞油田年轻的创业者为油奉献的青春誓言。

正如原石油部长王涛视察长庆油田时的题词：“安塞油田出好汉，好汉坡上好汉多。”

结合安塞油田的文化积淀、文化特质、文化基础、文化阵地，王 4 井区在积极践行大庆精神铁人精神的基础上，对“好汉坡”精神进行了再总结、再提炼、再完善，形成了以“艰苦创业、勇攀高峰”为核心的“好汉坡”精神。这种精神有五种内涵：艰苦奋斗、攻坚克难，解放思想、科学求实，忠诚企业、奉献石油，热爱岗位、尽职尽责，锐意创新、追求卓越。

2. 解放思想、锐意进取的“苏里格”精神

苏里格气田是长庆油田“四化”模式的发源地，是长庆油田技术创新、管理创新成果的集中体现。苏里格精神充分代表了长庆石油人在新世纪解放思想，走新型工业化道路的勇气、智慧和能力。

2000 年 8 月 26 日在长庆油田公司的工作区域鄂尔多斯盆地发现了苏里格大气田。该气田勘探面积 2 万平方千米，天然气资源量为 1.8 万亿立方米，已探明地质储量为 10 988 亿立方米，三级储量为 15 042 亿立方米。苏里格处在中国陆上天然气管网的枢纽位置，是重要的战略性气田。但它是一个低孔、低渗、低压、低丰度、低产量的岩性圈闭大气藏，开发难度极大，需要庞大的队伍和高端技术。

2004 年 12 月，中国石油做出了“引入市场竞争机制，加快苏里格气田开发步伐”的决策。据此，长庆油田公司与长庆石油勘探局、辽河石油勘探局、四川石油管理局、大港油田集团公司、华北石油管理局 5 家中国石油集团内部企业一起合作开发，形成“5＋1”合作开发模式，将苏里格气田探明区域内划分为 8 个区块，各合作区块自主投资开发，并负责集气管线、集气站等地面设施建设，生产的天然气以内部价出售给长庆油田公司。长庆油田除在苏 14 区块开展重大技术试验和评价外，还负责集气干线和天然气处理厂等骨架工程的建设。

苏里格气田合作开发模式涵盖了顾全大局、社会责任、市场机制、技术进步、科学管理、以人为本等方面，还包含了地质、工艺、地面建设、规划、生产指挥、HSE 管理、外部协调、经济运行模式等方面。

面对世界级的开发难题，长庆石油人秉持特有的激情和责任，在毛乌素沙漠中“攻坚啃硬、拼搏进取”，发扬了延安精神、大庆精神，运用科学发展观，创造了和谐的企业文化精神，使苏里格合作开发管理模式不断完善。

3. 忠诚敬业、坚韧奉献的“山丹丹”精神

山丹丹是高原上不畏贫瘠而蓬勃绽放的精神之花。数万名长庆员工就如山丹丹一样，

扎根鄂尔多斯盆地，闻石油而喜，逐油气而居，不畏困难，勇敢面对。山丹丹象征了长庆人坚守高原大漠、乐观向上、为油奉献的精神风貌。

提起长庆油田初期的会战，一幕幕艰苦奋斗的景象就会浮现在人们的脑海中。长庆人正是依靠这种“有条件要上，没有条件创造条件也要上”及“宁可流血流汗，也要搞好会战”的坚强意志，从长庆油田的发祥地马岭沟出发，进华池、赴安塞、上靖安、战西峰、走姬塬、出击苏里格、进军超低渗……创造了一个个让世人折服的奇迹。

面对特殊的“三低”油气储藏环境，通过“脑攻”来强化科技攻关，解决油气开发中遇到的深度问题，征服“磨刀石”地层，进而改变“井井有油、井井不流”的窘状，把外国人认为油气开采中诸多的“不可能变为可能”，为祖国再造一个“大庆”，是长庆油田新时期弘扬大庆精神和艰苦奋斗的主旨。而今，这些已经一步步变成事实。可以说，没有坚韧奉献的“山丹丹”精神，争论多年的苏里格大气田就不可能得到有效开发；没有忠诚敬业的“山丹丹”精神，原本认为根本没有开发价值的一个个超低渗区块就不可能被擒拿得手……

由长庆井下技术作业公司企业文化科作词、安维瑶作曲的《压裂歌》唱出了长庆人的执着精神：

压裂将士奔向四方/为了油气何惧风霜
攻克低渗夺高产/井下工人高唱压裂歌
压 压 压/狠狠地压/压开地层千条缝
压 压 压/狠狠地压/压进地层万方砂
坚持科学发展/创建和谐企业/推进自主创新
高扬起压裂风帆/干群同心创伟业/一路征程满腔豪情
压 压 压/狠狠地压/压得油气笑开花

歌曲《压裂歌》

长庆铁人王文汉事迹

长庆油田卫士罗玉娥事迹

第四节 海外创业精神

中国石油天然气勘探开发公司是中国石油负责海外石油天然气勘探开发、炼油化工、管道运营等业务归口管理的专业公司。自 1993 年以来，公司积极走出国门，在充满机遇与挑战的国际石油市场经受洗礼，迅速成长。历经多年的跨越式发展，公司目前已进入规模化发展的新阶段。2019 年海外油气权益产量当量突破 1 亿吨，疫情肆虐的 2020 年守住了海外油气权益产量当量 1 亿吨大关，彰显出国际油公司的不凡实力。

一、“走出去”跨越发展

党的十四大报告提出，围绕社会主义市场经济体制的建立，加快经济改革步伐，进一步扩大对外开放，更多更好地利用国外资金、资源、技术和管理经验。积极扩大我国企业的对外投资和跨国经营。中国石油在“引进来”的同时开始“走出去”，通过不同方式参与国际石油开发项目和工程技术服务，探索和实践国际化经营的各种模式。

中国石油海外创业继承发扬大庆精神铁人精神，筚路蓝缕、艰苦奋斗，经历了起步、规模化和战略引领三个发展阶段。

1993—1996 年是起步阶段。参与泰国、加拿大、秘鲁、巴布亚新几内亚等国家的油气项目，开始“走出去”。从学习和积累国际化经营的经验、锻炼队伍、培养人才、熟悉国际环境开始，以油田开发项目和老油田提高采收率项目为主，购买储量，进行小规模低风险油田开发试验。

1997—2011 年是规模化阶段。1997 年中标苏丹、哈萨克斯坦、委内瑞拉等国项目，进入国际石油市场，被国际石油界称为“一匹黑马”。2005 年，成功并购哈萨克斯坦 PK 公司，开始实施海外发展并购重组。2009 年，参与伊拉克鲁迈拉油田、伊朗北阿扎干油田项目，开始融入中东石油天然气市场。2011 年，海外作业产量超过 1 亿吨，权益产量当量突破 5 000 万吨。

2012 年至今是战略引领阶段。这一时期，积极响应“一带一路”倡议，更加注重国际化公司建设，在理念、制度、人才发展等方面与国际大公司对标，并深度融入全球能源合作。更加注重与国际大石油公司融合发展，在伊拉克、哈萨克斯坦、巴西、莫桑比克等国家和地区，与埃克森美孚、壳牌、BP、道达尔等公司成立联合作业公司，优势互补、共同发展，提升了项目建设水平。更加重视创新发展，在技术创新方面，在海外设立研发中心，充分利用当地技术前沿优势、人才优势，并与中国石油科技优势相结合，在勘探开发、钻完井技术等领域取得一批重大技术突破；在运营模式创新方面，优化公司组织结构，突出战略管控与生产经营决策权下放，提高运营效率，大幅降低作业成本；在理念创新方面，中国石油“走出去”不仅是为了获取资源，更重要的是为全球能源发展贡献中国智慧。

二、海外创业精神内涵

在海外创业的艰苦岁月里，广大海外石油人发扬大庆精神铁人精神，牢记为国“奉献能源”的使命，热爱祖国，热爱中国石油，勇敢地面对国际市场上的各种困难和挑战，面对陌生的国家、陌生的环境、陌生的对手、陌生的伙伴，他们团结进取、拼搏奋进、攻坚克难、无私奉献，甚至牺牲了宝贵生命；他们耐得住寂寞、顶得住压力、负得起责任、担得起使命，用青春和热血谱写着中国石油海外创业史，沉淀形成了“忠诚、创业、求实、奉献”为主要内涵的“海外创业精神”。

1. 忠诚

忠诚企业，爱岗敬业，严格保守商业秘密，自觉维护企业利益，努力为企业发展贡献智慧和力量。

中国石油海外事业的快速发展离不开党中央国务院的正确领导，离不开集团公司党组的科学决策，离不开海外创业大军的艰苦奋斗。他们扎根海外、无怨无悔、矢志不渝。以海外小铁人王贵海为代表的干部员工，怀着滚烫的中国心，立誓不给国家丢脸，苦练技能，处处争先，在海外写下了大写的“中国人”；以中国石油科技楷模苏永地为代表的许多专家骨干，多次拒绝外方高薪聘请，不为名利和金钱所动，把祖国石油事业装在心中；以张立福为代表的中国石油海外创业先驱，为项目早日投产运行带病坚守岗位，甚至积劳成疾，倒在为国找油找气的前进路上，用生命兑现了一个中国石油人对祖国、对事业的庄严承诺。

2. 创业

艰苦奋斗，锐意进取，坚持弘扬大庆精神、铁人精神，努力保障海外事业规模有效可持续发展。

在中标并接管秘鲁塔拉拉油田后，通过创新技术、精细管理，用不到 4 年的时间，使开发了百年的老油田重新焕发青春，日产水平由最初的 1 700 多桶上升到 7 000 多桶，被秘鲁新闻界评论为“20 世纪秘鲁石油界的最大新闻”。在中国石油第一个海外大油田——苏丹 1/2/4 项目建设中，中国石油人以国家利益高于一切的主人翁责任感，冒酷暑、涉泥沼、穿丛林、搏风沙，用不到两年的时间，建成了年产 1 000 万吨的大油田和 1 506 千米的长输管道，实现第一船原油装船出口，创造了世界石油史上的奇迹！大庆 1205 钻井队在苏丹用 6 天时间完成了设备清关和装运，创下苏丹港最快清关纪录；用 17 天时间打出第一口优质井，2008 年连续施工 10 口水平井，且口口全优，获得了钻井施工队伍最高奖项“钻井杯”……在长期海外创业过程中，中国石油海外员工以国家形象为重、以企业品牌为重，精益求精、开拓进取，树立起一座座异域丰碑。

与中国石油同场竞技的大多是进入国际市场已超过百年的跨国石油公司。作为“后来者”，中国石油所进入的地域不是自然条件艰苦，就是政治条件、社会环境比较特殊的地区，员工常年与高温、干旱、风沙、毒虫相伴，社会依托性差，特别是在政治动荡地区，武装冲突甚至威胁到员工的人身安全。海外项目各队伍既要符合国际通用的惯例，还要适应当地的文化、生活等习俗。为防止中暑，他们每天都需服用防暑药品；为防止脱水，很多员工每天要喝掉七八升水；为避免阳光的暴晒和风沙的侵袭，他们把内衣撕烂，改造成面罩蒙在脸上；为保证施工进度，他们把几天才能完成的任务压缩成一天来干，创造了一个又一个的“中国速度”“中国奇迹”。干别人干不了的活、做别人做不了的事、吃别人吃不了的苦，凭着钢铁般的意志，海外石油人克服一个又一个困难，在激烈的市场竞争中脱颖而出、尽显风流。

3. 求实

实事求是，务求实效，坚持科学发展，追求一流业绩，认真学习实践国际化经营管理理念与方法，持续增强公司核心竞争力。

海外创业初期的 1996 年 11 月，总公司主管领导吴耀文副总经理率部在喀土穆参加苏丹区块的国际招标，为了能够应对国际能源市场的激烈竞争和风云变幻，他们克服了许多意想不到的困难和挑战，连续奋战拼搏 7 天 7 夜，反复调整完善标书和技术参数，最后终于赢得中标。在此后的国际市场投标中，不断涌现出许多感人的故事。

中央企业劳动模范、最早赴海外创业的先遣队 13 人之一、早期秘鲁项目勘探开发部经理、中油国际总经理叶先灯，敢于突破前人的认识定论，解放思想，带领技术和工程人员在濒临废弃的塔拉拉百年老油田先后打出 6 口超千桶的高产井。其中一口井补孔作业后日产油 3 000 桶，创该地区措施井历史最高纪录，在秘鲁石油界引起强烈反响。该项目产量提高近 5 倍，使百年油田焕发青春，成为中国石油海外第一个投资收回的项目。他主持开展的“塔拉拉油田勘探开发精细研究”获中国石油技术创新奖二等奖；塔拉拉油田培育形成的“四精经验”（技术上精雕细刻、生产上精益求精、运行上精心管理、经营上精打细算）成为海外油气合作的典型经验和成功法宝。

全国五一劳动奖章获得者、中央企业优秀共产党员、原苏丹黑格里油田采油队长、中东公司常务副总经理王贵海，被称为“海外小铁人”，他不怕苦、乐于奉献，以铁人英雄之气闯关克难，与国际标准对接管理；坚持创新，将大庆“三老四严”的工作作风与科学管理、国际规范有机结合，苦干不蛮干，照章不唯章，讲规范也讲巧干；同外方相融共处、合作共赢，展现了中国人的传统美德和优秀品质。在海外业务发展中，他不断创新党建工作方式方法，加强海外党建和思想政治工作，筑牢海外业务快速发展的政治思想根基。1998 年，中国石油天然气勘探开发公司设立临时党委，苏丹项目成立第一个党支部。海外项目始终坚持“队伍走到哪里，党组织就建到哪里，活动就开展到哪里”的“三到”原则，以及海外投资与党建工作“目标同向、工作同步、责任同担”的“三同”方针，党组织健全率和党员教育管理覆盖率 100%，党组织政治核心作用和党员先锋模范作用得到充分发挥。

4. 奉献

员工奉献企业，企业回报社会，坚持为社会提供优质产品与服务，努力将发展成果惠及全体员工、资源国及利益相关者，不断为社会进步做贡献。

选择了海外事业，也就意味着选择了奉献和牺牲。因常年工作在海外，许多同志很难做到对孩子必要的关心和爱护，甚至在高考等关键时刻也不能陪伴在孩子身边；许多同志对老人赡养照顾不到，甚至父母亲人病危乃至去世都不能及时回国，只能在异国他乡黯然流泪、遥寄哀思；许多同志连续多年坚守海外，逢年过节也难以和家人团聚，依然奋战在异国他乡，只能通过越洋电话与家人一诉衷肠；许多年轻人为保证项目工期多次推迟婚期，有的当孩子出生时也不能陪在妻子身边……广大海外石油人以自己的无私奉献，让大庆精神、铁人精神的旗帜在海外高高飘扬！海外作业队伍将厚德包容的中国文化、艰苦创业的大庆精神、铁人精神同国际化运营管理理念相融合，形成了独具特色的“忠诚国家利益、恪守国际规范、追求专业专注、崇尚和谐共赢”行为准则，培育了“爱国奉献、温暖关爱、和谐融合、合作共赢、人本安全”五种文化，塑造了“全球化思维、差异化定位、项目化管理、一体化运作、本地化立足”五化管理模式。

石油神探
苏永地事迹

思考题

1. 欣赏《塔里木石油人的歌》，体会其中的石油精神。
2. 阅读石油神探苏永地的事迹，谈谈其身上体现的石油精神。
3. 欣赏《压裂歌》，体会其中的石油精神。
4. 欣赏《石油之美》诗歌，谈谈其中体现的石油精神。

诗歌
《石油之美》

测试题

第五章

中国石油石化科学家精神

2019年6月，中共中央办公厅、国务院办公厅印发了《关于进一步弘扬科学家精神加强作风和学风建设的意见》，明确提出了新时代科学家精神的内涵，即胸怀祖国、服务人民的爱国精神，勇攀高峰、敢为人先的创新精神，追求真理、严谨治学的求实精神，淡泊名利、潜心研究的奉献精神，集智攻关、团结协作的协同精神，甘为人梯、奖掖后学的育人精神。2020年9月11日，习近平总书记在北京主持召开科学家座谈会并发表重要讲话指出："科学成就离不开精神支撑。科学家精神是科技工作者在长期科学实践中积累的宝贵精神财富。"

我国石油石化行业拥有上百万科技工作者，他们为我国石油石化科技的快速发展做出了重要贡献。在这上百万科技工作者中，有近百名的中国科学院院士和中国工程院院士作为我国石油石化行业的科技领军人才，勇攀石油科技的高峰，铸就了我国石油石化行业的重器。

本章重点介绍李四光院士、李德生院士、王德民院士、侯祥麟院士、闵恩泽院士和陈俊武院士的事迹。

第一节　李四光院士

李四光(1889—1971)，原名仲揆，蒙古族，湖北黄冈人，地质学家、教育家、社会活动家，中国地质力学的创立者、中国现代地球科学和地质工作的主要领导人和奠基人之一，新中国成立后第一批杰出的科学家和为新中国发展做出卓越贡献的元勋。2000年被新华社评为"百年中国十大人物"。2009年当选为100位新中国成立以来感动中国人物之一。2009年10月4日，经国际天文学联合会小天体提名委员会批准，国际永久编号137039号小行星被正式命名为"李四光星"。

李四光院士

李四光1910年7月毕业于日本大阪高等工业学校，1911年出任中华民国湖北军政府实业部部长，1928年1月任中央研究院地质研究所所长，1948年当选为中央研究院院士，1950年5月任中国科学院副院长，1951年4月当选为世界科学工作者协会执行委员会副主席，1952年9月任中华人民共和国地质部部长，1955年被选聘为中国科学院学部委员（院士），1958年9月任中国科协主席，1969年4月被选为中国共产党第九届中央委员会委员，1970年8月任国务院科教组组长。

李四光第一次提出"䗴"的概念，是第一个撰写出完全符合正规古生物科学描述论文的中国人，从而建立了䗴科化石分类标准；首次发现中国第四纪冰川遗迹，开创了我国第四纪冰川的研究；建立了新的边缘学科"地质力学"和"构造体系"的概念，建立了"构造体系"的概念，创建了地质力学学派；提出新华夏构造体系三个沉降带有广阔找油远景的认识，为中国石油工业的发展做出了重要贡献。

李四光毕生努力的方向和最终达到的高度，以及对祖国和人民做出的贡献，在当代中国科技界、知识界是一面光辉的旗帜。李四光院士具有爱国主义精神、勇攀科学高峰的精神、挑战旧事物的创造精神。

一、爱国主义精神

1. 名字的由来

李四光1889年出生于湖北省黄冈县（今黄冈市）一个贫寒私塾教师家庭，因排行第二，便取名为仲揆。他自幼就读于其父执教的私塾，14岁那年，他以黄榜第一名考进了武昌西路高等小学堂。他告别父母，独自一人来到省城武昌求学。在填写报名单时，由于第一次出门到大城市，心情紧张，他在填姓名栏时误将年龄填了上去，结果写成了"十四"。发现后，他赶紧将"十"字增加几笔改成了"李"字，但"四"字没法改，无论如何也改不成"仲"字。他想索性就叫"李四"算了，但马上又觉得"李四"这名字不好听，急得不知如何是好。忽然，他抬头看到中堂上挂着一块匾，上面写着"光被四表"。他心头一亮，就叫李四光好了，思念光明，意思是盼望我们中国也能有光明的一天。于是提笔在"李四"后面加了一个"光"字。从此，李仲揆就叫李四光了。

2. 科技报国志

1904年7月，在西路高等小学堂刚刚学习了两年的李四光，因成绩优秀，被选派到日本留学。在日本弘文学院毕业后，又以优异的成绩考上了大阪高等工业学校。他选择了舶用机关学科，因为中国造船业太落后，与外国人交战时总是吃亏。他梦想学好造船技术，造出世界上最先进的轮船，让中国的海军无敌于天下。上课时他才发现自己是班上唯一的外国留学生。尽管课程非常难学，但他经过刻苦学习，终于以优异的成绩于1910年7月学成归国。

李四光1907年就在东京加入了孙中山先生创建的中国同盟会。回国以后，23岁便担任了中华民国湖北军政府实业部部长等要职，出色地完成了工作。后来因不满袁世凯、黎元洪篡夺革命果实的行径，辞去官职，于1913年被派往英国留学。

在英国伯明翰大学，他填写了学习采矿的志愿。大英帝国的崛起和瓦特对工业文明的巨大贡献都激励着李四光学好采矿业回国开采祖国丰富的宝藏。在采矿系学习了一年，李四光感到学采矿还是离不开地质，地质是采矿的基础，于是他从工科转到了理科，师从包尔顿教授学习地质学，从而与地球科学结缘。

1918 年 6 月，李四光英文撰写的《中国之地质》硕士论文顺利通过答辩，他婉言谢绝了外方的挽留，接受了北大任教的邀请。回国之前，他应邀在巴黎为勤工俭学的学生做了题为《现代繁华与炭》的演讲，指出："现代都市的繁华与煤炭是分不开的。我国是一个煤炭资源十分丰富的国家，为什么不能繁华起来呢？这就是一个资源开发的问题。作为一种矿藏，无论含量多么丰富，终有用尽之时，那时还有什么可以代替煤炭？人类将依靠什么来维持现有的繁华？"他的远见卓识跃然纸上。

二、勇攀科学高峰的精神

1. 初露锋芒

1920 年回国后，李四光受聘为北京大学地质系教授。在带领学生进行系统的煤矿地质调查时，他发现存在对含煤地层划分不清的问题，影响对煤矿生成规律的推测，于是决定用生物地层划分法对含煤层系进行研究。研究特定地质年代的古生物，就要研究这个时代的标准化石，他找到了石炭二叠纪的标准化石——䗴——进行系统研究。

李四光院士

继《䗴蜗鉴定法》论文发表后，一系列有分量的论文专著纷纷问世。在这些论文中，李四光第一次提出"䗴"的概念，完成了中国人所写的第一篇完全符合正规古生物科学描述的论文，从而建立了䗴科化石分类标准。该标准被广泛接受和采用。

1927 年，中国地质调查所出版的《古生物学专著》中，收入了李四光的《中国北部之䗴科》。李四光把书寄给英国伯明翰大学包尔顿教授。包尔顿教授为高徒短短几年做出的不凡业绩惊讶不已，立即将此书向学校进行了推荐。伯明翰大学根据李四光对古生物学所做的贡献，授予他自然科学博士学位。中国地质学会授予他葛利普金质奖章。

2. 惊涛骇世的中国第四纪冰川遗迹

"中国在第四纪没有冰川"，这是西方的地质权威们早有的定论。西方专家自 19 世纪初开始来华考察地质，没有一人在中国发现过第四纪冰川的遗迹。冰川问题涉及人类的诞生问题。地质史上每一次冰期和间冰期的发生，都使得古植物群和古生物群发生大迁徙，使古地形地貌发生重大的改变。古人类正是在一次次大迁徙中逐渐演变，向着今天的人类迈步前进的。那时西方人总有一种文化优越感，认为人类的文明发源于西方，西方存有冰川遗迹标志着西方是人类文明的源头。

1921 年，李四光带领学生进行野外实习时，在太行山东麓首次发现中国第四纪冰川。

又经过在华北的仔细考察后，他在英国期刊发表了研究论文。但他在1922年5月中国地质调查所全体大会上做的题为《中国第四纪冰川作用的证据》的演讲却受到西方地质专家安特生的否定和冷落。李四光愤然离开会场，整整10年没有去研究冰川。

1931年夏，李四光带领学生到庐山进行地质实习时再度发现冰川遗迹，又一次燃起了科学研究的热情。1934年春，中外学者联合对庐山冰川遗迹进行考察。李四光带领学者们进行了全面的考察，并进行了细致解说。在事实面前这些学者们仍不肯相信，因为一旦承认庐山的冰川遗迹，他们在中国地质界树立的权威将一落千丈。

在庐山论战后，随着中国东部和西南部第四纪冰川的发现，李四光愈战愈勇，收集到了更多冰川流行的证据，发表了一系列关于中国第四纪冰川的文章，其中《冰期之庐山》是其代表作之一。中国第四纪冰川的确立，是我国第四纪地层学和气候学研究上的一个重要里程碑。中国存在第四纪冰川已成为不争的事实。

三、挑战旧事物的创造精神

1.创立地质力学

1926年11月，李四光在北京向国内外学者专家宣读了《地球表面形象变迁之主因》的论文，标志着地质力学的诞生。

亘古以来，大规模海水的进退、剧烈的造山运动从未停止过。那么，是什么作用引起了这一长期变化呢？我们可以把大陆块当作铺在地球之上、相当薄的固体物质层，由大陆以下固体的、在某种意义上又是高黏度的岩浆固定着它们的位置。地球转速一增加，反应最灵敏的首推海洋体。海洋体很容易屈服，并马上冲向赤道。这将在低纬度产生一个海面上升运动，而在高纬度产生一个海面下降运动，也就是洋面开始变扁。事物的这种状态继续着，更多的水移向赤道，更大的应力在大陆上孕育，直到最后，或者大陆块在破坏应力下开始屈服，或者大陆与下层之间的黏结开始解体，大陆的预期运动将在应力聚集的冲动下发生。当那些在高纬度上以较低的速度由西向东运行的大陆部分向着赤道移动时，它们势必将抵抗其下运动较快的重圈。重圈由西向东运动，它的速度远远大于浮在上面的大陆壳，所以它竭力带着大陆壳向前走，而后者又要加以抵抗，一场激烈的冲突必在大陆的西缘发生，结果不可避免地使大陆的那一部分变形，或生成地向斜或形成广阔的山脉。与此同时，大而滑动慢的大陆以其广阔和不规则的底面粘在重圈上，通过现有的向斜和对应山脉体固紧，在缓慢运动过程中，将部分地获得必要的角速度，并部分地起使重圈活动慢下来的刹车作用。当地球转速增加超过一定限度时，所有大陆块都将作为巨大的刹车阀而自动出来制动。因此，无论大陆发生什么样的变化，其最后的效果都是暂时地减慢地球的转速。这就是李四光创造的大陆车阀原理。

“地质力学”是李四光新创的名词，是根据地表岩体所经受的各种变形或破坏方式，运用力学原理，探求地壳内发生运动的原因。相对于现在来说，岩体变形是过去某一时期发生的构造活动。几千万年乃至几亿年以前的地质时代发生构造运动时，现在的人类不可能看到，只能从构造运动过后留下来的变形的岩石中推断当时的情况，以及它承受外力的方式、方向和大小。根据外力的大小与方式，所产生的结果大者如高原、盆地、平原、陆穹带和陆沉带，次者如向斜、背斜、各种断层，小者如节理、褶皱、流纹，细微者如岩石中某种矿物晶面、晶轴之排列等。这些现象可依次称为巨型构造、中型构造、小型构造和细微构造。

李四光提出了构造系统的新概念。他认为，同一地域、同一时期发生的各项构造单元，如果发生密切联系，就是一个构造系统。所谓发生密切联系，包括两种情况：一是相伴发生，其相对的方位常有一定的规则；二是根据其相伴关系，可以用应力分配情形确定其产生的原因，若处处适合，就属于有密切关系。构造形式与构造系统是从属关系，一个构造系统中可以包括若干个构造形式。

地质力学理论在当时的地质界是个少数派，常常处于诘难中。周恩来总理曾对李四光院士推心置腹地说道，科学史上哥白尼、伽利略，还有布鲁诺、达尔文，不都是这样吗？当然，我们并不能保证我们所认识的百分之百都是真理。那就由后人用实践去检验吧。有些人的学说有可能一时不能被人们所理解，但是经过几十年、几百年，以至几千年之后，人们就会得出正确的结论，看我们到底为真理的长河增加了几滴水。

地应力的探测是地质力学具有重大实际意义的一个新方面。李四光是我国地应力测量的创始人。他早在 20 世纪 40 年代就提出地壳运动以水平运动为主，水平应力起主导作用。他提出，地壳内的应力活动是以往和现今使地壳克服阻力，不断运动发展的原因；地壳各部分所发生的一切变形，包括破裂，都是地应力作用的反映；剧烈的地应力活动会引起地震。1966 年，河北邢台发生强烈地震后，李四光组织在尧山一带建立地应力观测站来实现地震预报。当时他已近 80 岁高龄，但仍亲自参加野外地应力解除试验工作，亲自分析研究由邢台地应力观测站发回的地应力变化曲线。

1968 年冬天的一个深夜，凌晨 2 点，周总理紧急找他说，有关方面向国务院报告，当天清晨 7 时某地将发生 7 级地震，请国务院批准立即通知北京居民搬到室外去。周总理问："李老，你的看法怎样，真是这么急吗？"在这千钧一发之际，李四光拿出随身带来的尧山地应力变化曲线图进行介绍并说，由于已经有大量断裂存在，即使有地应力积累情况的重演，这些积累起来的应力也大都可能通过小断裂活动释放能量，强震的可能性不大。事实证明，李四光的判断是正确的。

2. 破解"中国贫油论"

新中国成立初期，大规模的经济建设开始后遇到了石油短缺的困难，当时全国所需石油 80%～90%依靠进口。1953 年底，毛泽东等中央领导人把李四光请到了中南海。毛泽东十分担心地问李四光："有人说'中国贫油'，你对这个问题怎么看呢？如果中国真的贫油，要不要走人工合成石油的道路？"

李四光根据数十年来对地质力学的研究，依据建立的构造体系，特别是新华夏构造体系的特点，分析了我国的地质条件，说明中国绝不是一个贫油的国家，从东海到塔里木盆地，从南海到松辽平原，在我国辽阔的疆域之内，有蕴藏石油的良好地质条件，中国的陆地一定有石油。毛泽东、周恩来在认真听取了汇报后，支持了他的观点，并根据他的建议，在松辽平原、华北平原开始了大规模的石油普查。1955 年，成立了全国石油普查委员会，李四光兼任主任，黄汲清、谢家荣院士为技术负责人。

李四光在 20 世纪 60 年代初期总结了勘探石油的程序，即指出油区、选定油区、开展地球物理勘探工作、进行地质勘探、预测油田、圈定油田和评价油田等 7 个步骤。同时指出，

“找油区是找油的战略问题，找油田是找油的战术问题”。

从20世纪50年代后期至60年代，勘探部门相继找到了大庆油田、大港油田、胜利油田、华北油田等大油田。在国家建设急需能源的时候，这些大油田的发现不仅摘掉了“中国贫油”的帽子，也使李四光独创的地质力学理论得到了最有力的证明。

第二节　李德生院士

李德生院士

李德生(1922—)，石油地质学家。原籍江苏苏州，生于上海。1945年毕业于重庆国立中央大学(1949年更名南京大学)地质系。先后任大港油田、任丘油田地质研究所主任地质师，胜利油田地质研究所副所长，玉门油田地质师、总地质师，中国石油天然气总公司石油勘探开发科学研究院总地质师等职。1991年当选中科院学部委员。1994年8月，美国石油地质学家协会(AAPG)授予李德生石油地质学“杰出成就奖”，李德生成为亚洲迄今唯一获此殊荣的石油地质学家。2001年当选第三世界科学院院士。美国石油地质学协会终身会员。获得2010年度陈嘉庚地球科学奖。

2022年11月14日，在李德生院士百岁华诞之际，中国石油集团公司召开李德生院士学术座谈会，致敬他的卓越学术成就、渊深学术思想，激励广大干部员工奋发有为，持续推进石油事业高质量发展。集团公司董事长、党组书记戴厚良院士在座谈会上指出，李德生院士是国内石油地质学的泰斗，是中国石油工业的重要开拓者和奠基人之一。他为国奉献、艰苦创业、矢志创新的百年人生历程，生动诠释了爱国精神、石油精神、科学精神的实质内核，精彩演绎了中国石油工业的光荣传统，是我国石油科技界的楷模和学习的榜样。李德生院士心有大我、丹心如炽的爱国情怀，勇攀高峰、敢为人先的创新精神，甘为人梯、奖掖后学的育人精神，剑胆琴心、宠辱不惊的人生态度，激励和指引着一代代石油科技工作者锐意进取、砥砺前行。

一、心有大我、丹心如炽的爱国情怀

1945年，在李德生毕业前夕，时任玉门油矿矿长的严爽亲自到重庆国立中央大学“招兵买马”，表示“只要是该校的毕业生，来者不拒”。在地质系的10多名毕业生中，包括李德生在内的3个人递上了报名表。

作为当时中国为数极少的地球科学科研人员之一，23岁的李德生爬上了一辆装满物资的卡车，一路前往玉门市，从此开启了他一辈子为国找油寻气的人生篇章。

在玉门，李德生被收编至著名地球物理学家翁文波麾下，成为中国第一支重力勘探队

队员。他们走过河西走廊，3 次穿越祁连山脉，开展重磁力勘探。后来，他又参加了著名石油地质学家孙健初带领的地质详查队，探寻地下油气带踪影。

在恶劣条件下，书生们也学会了骑马、骑驴甚至骑骆驼。每次一进山就是一个多月，除了常规的测量仪器、帐篷和炊具，大家还要带着武器。一次勘探路上，他们一行遭遇 12 匹恶狼拦路，翁文波、李德生即刻举枪射击，将两匹狼立毙枪下，剩余群狼四散逃窜。

1946 年，李德生转赴上海，之后又前往台湾、江苏等地进行重磁力勘探详查；1950 年，他调任延长油矿主任地质师。丰富的实践经历和多个岗位的锻炼使李德生在技能上成长迅速，逐渐成为石油地质领域的行家里手。

新中国成立后，32 岁的李德生重回玉门油田，任玉门矿务局总地质师。在他的带领下，玉门油田相继发现白杨河、鸭儿峡等 5 个油田，并在 1958 年原油产量成功突破 100 万吨，建成新中国第一个天然石油基地。

半个世纪后，玉门油田举行开发 70 周年庆祝大会，李德生被授予 70 年来唯一的“玉门油田开发建设功勋地质师”荣誉证书，表彰他在玉门油田开发建设中的卓越贡献。

二、勇攀高峰、敢为人先的创新精神

1958 年 2 月余秋里任石油工业部部长，3 月开始组织川中石油会战。在川中有 3 口井出油，产量也很高，但是产量降得很快。李德生于 1958 年 4 月 1 日离开玉门，跟着队伍浩浩荡荡地到了四川，任川中矿务局总地质师。他到川中后的第一步就进行地面调查，一米一米地丈量，一米一米地采样，然后化验分析。

李德生和他的同事分析化验了几百口井的岩芯，但结果不容乐观——都是比较致密的岩芯，渗透力很低。上级要求年产油是 100 万吨，实际上油田只完成了 7 万多吨，1/10 都不到。那一年正是“大跃进”的时候，计划的生产指标很高，而且不等这个油田开发，南充炼油厂就建起来了，30 万吨的炼油厂根本没有原料供应。作为总地质师的李德生站到台上接受批判，他一句都没有答辩，因为他笃信实事求是的精神，坚信做地质工作必须要根据现场看到的资料、收集到的资料，如实地反映情况，不能够跟着大家瞎吹一气，欺骗领导。

1958 年，川中会战遭批判后，李德生被调往北京，工作是编制地图，编制 1∶30 000 000 的全国沉积盆地图，而且另外还要写一个说明书，任务很急，也没有助手。李德生却乐此不疲，他用这个机会对中国的盆地做了一次系统且深入的研究。他每天带 3 两粮票，早上坐公交车到中国地质图书馆，在图书馆里一待就是一天，把所有馆藏的资料一遍一遍地翻，终于在 10 月份完成了这个任务。

他一共调查了 219 个盆地，其中大于 10 万平方千米的大的沉积盆地 10 个，1 万到 10 万平方千米的中型的沉积盆地 40 个，还有小于 1 万平方千米的小盆地 169 个。这个工作只是一个开始，让他的事业从西北的几个盆地扩展到全国。1981 年，他向业界报告了这一学术成果。他将中国含油气盆地科学地划分为 3 种基本类型，奠定了含油气盆地构造学的基础。他的这一学术成果至今仍是我国油气地质勘探指导性的论述。

1964 年胜利油田会战时，李德生就注意到了大港油田所处的渤海湾。渤海湾是拉张型第三纪裂谷盆地，丰富的油气资源积聚在极为复杂的地质构造中。经过 20 年的研究和深化，1985 年他终于提出了复式油气聚集带成油规律理论，这不亚于他对大庆油田的贡献。李德生将整个渤海湾地区的规律分成 6 种基本类型：披覆构造类型、低潜山构造类型、高凸起构造类型、斜坡形构造类型、断块构造类型、背斜构造类型。按照这 6 种构造类型的规律布置详探井，收到了事半功倍的效果。最终，在渤海湾盆地竟然找到了 200 多个油田和气田。这个含油气盆地的构造研究后来又用于鄂尔多斯盆地、四川盆地、塔里木盆地，取得了很大的成功。

需要说明的是，含油气盆地地质研究是李德生一生 7 个主要研究方向中的一个，他写的每一篇论文都回答着实践中遇到的问题，每一篇论文都是一个油田创新的体验。李德生曾说过："世界上有一些天才，但是我认为自己不是天才，我的工作态度和治学精神是勤奋。我要求自己随时处理好两个关系：一是实践与理论的关系，二是学习和创新的关系。"

三、甘为人梯、奖掖后学的育人精神

1954 年，李德生利用苏联专家招待所会议室开办"地质培训班"，学员为地质室、采油队及钻井队地质人员。他一面讲课，一面与学生讨论野外地质资料。截至 2010 年 6 月，李德生为国家培养了 25 名硕士、博士和博士后研究生。在他的关怀指导下，一大批优秀青年人才迅速成长，成为石油地质等领域的领军人才和骨干力量，涌现出一批院士专家和著名学者。李德生为我国石油事业薪火相传作出了积极贡献。

四、剑胆琴心、宠辱不惊的人生态度

在 60 年的石油地质生涯中，李德生多次被迫暂时中断自己的地质业务工作，但他始终没有动摇为祖国寻找和开发更多油气田，建设我国强大石油工业的信心。他抱着大批判则小干，小批判则大干，不批判则勤干的态度对待逆境和顺境。正是因为坚持不懈的踏实勤奋、学习思考，1959 年底坐了一年冷板凳的他，一踏上松辽平原，便科学地定位了一个特大型油田。当时在松辽平原上钻出了油，人们迫切地需要明确它的规模、产量和油质。1959 年 12 月，余秋里认识到在之前的石油开发中自己不尊重科学、不重视实践、不实事求是，认识到搞石油跟打仗不一样，主动向李德生承认错误。于是，川中会战时被撤职的李德生被任命为大庆石油会战地质指挥所副指挥。

但科学理性的务实常常与现实发生矛盾和冲突。在一次技术座谈会上，领导对地质方面的汇报很不满意。好多电测解释不清不准，有油层，有水层，还有很多可疑油层。余秋里对这个可疑油层就特别恼火，他说油层就是油层，水层就是水层，为什么有可疑呢？你这么多可疑，叫我们怎么下决心啊？李德生再一次感受到川中会战时的压力。他仍然坚持首先大量掌握第一手资料。他和童宪章一起制定了每口井都要取全取准 20 项地质资料、72 个数据的技术规程，还规定了必须四全四准。四全是全井资料要全，测井的资料要全，取芯资料要全分析，化验资料要全；四准就是测量的压力要准，油水的计量要准，仪表要准要调得好，各种资料样样准。去粗取精、去伪存真、求真求实是他一生的学风，他一直认为世界上没有地质构造完全相同的油田。

大庆油田一年多的钻探实验分析的岩芯有 3 231 块，分析次数达 305 900 次，因为只有这样不懈地、勤奋严谨地掌握地质资料，才会找到解决的方法。李德生曾说，每勘探开发一个油田，就是一次创新。萨尔图油田油层多，有 45 个，每一层的渗透率不同，渗透率高的层先见水，渗透率低的层后见水。渗透率高的油层的油会先排出来。那么要怎样解决这个问题呢？要把渗透率高的层和渗透率低的层分开。终于在 1962 年，李德生和同事们完成了萨尔图油田 146 平方千米面积的开发方案报告，提出了横切割分区开发和早期线状注水保持油藏压力的开发方法。他们把大庆油田按照 3.2 千米一块横切割，边内注水，同时保持油层压力，实现了长期高产稳产。大庆有 800 多平方千米的含油面积，22 亿多吨的储量。他们打了 2 000 多口井，全部进行开发，1976 年的年产量达到 5 000 万吨，而且这 5 000 万吨的产量高峰期保持 27 年。到 1993 年，大庆油田形成了世界先进的油田开发技术。大庆油田高产稳产的注水开发技术成果在 1985 年获国家科学技术进步奖特等奖，李德生是主要完成者。

李德生 70 余年的地质生涯常常是在逆境中开拓学术新领域。1966 年“文革”开始后，正在参加第二次四川会战的李德生被扣上反动技术权威的帽子，又因为他是解放前留用人员，所以遭隔离审查。1969 年李德生被下放到五七干校，一边劳动，一边继续接受审查。无论被隔离还是干校审查劳动，李德生都没有放弃学习研究。他根据自己的经验，总结完成了《石油勘探地下地质学》。后来，这本书成为李德生第一本公开出版的著作，至今仍是大学生和研究生的教材。

对新一代的石油人，李德生寄予厚望：“青年人首先要立志，要有志向，为石油工业潜心研究；第二，要敬业，坦然面对遇到的问题；第三，要勤奋，深入现场掌握一手资料；第四，最重要的一点，要求真务实，讲真话。”

第三节　王德民院士

王德民(1937—)，河北唐山人，油气田开发工程专家，中国油田分层开采和化学驱油技术的奠基人，大庆石油管理局原总工程师、原副局长。

王德民院士

1960 年毕业于北京石油学院钻采系，同年赴大庆油田，在大庆石油会战中从事科技研究工作；1961 年独立推导出地层测压计算公式“松辽法”；1965 年首次研制了用钢丝起下的分层测试工艺；1978 年组织研究的“偏心配水工艺”获得全国科学大会奖；1985 年主持完成的“大庆油田高产稳产注水开发技术”研究获国家科技进步特等奖；1994 年 6 月当选为中国工程院院士。20 世纪 90 年代，组织完成了“化学驱”三次采油技术攻关，推广了聚合物驱油技术的应用。21 世纪，提出并组织开展了三元复合驱、泡沫复合驱、高浓度聚合物驱、用三次采油方法开发三类油层以及与化学驱配套的工艺技术等项研究工作。2016年4月12日，国际编号为210231号的小行星正式命名为“王德民星”。

王德民具有持之以恒的勇攀高峰精神、放胆前行的创新精神、舍家为国的无私奉献精神、扎根大庆的鱼水情结、高度自律精神。

一、持之以恒的勇攀高峰精神

大庆油田是世界上最大的陆相沉积油田，比美国最大的普鲁德湖湾油田还大。这方圆百里范围的百层岩石经千百万年的沉积，缄默成“金”；而王德民也将自己的人生理想、事业，倾注于这片他所钟爱的沃土，无怨无悔、默默奉献，创造了采油技术上的奇迹。

1960年8月，王德民一毕业就主动请缨去大庆。他被分配到基层试井，干起了劳动强度最大、最艰苦的工作。当时，王德民在测压队工作，任务就是把特制的仪器下到1 000多米深的油水井里，测定油层的压力，这关系到油田的采收率。当时的“试井”，一个月搞一次“测压会战”，把所有的井都测一次。千米地下的石油储藏在“磨刀石”中，储层岩石缝隙仅有头发丝的1/10，在120个大气压(1个大气压＝101 325帕)下才可出油，当压力低于100个大气压时，气就出来了，若气泡阻力大则会不出油，而气压太高又容易出水，油也出不来。

对于这个压力的计算，当时国际通用的方法是国外的“赫诺法”。但此法误差较大，不符合大庆油田地下的实际情况，而且要工人们来回扛着100多斤重的绞车上井测试，劳动强度很大。

当时只有24岁的王德民决心发明一种新的测试计算方法，解决这一难题。王德民学的是采油专业，试井测量只是他所学32门功课中的一门。他学的外语是英语，但为了掌握数学推导知识，研究当时苏联有关这方面的资料，他又自学俄语。他废寝忘食，连续奋战了100多天，终于在1961年2月17日，即参加工作5个多月后，根据不稳定热传导原理，推导出了符合大庆油田实情的油井压力计算公式。经过鉴定，这套方法计算简单，精确度较高，误差只有“赫诺法”的1/5，诞生了我国第一套不稳定试井方法——松辽法。该方法很快在全油田应用推广。接着，王德民又搞出第二、第三、第四种测算方法。一直到今天，“松辽法”已累计使用100万次以上，使用井次之多可谓世界第一。

大庆油田地下储油层非常复杂，最薄的有1尺(1尺≈0.33米)左右，最厚的有30多尺，且这样的油层达100多层。哪一层进出水、哪一层油多、哪一层油少，光凭测量压力是得不到准确回答的，还得将仪表下到各储层中去测取数据。当时世界上都是用承重10吨、食指粗的电缆或钢丝绳将仪表下到千米的地下测试。这些注水井井口压力达120个大气压，水像喷泉一样直喷而上。王德民与其他技术人员在寒冷的冬天往井里下钢丝绳、送仪器，一站就是几个小时，喷过水的衣服常常会被冻成“盔甲”，弯不了胳膊、迈不了步。这样长年累月地工作，王德民得了关节炎，夜里疼得翻不了身。

艰苦的体力劳动使王德民意识到，沿袭这种旧的测试法效率太低又不科学。一天夜里，他突发奇想：能不能用很细的钢丝代替钢丝绳？这个试验的风险是巨大的。若改用2毫米细的钢丝，其承重只有100多公斤，一旦钢丝断了，将仪器留在千米地下，就会酿成严重的生产事故。但他决定试下去。经过2年苦战，他研究出多层试油和油水井分层测试等一整套工艺，用细钢丝将6种仪表下到井下，及时掌握每一油层的详细参数。这项工艺技术填补了国内空白，处于国际领先地位，直到现在还作为油田的主导技术在使用，可靠率达99%，而原来旧方法的可靠率仅为80%。

1970年初，由于“文革”的冲击和破坏，已经投入开发10年之久的大庆油田出现了地下压力下降、原油产量下降、综合含水上升的不利情况。为了迅速扭转油田“两降一升”的被动局面，必须调整各个油层的产量。王德民被从下放劳动的作业队调回到科研所，接受了研究一套分层配水和分层配产的新工艺的任务。王德民和同事们经过1年多的苦干，经过上千次的试验，研制成功了偏心配产、配水器，比国外同类产品轻1/2、短1/3。这套配水工艺应用后，配水合格率由原来的30%提高到70%以上，油田含水率的上升率也由3%降到2%。此项发明获国家发明创造二等奖。

1978年，王德民走上大庆油田副总工程师的岗位。当时大庆油田原油年产量达5 000万吨，许多人对油田前景很乐观，认为依靠当时以注水提高地层压力为中心的开发技术完全可以实现从1976年到1985年第一个稳产10年的目标。

然而，细心的王德民却对地下油层细微的变化做了认真分析。他发现整个油田地层压力已经超过原始压力，继续注水加压，地下油层在巨大的压力下会产生破裂，造成大面积水淹。在难以承受的高压下，地下岩层会移位，使大批油井套管错位断裂，严重威胁原油生产。另外，由于地下油层被淹，在高压下，油层中的原油有可能四溢到周围的水中，严重影响原油采收率。根据这些情况，王德民认为，油田稳产的前景不容乐观。依靠已有的这套开发技术，大庆油田只能再稳产2年，到1980年以后，原油产量将以每年几百万吨的落差大幅度递减，这将对我国经济产生严重影响。

王德民心急如焚，急忙把油田面临的严峻形势向当时石油管理局局长李虞庚做了汇报。对石油具有渊博知识的李虞庚对这个问题也早有所想，两人不谋而合。他们当即商定，必须用新一代开发技术代替原有技术，确保油田长期稳产。

不久，以机械采油取代自喷采油，打调整井开发薄油层和低渗油层的科技攻关方案在王德民的头脑中酿成。在一年一度的聚集着油田科技精英的技术座谈会上，王德民提出了这套方案。这次会议上，当时的油田副总地质师唐曾熊也提出了相近的措施。根据他们的意见，全油田综合形成了67个科技攻关课题，其中一些在世界上还没有被研究过。全油田动员了2个研究院、4个研究所的300多名工程师，投入了这场科技攻关。

这是大庆油田开发史上一次新的技术革命，是一次向世界石油开发先进技术的总体冲击。几年间，当8 600多台抽油机昂首挺立在油田后，油田地下的危机开始“冰消雪融”了。

1983年，王德民出任大庆石油管理局总工程师。当时的大庆油田到处呈现着勃勃生机，第一个稳产10年即从1976年到1985年持续稳产的目标已胜利在望，石油工业部的领导和大庆油田的领导们已经开始构想第二个稳产10年甚至稳产到20世纪末的宏伟蓝图。

王德民强烈地希望大庆油田能更长久地保持稳产，让源源不断的原油为国家的四化建设输送“热能”。但是，随着油田开发年限的延长，油田地下情况已经变得极其复杂。结合大庆的地质特点，他确立以化学驱油为主攻方向，提出了聚合物非牛顿流体的黏弹性，特别是弹性在提高采收率方面的作用。

王德民院士研讨问题

外国专家曾断言，在大庆这样的油田搞三次采油，向地下注化学助剂根本不行。但王德民依据自己的科学推断，指挥科研人员，向试验区地层深处注入了成吨的化学助剂。化学助剂在地下扩散开后，奇迹出现了：试验区内原油含水高达 92％～97％的油井含水下降到了 50％，成吨的原油又从这些已被判了“死刑”的油井中采出。

二、放胆前行的创新精神

王德民的研究都是从实践出发、有的放矢的。他的科研成果没有一项束之高阁，全部转化为生产力。

20 世纪 70 年代，王德民主持研制和推广了针对薄差油层的限流法压裂工艺。这一科研成果在整体上达到了世界先进水平。大庆油田的油层少则 80 多个，多则 140 多个，而国外一般特大型油田只有几个油层。整个大庆油田 0.2～0.5 米的薄油层约占全部油层的 1/4。

王德民的限流压裂法就是在 1 000 多米的地下发现并射开 0.2 米厚的油层，其深度误差要求小于 0.2‰，即万分之二，这相当于在地下射击 100 米外的靶，每颗子弹离靶心的距离要小于 2 厘米。

正是这个近乎“不可能完成的任务”取得了一次压开 20～30 个薄油层，最多一次压开 70 多个薄油层的成果。而在国际上，类似的压裂一次只能压开 3～4 个油层。这项技术的突破使大庆油田原来无法计算也没列入开发储量的薄油层变成了可开发的油藏，让大庆油田的储量增加了 7 亿吨。

1983 年，王德民与同事共同提出依靠在原来开发井网的基础上逐步缩小开发井距，钻加密调整井的方法，使油田增加 6 亿～8 亿吨的可采储量。

世界油田的平均采油率为 33％，而大庆油田的采油率已达 40％以上。别人都认为大庆人已做得很好了，可王德民却问：那剩下的将近 60％的油藏怎样才能更多地采出呢？他打比方说：“采油就好像洗衣服，用冷水洗是洗不净的，要想洗得更干净，只好用化学的办法。”

1996 年，大庆油田自北部开始逐块应用王德民的聚合物驱油技术，很快投入聚合物驱开发的面积就超过了 100 平方千米，动用的地质储量达 2 亿吨以上，已累计增产 1 亿多吨油，累计创经济效益数百亿人民币。这项技术使大庆油田采油率提高到 50%。此技术荣获 1998 年国家科技进步奖一等奖。

他说："大庆油田是很难开采的陆相油田，要解决出现的新问题，就要采用新技术，敢为人先、放胆前行，坚持创新精神。搞技术创新不是为了得奖，而是用创新技术解决实际问题。"

王德民以这种务实创新精神，在聚合物驱油技术的基础上又研究开发出碱-表面活性剂-聚合物三元复合驱油技术。这一技术经过 8 个现场试验，驱油率又增加了 50%。

为了让人们理解他的研究，王德民又打起洗衣服的比方来："洗衣服的水流得很快，界面张力低，容易把衣服中的油带出来。而地下水在储层中 1 秒钟走不到 1 毫米。地下储油磨刀石的界面张力得下降 1 000 倍至 10 000 倍，才能将油带出来。"

王德民是那种不需扬鞭自奋蹄的人。在创新之路上，他总是不断超越自我。在攻下碱-表面活性剂-聚合物三元复合驱油技术后，他又向泡沫复合驱油新技术的高峰攀登。泡沫复合驱油技术就是将聚合物、碱、活性剂加上天然气混合在一起，充分利用泡沫上浮顶油和"油流水阻""大缝堵小缝钻"的特点，把储层上部的油驱走。现场试验表明，泡沫复合驱油技术可使采油率高达 70%。这是目前国际上绝无仅有的原始创新技术！仅大庆油田应用此项技术就可新增可采储量 4.2 亿吨，相当于又找到一个 10 亿吨的大油田。该技术现已获得中国、美国、英国、加拿大、俄罗斯等国家的发明专利，并荣获 2005 年度国家创造发明二等奖。

王德民从未停止过创新思维，他在考虑未来 5 年、10 年大庆油田的长远发展。大庆过去所搞的工艺都是适合水驱的，不适合化学驱油，现在他正在研究一套适合化学驱的采油工艺，对"高浓度高弹性增加洗油效率"新课题进行研究，并在考虑"改进活性剂无碱驱油工艺"，研究一种不怕硬水的活性剂驱油技术，以适用世界多种油层不同驱油的需要……

从 2000 年起，他不再担任大庆油田公司的领导职务，但事实上他一天也没有离开过油田的科研岗位，他依然是公司的技术委员会副主任，技术问题仍要由他来把关。同时，他也有了更多的时间亲自确定科研项目并付诸实施。退职后的这些年，他每年仍至少有一项科研成果在油田被推广应用。

三、舍家为国的无私奉献精神

家庭是王德民最不愿意触及的伤痛。"文革"期间，王德民的夫人得了忧郁型精神狂躁症。这种病发作时有极强的针对性，专门指向他一个人。他唯一能干的就是搞好业务。于是他把全部精力放在工作上，放在发明创造上，放在为石油事业做贡献上。

他集中精力全身心地投入科研工作之中。百忙之中，他还承担了多项石油技术专著的翻译、校审工作。繁重的工作让他几乎没有时间休息和娱乐，熟悉他的人都知道他是一个工作狂。

经王德民校对的英译汉《电泵操作手册》，1985 年由石油工业出版社出版发行。由王德民翻译的英译汉《试井》一书,1986 年由大庆市科学技术委员会印发。由王德民校对的英译汉《人工举升》第二册(下)、第三册、第四册,合计 360 万字,1987 年由石油工业出版社出版发行。

抛开王德民在科学技术上的贡献不谈,仅短短几年经他翻译或校对的技术类图书总字数就达到了 500 万字以上。这是专业的校译人员都很难完成的工作量,王德民却在繁忙的本职工作之外,挤时间、爬格子,一字字、一句句,为石油技术专著的中文和英文转换架设了桥梁。单凭这份成就,他就堪称技术图书出版界的全国劳动模范。

王德民像一个不辞辛劳的园丁,不停地培育石油专业技术的花朵,让中国的石油工程师更多地汲取了来自世界最高端的芬芳。从这个意义上说,王德民是一个舍弃小爱而奉献大爱的使者,他的译著"随风潜入夜,润物细无声",为中国的石油工作者和石油院校的教学输送了外来营养。

四、扎根大庆的鱼水情结

王德民作为大庆油田首席化学驱三次采油工程技术专家,他的每一项发明创造都是在实际应用中获得巨大成就的经典,他的研究领域早已超越了在大学所学的专业。一位记者把他比喻成在数学、仪表、机械、化学、流体力学、采油工程、油藏工程、地面工程等 20 多个学科之间自由翱翔的雄鹰。60 余年来,王德民每天都扇动着融贯中西的一对翅膀,不知疲倦地向更高、更远的苍穹奋飞。到了晚年,他已经说不清楚自己到底在哪个专业的科研成就更突出,戏说自己是一个杂家。

杂家是博学的另一说法,用一专多能来形容,或许更符合王德民的学术特征。他的研究成果都与石油相关,称他为现代石油工程技术的一代宗师绝不过分。许多人都曾经劝说晚年的王德民放下科研,到一处气候宜人、山光水色清雅的地方静心总结一下一生的学识,好好写几本专著传承后人。他总是淡然一笑,不做正面回答。采访他的记者道出了王德民真实的想法。王德民坦言自己不喜欢在冷的地方生活,但他却真诚热爱与之相伴一生的大庆油田:"大庆油田在哪,我家就在哪! 人生能与这么大的油田共命运,是件很荣幸的事儿。"他对此生选择以大庆油田发展为业无怨无悔。

但王德民也有憾事。他说最大的遗憾是现在还不能享受一下退休生活,几乎不能写书,没有时间写书! 比起花几年时间写书,他更关心着手解决油田新的实际问题。王德民说,大庆有现场需要解决的新问题,这时刻对我所学的专业是一种挑战。

他坦诚地对关心者说道:"我是学采油的,一生上哪儿去找这么大的油田干事业啊!"正直敢言的王德民谈到对自主创新时认为:"改进的东西好搞,创新的东西风险大。只有将评价改进与评价创新区别开来,社会才能形成创新的良好氛围。"

五、高度自律精神

从事医务工作的夫人特别关心晚年王德民院士的身体健康,督促他进行检查和治疗。在夫人的陪伴下,王德民院士来到哈尔滨医科大学附属医院,请一位骨科专家检查腰椎。

骨科专家看了拍摄的CT片，惊诧地问他夫人这位患者还能走路吗？

王德民夫人回答：他还能坚持走路。

骨科专家说：扶墙或者拄拐能坚持走上100米不得了。

王德民夫人笑着回答说：他这人很坚强，还能走路去上班呢。

骨科专家不太相信，直到王德民院士出现在他眼前，才诧异地问：椎间盘严重突出是很疼的，一般人都是卧床休息缓解症状，你是怎么挺过来的？

王德民院士回答：我是一靠服药止痛，二是适度锻炼，常年坚持与腰痛做斗争。

骨科专家肃然起敬，赞誉王德民不仅创造了石油工程学上的奇迹，也是腰椎疾病患者当中的奇人。建议他若不愿冒风险做根治手术可以接受保守治疗，但一定要注意休息，否则随时有瘫痪卧床的可能。

为了避免病情继续恶化，王德民遵照医嘱，有规律地过日常生活，每天起床后首先做20分钟的室内器械锻炼，然后冲一个热水澡，吃过早饭就去办公室上班。中午在办公室冲上一杯热茶，吃自己带的玉米饼、黑面包、燕麦片就是一顿午饭，这个习惯保持到现在。

大庆油田有限责任公司办公大楼里设有方便领导就餐的食堂，王德民却从来没有去过，以至于餐厅的服务人员根本就不认识他。平素如果不是与工作有关，王德民拒绝一切应酬。王德民年轻时经常熬夜工作，为了提神曾吸过烟，感觉不太管用便毅然改掉了这个坏习惯。他有一定的酒量，却不喜欢饮酒，无论多么高档的酒都不贪杯。在外事活动中，他从不大手大脚、铺张浪费，尊重对方就餐习俗，安排简单的菜肴，饮料只喝矿泉水。饮食上他曾偏爱高脂肪高热量的肥肉，因此血压、血脂、胆固醇高于健康指标，现在的一日三餐只吃针对自己身体状况准备的营养配餐，以蔬菜和杂粮为主。他每天坚持锻炼身体，舒展筋骨，调养气血。在他夫人的一再催促下，近年他才开始休假，目的只有一个，就是保障身体健康，继续坚持科研工作。

第四节　侯祥麟院士

侯祥麟(1912—2008)，广东省汕头市人，世界著名的石油化工科学家，我国石油化工技术的开拓者之一，我国炼油技术的奠基人，中国科学院院士，中国工程院院士。

1935年毕业于燕京大学化学系，1938年加入中国共产党，1945—1948年就读于美国卡耐基理工学院化学工程系，获博士学位。1950年回国，历任清华大学化工系教授兼燃料研究室研究员，中国科学院大连工业化学研究所研究员、代室主任，石油管理总局炼油处主任工程师，石油工业部生产技术司副司长，石油科学研究院副院长、院长，石油化工科学研究院副院长、代院长兼党委书记。1978年4月任石油工业部副部长兼石油化工科学研究院院长。

侯祥麟成功领导研制了原子能工业分离铀-235装置急需的油品和导弹所需的高精密仪表油脂系列产品，指导解决了国产喷气燃料对喷气发动机镍铬合金火焰筒的烧蚀问题，成功领导研究了流化催化裂化、催化重整、延迟焦化、尿素脱蜡和相关催化剂、添加剂等5

侯祥麟院士

个方面重大新技术并实现了工业化，参与历次国家和部门科技发展规划的制定、协调和实施。2003 年，91 岁高龄的他主持了国家重大课题“中国可持续发展油气资源战略研究”的项目研究。侯祥麟同志为我国的科技事业，特别是为我国的石油、石化事业的发展做出了卓越的贡献。

2005 年 7 月 1 日，中国工程院、中国科学院、中国石油天然气集团公司、中国石油化工集团公司党组号召全国科技界和石油石化系统的全体工作者向侯祥麟同志学习，学习侯祥麟同志的“五种精神”（对党和人民矢志不移、终生不悔的坚定信念，严谨务实的科学态度，自主创新的奋斗精神，高瞻远瞩的战略胸怀，无私奉献的崇高品格），求真务实，与时俱进，立足本职，扎实工作，努力开创各项工作的新局面。

一、对党和人民矢志不移、终生不悔的坚定信念

从青少年时代起，他就把个人命运和国家命运、民族命运紧紧地联系在一起。少年时，他就同进步师生一道上街游行，抗议帝国主义对中国人民的欺压蹂躏。在北平燕京大学读书期间，他积极参与南京政府请愿、为前线将士募捐等活动。大学毕业后他考入中央研究院（上海）化学研究所工作，在那里大量阅读了马列著作（英文版），从英文报刊上了解了中国共产党和红军，坚定了寻找并加入中国共产党的决心。上海沦陷后，他辗转到了长沙，投身抗日救亡活动，并于 1938 年春天秘密加入中国共产党。从此，他就把毕生奉献给祖国作为自己人生最高的追求。

抗战期间，他受中共地下党组织的委派，在西南从事煤和植物油炼制液体燃料的工作。抗战胜利前夕，他受党组织委派，参加了自费留美考试，于 1944 年留学美国，在那里参加、组织了爱国留学生的社团活动，并按照党组织的指示，成功动员了一批留学生回国参加新中国建设。“文革”期间，他饱受磨难，虽历尽坎坷，但政治坚定。改革开放以来，他始终与党中央保持一致，处处践行着一名老共产党员的入党誓词，体现了一名优秀共产党员的崇高品格。

二、严谨务实的科学态度

侯祥麟一生做人做事严谨务实。20 世纪 70 年代初期，他坚持实事求是的原则，狠抓科研管理，组织领导了多金属重整、提升管催化裂化、渣油催化裂化、减黏、溶剂脱沥青、维生素二步发酵、顺丁橡胶、高档润滑油等新工艺、新技术、新产品的研究开发，取得了多项成果。20 世纪 70 年代后期，就如何用好 1 亿吨石油，组织专家调查研究，向中央提交了《关于用好一亿吨原油的意见》的报告。

三、自主创新的奋斗精神

侯祥麟一生敬业、勤业。作为我国炼油技术的奠基人，他在炼油科技攻关方面发挥了关键作用，成功地突破了国外封锁，推动和促进了我国炼油技术的成长和发展，取得了显著的成果。“五朵金花”、航煤等都是突破国外封锁的成果。20世纪50年代后期至60年代中期，他组织科研攻关，解决了国产喷气燃料对镍铬合金火焰筒烧蚀的关键问题，国产航空煤油于1965年获国家新产品成果一等奖。为了满足中国发展原子弹、导弹、卫星和新型喷气飞机的需要，他领导研制出多种特殊润滑材料。他还领导了流化催化裂化、催化重整、延迟焦化、尿素脱蜡及有关的催化剂、添加剂等“五朵金花”炼油新技术的成功开发，使中国炼油技术在20世纪60年代前期很快接近了当时的世界水平。此后，他一直鼓励进行原始性创新工作。20世纪80年代，石油化工科学研究院（简称石科院）研制了一种新催化剂，用减压馏分油可获得40%烯烃，且其中一半是丙烯。他大力支持该研发，终于取得催化裂解新工艺，在国内实现了工业化。

新中国成立初期，我国仅有玉门等几个小油矿。西方国家一直对中国实行禁运，使国内石油产品奇缺，特别是航空汽油、航空煤油、航空润滑油等完全依赖从苏联进口，航天、导弹、原子弹等急需的油品更是一片空白。1956年，侯祥麟担任石油工业部技术司副司长，主抓我国的炼油科技工作。

侯祥麟受命组织科研人员利用玉门原油研制航空煤油。经过多次试验，生产出了凝固点和密度都符合要求的航空煤油。但是当在飞机发动机上做燃烧试验后，却发现9个合金钢火焰筒的内壁都被烧得坑坑洼洼的。研究人员又用苏制的火焰筒做试验，结果依然如此。侯祥麟带领科研人员日夜研究这一问题。起初大家怀疑是油中含有重金属或硫化物造成的，但经过分析发现油中所含重金属和硫化物均低于国外的航空煤油。大家认为即使这样，肯定也是油中的其他杂质作祟，因而多家研制单位都在油的精制上做文章。但不论如何精制，油品都对火焰筒有严重的烧蚀。研究单位又在添加剂上想办法，但依然不能解决烧蚀问题。侯祥麟组织大家将国产航空煤油与苏联的航空煤油做对比，发现两种油混兑后试验时并没有出现烧蚀现象，这说明苏联油中含有抑制烧蚀的物质。把两种油进行所含非烃类化合物对比，结果很明显，苏联油所含硫化物比国产油高好多倍。把苏联航空煤油精制后进行燃烧试验，居然也出现了烧蚀现象。经过反复试验，大家终于发现原来认为起烧蚀作用的硫元素实际上对烧蚀起抑制作用。困扰研究人员好几年的烧蚀问题就这样解决了。之后侯祥麟与同事们又一起研制了一种从根本上解决这一难题的添加剂配方，并于1962年正式供中国民航和中国空军使用。这一添加剂于1965年获得国家新产品成果一等奖。

1959年，为配合中国原子弹、导弹和新型喷气飞机的研制，国家有关部门向石科院下达了研制能耐元素氟腐蚀的特殊润滑油的紧迫任务。身为石科院副院长的侯祥麟组织科研人员又进行了艰苦的攻关。从组织队伍到建立实验室、中试试验装置，从确定技术路线到审定试验方案，直至产品配方、试样的鉴定，侯祥麟都亲临现场指导，率领科研人员搞清了耐氟润滑油的成分和结构，攻克了一个个的技术难关，及时提供了国防尖端武器所需的各种润滑材料。

当时国家正处于非常困难的时期，物质紧缺，粮食定量很低，科研人员长时间超负荷地在实验室、现场工作，却吃不饱肚子，再加上合成试验过程所接触的原料许多是有毒甚至是剧毒的，条件简陋，没有完善的劳动保护设施，难免使一些同志中毒受伤。在这种艰苦的条件下，参加研究试验的同志不抱怨，不叫苦，奋发图强，努力工作，体现了高度的爱国主义精神。侯祥麟和同事们一起在1962年底制成了全氟润滑油及其他品种，1964年生产出了合格产品，确保了原子弹的爆炸成功。这项技术获得了国家发明奖。

后来，国家有关部门对3种国产氟油做了鉴定，认为“在非常困难的条件下，在较短的时间内研制出了全氟碳油系列产品，并投入批量生产，使我国成为少数几个能生产全氟碳油的国家之一，满足了国家急需，为打破国外的核垄断，发展原子能工业做出了重大贡献”。

攻克了全氟润滑油后，侯祥麟率领科研人员又开始研制新型地地导弹和远程导弹所需的各类润滑油。由于圆满地完成了战略武器及火箭所需的专用油脂的研制任务，石科院在1987年6月获得了国家科技进步特等奖。

侯祥麟院士

20世纪60年代初，戴着贫油帽子的中国突然在东北松辽盆地发现了一个大油田——大庆油田。由此，人们对中国经济和工业的发展寄予了新的希望。但是，大庆的原油蜡含量高，难以得到低凝固点的油料，必须发展先进的二次加工技术才能生产出满足国家急需的优质油品。但我国当时的炼油二次加工装置不足，技术落后，只相当于国际上二三十年代的水平。

1962年，侯祥麟参加国家科委十年科技发展长远规划的编制，负责制定了1963—1972年国家炼油科技发展规划。规划提出，要在吸收国外先进炼油技术的基础上，依靠国内技术力量，尽快掌握流化催化裂化、催化重整、延迟焦化、尿素脱蜡及相关的催化剂和添加剂等5个方面的工艺技术。当时有部电影叫《五朵金花》，片中有5位勤劳、美丽的白族姑娘都叫金花，很受人们喜爱。于是这5项要开发的炼油新技术被称为“五朵金花”。

自此，侯祥麟便把主要精力放在了“五朵金花”的研究开发上。他组织炼油工程技术人员和科研人员克服了重重困难，取得一系列攻关成果。到1965年，“五朵金花”炼油新技术先后开发成功，并实现了工业化，使我国本来十分落后的炼油工业技术很快接近了当时的国际水平，使我国的汽油、煤油、润滑油等四大类产品自给率达到100%，从此结束了我国使用“洋油”的历史。“五朵金花”均被列为国家级成果，并于1978年获全国科学大会奖。

四、高瞻远瞩的战略胸怀

“他是一位战略科学家/93岁的高龄/共和国总理亲自邀请他为国家能源战略勾画未来/他是共和国石油工业的开拓者和奠基人/战斗机、原子弹等尖端武器中都有着他的科研成果/传奇的科学经历/坚定的人生信仰/一位世纪老人的报国情怀/一部共和国石油工业的奋斗历史。”

——引自央视国际频道

1957 年，45 岁的侯祥麟参加了周总理亲自主持的国务院《1956 年—1967 年国家科技发展规划》的制订工作。那是新中国科技事业奠基性的工程。作为规划中的石油项目完成者之一，他受到毛泽东、刘少奇、周恩来等中央领导人的亲切接见。此后的几十年里，侯祥麟领导完成了一系列重大炼油技术课题，成为我国炼油工业科技的开拓者和奠基人，为推动我国炼油工业技术水平进入世界先进行列做出了突出贡献。

1978 年，我国原油产量跨过了 1 亿吨大关。然而，炼油、石油化工、塑料、合成纤维等关联企业分属石油部、化工部、纺织部等多家管理。“这些企业都以石油为原料，不搞综合利用，怎么得了?”侯祥麟心急如焚，旧格局不打破，石油化工难谋大发展！

此后，侯祥麟又与有关专家酝酿，将石油、化工、纺织三大领域合为一体。1981 年，在他们的推动下，国务院批准将原来分属各部、各地的 8 家企业联合，组建上海高桥石化公司，首开资源整合之风。2 年后，党中央、国务院再出“重拳”，批准成立中国石油化工总公司，由侯祥麟兼任总公司技术经济顾问委员会首席顾问。

“让中国石油走向世界，让世界了解中国石油”是侯祥麟多年的夙愿。作为一个大国的战略科学家，侯祥麟心系祖国，目光却放眼全球。1983 年，兼任世界石油大会中国国家委员会主席的侯祥麟，率团出席第十一届世界石油大会。10 年之后，在侯祥麟的竭力争取下，中国申办第十五届世界石油大会喜获成功。

1988 年，他作为第七届政协科技委员会副主任，一上手就抓科研体制改革的调研。他带领调研组深入北京、上海的科研院所和企业进行调研，1990 年完成了调研报告《进一步完善和深化科技体制改革》，1992 年又完成了调研报告《加快科技成果转化为生产力的步伐》，并提出了具体措施。

面对工程技术工作严重薄弱、束缚经济潜力发挥的问题，侯祥麟建议党和国家领导人把工程技术工作放在整个科学技术工作中的特殊重要位置上。针对技术科学没有受到足够重视，许多有成就的工程技术人员进不了科学院，阻碍中国科学技术发展的现状，他在政协会议上多次呼吁成立中国工程院，同时和其他 5 名中国科学院院士作为发起人，给党中央、国务院写报告，提出了这一建议。1994 年 6 月 3 日，中国工程院成立，他成为主席团成员，参与了初创的所有工作。

五、无私奉献的崇高品格

1993 年起，我国从石油净出口国变成净进口国，进口总量逐年增加，石油对外依存度不断提升。随着国民经济的持续快速发展，石油供需矛盾越来越突出，成为制约经济和社会发展的主要瓶颈之一。

2003 年 5 月 25 日上午，国务院总理温家宝来到侯祥麟的家。石油资源开采、规划和储备等问题是温家宝与侯祥麟十分关心的话题。温家宝认真听取侯祥麟的建议，并就一些技术问题与老人进行讨论。温家宝拉着侯老的手，亲切地说，随着我国经济的日益发展，石油消耗增长很快，一定要从中国的实际出发，做出详尽的战略规划。他希望侯祥麟发挥自己的专长，在这方面多做贡献。从这次会见开始，91 岁的侯祥麟接受了总理的重托，担任中国工程院“中国可持续发展油气资源战略研究”课题组组长，全身心地投入研究中，为祖国经济的可持续发展和能源安全而拼搏奉献。

第五节　闵恩泽院士

闵恩泽（1924—2016），四川成都人，石油化工催化剂专家，中国科学院院士、中国工程院院士、第三世界科学院院士、英国皇家化学学会会士，2007 年度国家最高科学技术奖获得者，中国炼油催化应用科学的奠基者、石油化工技术自主创新的先行者、绿色化学的开拓者，被誉为“中国催化剂之父”。国际小行星中心将第 30991 号小行星永久命名为“闵恩泽星”。

闵恩泽院士

2008 年 1 月 16 日，中国石化党组发出了《关于开展向闵恩泽同志学习的决定》，总结了闵恩泽精神，即以国家为重、事业为先的爱国情怀，淡泊名利、甘为人梯的奉献精神，一丝不苟、精益求精的敬业精神，锐意进取、不断开拓的创新精神，后来又加上了团队精神。

一、以国家为重、事业为先的爱国情怀

闵恩泽始终把个人发展与国家需求紧密结合，当国家需要海外留学生回国服务时，他毅然舍弃优越的工作生活条件，返回祖国；当国家需要他从事几乎完全陌生的催化剂研制工作时，他毫不犹豫地服从组织安排，全身心投入新的研究领域，并不断做出卓越贡献。

二、淡泊名利、甘为人梯的奉献精神

无论是在事业处于低谷并受到不公正对待的时候，还是在事业达到巅峰功成名就的时候，闵恩泽始终保持清醒的头脑，不计较个人得失，不为名利所累。为了事业，他奉献了自己的全部才华与智慧；为了事业，他甘为人梯，倾注心血培养了一代又一代科技工作者，使石油炼制和石油化工科技创新水平不断提升。

在催化剂研制从实验室到工业化的过程中，闵恩泽认识到要从全局来部署各项科研工作。研制小球硅铝裂化催化剂时，他们按催化剂制备过程的顺序，从成型开始，依次研究湿处理、活化等步骤。当研究到胶球干燥步骤时，发现胶球在干燥过程中大量破裂，催化剂的成品率很低。闵恩泽认识到胶球干燥是整个小球硅铝裂化催化剂研制中的技术关键，于是迅速组织力量，加强研究，到预定的开工期限前 2 个月才把这一问题解决。由于开始时没

有从全局考虑各项科研工作，研制工作陷于十分被动的局面。

研制微球硅铝裂化催化剂时，他们改变了策略，首先分析了整个制造过程的技术难点。经过分析，他们认为喷雾干燥成型制得筛分组成和磨损强度合格的微球是技术难题，于是就提前筹建所需的中型喷雾干燥器。为了赢得时间，在建立催化剂活性评价装置的同时，根据催化剂的比表面积、孔体积等物化性质与活性的关系，利用物化表征方法及早开展了实验室催化剂制备的研究。这一整体部署使微球硅铝裂化催化剂从研制至工业化仅用了4年多时间。催化剂研制工作中的经验教训使闵恩泽认识到科研工作方法的重要性。

闵恩泽说："我一直很欣赏英国唯物主义哲学家弗兰西斯·培根的一句话，'跛足而不迷路能赶过虽健步如飞但误入歧途的人'。我就是这样，虽然走得慢，但总是不断瞄准并调整自己前进的方向。我们做科研工作，要获得成功，除了刻苦钻研、博闻强记、努力实践，还必须有正确的工作方法。可正确的方法从哪里来？很重要的一点，就是来自不断总结经验，尤其是挫折和教训。"

闵恩泽说："跟在别人屁股后面跑，永远干不过人家。"在他的倡导、指导下，石科院的创新取得许多突破性成果，ZRP-1 分子筛、DCC 等一大批成果获得国家高级奖励和专利金奖，ZRP-1 分子筛、RN-1 催化剂、DGG 技术等还冲出亚洲，走向世界。

三、一丝不苟、精益求精的敬业精神

在白手起家从事国产催化剂的研制工作中，在新催化材料、新反应工程的开发上，闵恩泽紧紧抓住科研工作的关键环节，稳扎稳打，严谨求实，凭借一丝不苟、精益求精的敬业精神，攻坚克难，取得了显著的工作业绩。

闵恩泽1924年2月4日生于四川省成都市，祖籍浙江。1946年毕业于国立中央大学化学工程系。同年在上海第一印染厂任助理员。1948年3月，进入美国俄亥俄州立大学化学工程系攻读学位，当年即获硕士学位，并获得攻读博士学位奖学金。1951年获博士学位后任芝加哥纳尔科化学公司副化学工程师、高级化学工程师，从事锅炉中煤燃烧引起的结垢、腐蚀问题等的研究。1955年，闵恩泽回到了阔别8年的祖国，被分配到石油部北京石油炼制研究所筹建处工作。当时我国炼油工业刚起步不久，国外反华势力对新中国进行封锁，石油产品及炼油工业所需的技术和催化剂国外都不再向我们出口。石油部下达命令要赶快解决国产航空燃料生产的技术问题。

接受了任务的闵恩泽，夜以继日地带领科研人员研究试制我们一向依赖别人的、生产航空汽油所必需的小球硅铝裂化催化剂。当时他们的任务就是通过催化剂研制、中型试验，提出建厂的设计数据。对于催化剂，过去闵恩泽只从教科书上见到过，1956年初他去大连中国科学院石油研究所（现大连化学物理研究所），才第一次看到铂重整催化剂的实物。他们这一批承担任务的科研人员都经历过从实验室的几十克催化剂开始，一直到成吨催化剂生产的过程。闵恩泽一方面以所学的化学和化学工程为基础，努力自学，积极参加实践；另一方面不断总结经验和教训，特别是认真从失败和挫折中找原因、找措施、想办法，不断积累知识和经验。"从战争中学习战争"，他们就这样开始摸索前进。

当实验室取得投产急需的成果以后，他立即奔往兰州，下到试验车间，几十天吃住都在现场,并在关键时刻与工人们一起钻进高温炙烤的干燥室里查找原因,有时接连二十几个小时不合眼。就这样,闵恩泽终于捧出了质量优于国外产品的小球硅铝催化剂。

接着,他研制出我国炼油工业急需的磷酸叠合催化剂。通过几年努力,又开发成功了以混捏-浸渍法制备的磷酸硅藻土叠合催化剂,荣获1961年国家创造发明奖。1962年该催化剂实现了工业化生产。闵恩泽还负责开发用于流化床催化裂化工艺的微球硅酸铝催化剂。他从我国的实际出发,遵循原料易得、建设周期要短的基本思路,选择了硫酸五步法,开始了催化剂制备方法的研究。1965年兰州炼油厂建成投产,成为一座8 000吨/年的微球硅酸铝催化剂制造工厂。此外,他还负责铂重整催化剂的中型试验,并于1965年建成投产。

20世纪70年代,闵恩泽参加了当时石化部组织全国科研力量进行的钼镍磷加氢催化剂的会战。在吸收国外先进技术的同时,他提出了方案,开发了自己的专利技术,如田菁粉助挤剂,获国家发明四等奖。整个催化剂工作获1978年全国科学大会奖。从1980年起,闵恩泽担任石油化工科学研究院副院长兼总工程师,兼催化剂研究室主任。他领导研制了高强度、低成本的半合成分子筛裂化催化剂,获国家科技进步二等奖;指导研制成功了一氧化碳助燃剂,获国家科技进步二等奖;参加领导了"大庆常压渣油催化裂化"国家计委攻关项目,整个项目获1987年国家科技进步奖一等奖;指导研究加氢精制催化剂的制备规律,开发成功了高脱氮活性的RN-1催化剂,1989年获中国专利局和世界知识产权组织联合颁发的专利金奖,1991年获国家科技进步奖一等奖。

四、锐意进取、不断开拓的创新精神

闵恩泽带领他的科研团队不断探索新思路、开拓新领域,率先在石油炼制和石油化工科技前沿开展导向性基础研究,不断取得新的突破,为石油炼制和石油化工技术的创新提供"新式武器"。

在2006年年初召开的全国科学技术大会上,凭借"非晶态合金催化剂和磁稳定床反应工艺的创新与集成技术",中国石化股份有限公司石油化工科学研究院顺利获得2005年度唯一的国家技术发明一等奖。这项技术的"总设计师"是82岁的石油炼制与化工催化专家、两院院士闵恩泽,全程参与项目管理的是石油化工催化材料专家、中国科学院院士何鸣元。

1980年,闵恩泽参加东京国际催化会议。后来,美孚石油公司的中心研究室主任来华访问时讲道,美孚在分子筛领域成功的经验是搞新的催化材料,而不是搞催化剂。闵恩泽很受启发,此后便和同事们广泛调查石化技术创新的历史,调查催化材料怎么发展,研究国外大公司怎么干,最后明确新催化材料是创造发明新催化剂和新工艺的源泉。

美国科学家Murray Raney在1925年发明的金属骨架镍合金催化剂被命名为雷尼镍(Raney镍合金),广泛用于医药、农药、化纤、石油化工等多种行业有机合成的加氢反应中,世界年消耗量巨大,我国年消耗量达1万吨。经过几十年的不断改进,这种催化剂的活性已趋稳定,制备方法已趋成熟,作为粉状催化剂一直在釜式搅拌反应器中使用。但是制造这种催化剂容易污染环境,同时它的催化性能也有待进一步提高;工业应用这种催化剂只能采用釜式反应器,反应效率低,分离困难。

实现化学工业的跨越式发展，需要催化材料和反应工程的创新与集成。这就提出一个问题：是在雷尼镍催化剂原有科学知识的基础上去改进，还是另辟蹊径，开发新催化材料和反应工艺？

雷尼镍催化剂的材料是晶态的，闵恩泽他们采用非晶态的材料，从而转移了雷尼镍催化剂的科学基础；传统的反应器是釜式的，闵恩泽他们采用磁场控制催化剂，形成磁稳定床，从而转移了反应工程的技术基础。“非晶态合金催化剂和磁稳定床反应工艺的创新与集成”获 2005 年度国家科技发明一等奖，但是它的成功也历尽艰辛、失败和挫折。

在非晶态合金催化剂开发中，问题也一个接着一个。他们先是研究镍磷、镍硼非晶态合金，但发现磷、硼可能污染医药产品，于是转而研制镍铝非晶态合金，但镍铝的熔点高，用一般的骤冷法制备合金困难很大，而且工厂在抽铝时迅速放出大量氢气，非常危险，抽铝废液还污染环境。第一次工业试用，合金没有活性；第二次试用，活性好，但一周就失活。此外，还遇到了运输、推销中的困难……

磁稳定床开发中的问题也是层出不穷。“非晶态合金催化剂/磁稳定床”在重整抽余油选择性加氢首次应用时，它的优越性与“贵金属/固定床”加氢相比不显著；中型冷模试验原计划在石化科学研究院进行，但是安装遇到重重困难，只好改在中石化巴陵分公司进行；冷模装置阀门漏水，非晶态合金自燃；工业示范装置的液位计被腐蚀……

20 多年的自主创新孕育了国际领先的一项重大发明，“非晶态合金催化剂和磁稳定床反应工艺的创新与集成”被誉为化工领域的“新式武器”，促进了技术的跨越式进步，帮助企业实现了产品升级。

五、团队精神

闵恩泽经常教导学生们：做好科研要有一个齐心协力的团队，要处理好人际关系，一定要诚信。诚信是处理好人与人之间关系的基本原则，只有诚信的人才能取得大家的信任。还要宽容对待各种不同意见，甚至是反对意见。更要平等待人，热情待人，形成温暖宽松的氛围。

闵恩泽对他的学生们说：“一个人不可能会十八般武艺，但能交十八个各怀不同绝技的朋友。”在科研中，闵恩泽也经常遇到一些自己解决不了的问题，他就找“各怀绝技的朋友”：遇到化学反应工程方面的问题，就找中央大学时的师兄、中国科学院过程工程所陈家镛院士；遇到膜分离方面的问题，就找他的师弟、南京工业大学副校长徐南平院士；遇到超临界反应工程方面的问题，就找中国科学院化学研究所的青年研究员韩布兴……有了这些智力支援，问题就能迎刃而解。

闵恩泽经常引用《西游记》的人物和主题歌来说明团队精神。闵恩泽对他的学生们说：这里面有两种精神，一是“你挑着担，我牵着马”的各尽所能的团队精神；二是“踏平坎坷成大道，斗罢艰险又出发”的坚持到底的精神。在《西游记》中，唐僧是西天取经的领军人物，他目标明确、意志坚定、坚韧不拔、不达目的誓不罢休，而且他善于用人，主要体现为：合理分工，因才施用，大胆使用能人，以情御人，论功行赏，互利双赢。孙悟空是西天取经的中坚力量，他赤胆忠心、能征善战、勇于攻坚、武艺高超，拥有多种“新式武器”。猪八戒作为第二梯队，看家护院，也有斩除妖魔的功绩。沙和尚脚踏实地、忠诚老实、任劳任怨，是后勤支持。

第六节　陈俊武院士

陈俊武院士

陈俊武(1927—)，石油化工专家，福建长乐人。1948年毕业于北京大学化工系，我国催化裂化工程技术的奠基人，中国石油化工集团公司洛阳石油化工工程公司高级工程师。1991年当选为中国科学院院士。2019年10月，中宣部授予他“时代楷模”称号。

他是我国第一套流化催化裂化装置设计师，指导设计了我国第一套年加工能力120万吨的催化裂化装置，首开我国大型流态化工业测试技术；指导设计了我国第一套同轴式催化裂化装置；指导设计了我国第一套快速床—高速床两段再生新型催化裂化装置，并在兰州炼油化工总厂工业装置改造中实现新的改进，取得出色的经济效益；指导设计了我国首套高效再生装置，为发展同类型工艺技术奠定了基础；在指导研究与开发工作中，实现了分布管、塞阀、新型旋风分离器、串联高速床再生器等多项新技术；领导开发了国家“六五”攻关重点项目——大庆常压渣油催化裂化技术；指导了若干煤炼油和煤化工技术的开发，参与研究了国家中长期能源发展战略。1990年被授予“中华人民共和国工程设计大师”称号。

中国石油化工集团公司原总经理盛华仁把陈俊武精神总结为四种：一是忠诚爱国、信念坚定、矢志不渝、振兴石化的产业报国精神；二是勇于超越、大胆探索、敢为人先、引领未来的自主创新精神；三是深入实际、实事求是、尊崇科学、精益求精的严谨治学精神；四是胸襟坦荡、平易近人、淡泊名利、甘为人梯的乐于奉献精神。

一、忠诚爱国、信念坚定、矢志不渝、振兴石化的产业报国精神

翻看陈俊武的履历，他的职业生涯始终围绕着两个字——石油。

陈俊武1927年3月出生于北京的一个书香门第，受到了良好的家庭教育和文化熏陶。陈俊武在中学时期就对化学知识产生了浓厚兴趣。1944年，17岁的陈俊武以优异的成绩考入北京大学工学院应用化学系。

1946年，正读大学二年级的陈俊武到抚顺参观，第一次见到了日本人留下的煤制油工厂。当时中国石油工业落后、处处受制于人的窘况对他产生了巨大冲击。他的心中当即立下志愿：“挽弓当挽强”，一定要投身石油工业，用己所学为国家和民族振兴贡献力量。

为了心中的石油梦，大学期间，陈俊武把青春岁月全部融进一张张书页和笔记之中。

"外面的春天与我何干,最重要的,是要让内心充满芬芳。"陈俊武在日记中写道。不管时局如何动荡,少年心中唯有刻苦学习。

毕业前夕,陈俊武以《化学工程与我——俊武求知旅程之一段》为题,把自己几年来的学习笔记整理装订,分成18类,各包以封皮,加起来竟有20厘米厚。

新中国成立之初,炼油工业基础极其薄弱,可谓一穷二白。新生的国家急需"黑色的血液"为发展注入生机。大学毕业后,陈俊武盯着的只有"石油"。当时,东北是中国重工业最集中的地方,而沈阳是东北最大的工业城市,工作生活条件也较为优越。陈俊武的母亲和家人都在沈阳,大家都劝说他留在沈阳工作,而陈俊武坚持要到抚顺去。他还惦记着当年他和同学们在抚顺参观过的那个煤制油工厂。急国家所急,想国家所需,这是他最初的信念,且始终不改。

1949年12月,陈俊武如愿进入辽宁抚顺矿务局工作,成为人造石油厂(后更名为石油三厂)的一名技术员。他一头扎进车间,将满腔的热忱投入工厂修复工程中。面对技术资料匮乏、生产条件简陋的现实,他与技术专家和老工人一起克服重重困难,为工厂恢复生产废寝忘食。凭借丰富的知识储备和勤奋严谨的工作作风,陈俊武接连完成蒸汽喷射器、蒸馏加热炉等技术革新任务,逐步成长为一名青年技术骨干。

1952年,陈俊武在抚顺人造石油厂变换车间值班时发现水煤气和水蒸气混合的"蒸汽喷射器"抽力很大,就联想到水煤气鼓风机的电动机是否可以在不给电的情况下运行的问题。于是,他找到一本讲述化工原理的专著自学高速气流理论,进行参数计算,并与班长一起利用倒班时间做了试验。试验成功了!鼓风机在停止供电的情况下依然自动旋转,车间其他设备运转正常。这样,停开一台鼓风机,仅1小时就能省电25千瓦时!

当时,全国正开展增产节约运动,陈俊武的这项技术革新在全厂开了先河。受此激发,陈俊武的创新热情一发不可收。

一次,陈俊武接到稳定汽油馏分的工作任务,到蒸馏车间了解设备情况。他发现蒸馏加热炉炉管是按单管程布置的,汽化后流动阻力大,便想到不久前买到了一本俄文版关于加热炉计算的书,决定用书里的方法试一试。

由于不懂俄文,陈俊武只能仔细分析该书中关于"炉管内油品边加热边汽化"的计算公式,产生了把炉管分为两管程、降低压降的想法。他把自己的建议向车间提出后,很快被采纳并加以实施,收到装置加工能力提高20%的效果,受到工厂的特别嘉奖。

1956年4月,陈俊武加入中国共产党。"'我的几个姐姐都是共产党员,我一直觉得共产党的事业是伟大的事业,我也愿意为了这个事业而奋斗终身',当初的入党志愿书就是这样写的。"如今,91岁的陈俊武语气依然坚定,"从加入中国共产党的那一天起,我就做好以身许国、一生献科学的准备了,无怨无悔!"

二、勇于超越、大胆探索、敢为人先、引领未来的自主创新精神

至今,抚顺石油二厂北催化车间门前仍立有一块石碑,书有"中国第一套流化催化裂化装置——1965年5月"字样。这座被称为中国炼油工业"五朵金花"之一的装置凝结了许多石油工作者的辛勤劳动,陈俊武就是这套装置的设计师。

流化催化裂化是炼油工业的关键技术，具有投资少、操作费用低、原料适应性强等特点，是石油精炼中最重要的转化工艺之一。当时，这类装置在全世界不过几十套，技术被层层封锁。

1959 年，横空出世的大庆油田给国家提供了充足的原油，但当时国内的炼油技术却跟不上形势发展的需要，使用的大多是苏联的技术，不能对原油进行有效深度的加工，也无法从中炼取数量更多、质量更高的轻质油产品。“这就像有了上好的大米，却依然吃不上香喷喷的白米饭。”陈俊武打了个形象的比喻。

当时的中国，急需独立自主研发炼油新技术。

1961 年冬，石油工业部决定抽调科研、设计、制造、基建和生产等方面的骨干力量，自力更生开展流化催化裂化、铂重整、延迟焦化、尿素脱蜡及有关催化剂、添加剂等 5 项炼油工艺新技术攻关，尽快改变我国炼油工业技术落后的面貌。这 5 个项目后来被称为炼油工业“五朵金花”。

34 岁的陈俊武，受命担任我国第一套流化催化裂化装置的设计师。然而，对于装置应该是什么样子的，怎么设计，怎么制造，他心里却不太有底。在陈俊武看来，这 5 项技术难题是横亘在我国炼油工业前进道路上的“五座大山”。

怎么办？那就摸着石头过河，消化资料、分析计算、对比论证，边学边干、边干边学。陈俊武常常一天伏案十几个小时，脑子里全是数据和方案。

与这种热火朝天的工作状态形成鲜明对比的，是他和同事艰苦的生活状态。

1962 年，全国正处在困难时期，参加项目设计的工作人员每天的伙食几乎是滴油不见。“当时，北京设计院的领导经常向我们‘道歉’：‘同志们都很辛苦，伙食不好，中午熬白菜，晚上白菜熬，很对不起，但是实在没有办法。’”回忆起那段艰苦岁月，陈俊武莞尔一笑。他说，科学报国，就是要有牺牲精神，咬着牙也得熬过去。

紧张工作 3 个多月后，主要技术方案已经完成。当年 6 月初，国家科委决定选派人员赴古巴考察，陈俊武名列其中。“站在人家的装置下面，第一反应是想起了十来岁上中学第一节英语课的情景。老师用纯正的英语朗读：阿里巴巴来到山洞前，喊道，芝麻芝麻开门吧。”时隔 50 多年，陈俊武回忆起当时的情形，眼中依旧闪烁着光芒，“那道通向宝藏的大门终于打开了，豁然开朗。”

然而，那时工厂还处于停工状态，尽管先进的技术摆在眼前，却没有任何人指导，能看到的只是从没见过的庞大塔器和英文资料。因为需要学习的东西太多，时间紧迫，陈俊武没有一天休假和娱乐，只是争分夺秒地工作、工作。结束考察回国时，陈俊武的行李中没装一件洋货，鼓鼓囊囊的是密密麻麻记满了学习心得的 20 多个笔记本。

资料只可作为参考，设计还是要靠自己去完成，特别是主要设备必须由我国自行研制。上百套仪表，数千个大小阀门，近 2 万米粗细管线，都要在设计中做到准确无误、万无一失。

回国后的陈俊武，面对的依旧是千头万绪、重担千钧。“我们的创新精神，就是那时候培养出来的，老不满足现状，老要创新。”在陈俊武的主持下，1963 年 1 000 多张设计图纸完工，1964 年开始施工。陈俊武没日没夜地“泡”在现场，忙得像个不停转的陀螺。

1965 年 5 月 5 日，当清晨的第一缕霞光拂过地平线，位于抚顺石油二厂南端的 60 万吨/年流化催化裂化装置展现出钢筋铁骨的雄姿。历经 4 年多的艰苦攻关，这个由我国自主开发、自行设计、自行施工安装的第一朵“金花”一次投产成功，带动我国炼油技术一举跨越 20 年，接近当时世界先进水平。

流化催化裂化是一种复杂的加工工艺，技术进步永无止境。第一座流化催化裂化装置建成不久，陈俊武又在胜利炼厂指导开发和设计我国第一套 120 万吨/年催化裂化装置。

这一任务不是简单的工程放大，而是采用“三反一再”(带有管式反应器和焦化汽油精制反应器)的新技术。指导思想从“照猫画猫”改为“照猫画虎”。一经决策，领导承担风险，允许大胆创新。但在 1967 年末投料时却出现了麻烦。试车大体顺利，进油后操作条件基本平稳，但每天催化剂损耗 30 吨左右，比预期值高 3 倍！新建炼厂只好停工。那时全国已处于“文化大革命”的纷乱中，陈俊武也遭受了冲击，被停职检查。一天早晨，陈俊武假装去买菜，躲开监视后，他跑到火车站，上了开往胜利炼厂的火车。陈俊武在胜利炼厂一待就是几个月，他从操作记录中查找有关数据，并在寒冬露天补测新的数据，总结正常状态催化剂损失规律，反过来对照放大直径的再生器内部设计，发现可能出现的气流分布不均问题，提出修改设计方案。1968 年设备改造前后，陈俊武带领工人们进行了工业装置的流态化试验，通过现场临时安装的大量简易差压计验证有关数据，终于确认了可行的改造措施。开工进油后催化剂损失达到正常水平，大型流态化再生器设计过了关！此后，他组织力量对反应器、再生器和输送系统进行流态化试验，开创了我国催化裂化流态化工业测试的先河。

1970 年，在艰苦的豫西山区，陈俊武和其他专业技术人员再次展开了催化裂化新技术的攻关。为了降低能耗、提高效益，陈俊武创造性地提出将两套装置的工艺有机联合，节省了两塔两炉，人们形象地称之为“一顶二”。1972 年，这一新技术在石油六厂实现了工业应用。

1973 年，陈俊武参照国外某种构型，提出了同轴式催化裂化技术构想，创造性地将沉降器置于再生器之上，节省了建设投资和占地。这项技术应用于兰州炼油厂催化裂化装置改造中，取得了成功，并荣获国家科技进步奖一等奖和全国优秀设计金奖。

陈俊武得知国外某专利公司开发成功了高效再生技术，能成倍地提高烧焦速度，便和炼油厂及研究院的科研人员共同商量，开发被大家命名为“烧焦罐再生”的新技术。由于流态化域截然不同于常规湍动床，要掌握其设计要领，一般要从小试到中试，再从冷模到热模循序渐进地进行，但这样速度太慢。陈俊武根据在实验厂试用输送床型烧焦管未能成功的事实，认为烧焦罐入口的温度和影响器内催化剂装量的密度分布是至关重要的因素。他在进行了中型冷试和实验厂的半工业热试之后，便采用与国外不同的再生催化剂内循环形式，利用湍动床再生器壳体，直接在大型装置上试验。1978 年，在乌鲁木齐投产的这个国内第一套快速床再生装置，使原有的烧焦强度翻了一番。

烧焦罐的再生效果是突出的，然而在已有的同高并列式再生器框架下面增设烧焦罐十分困难。陈俊武把烧焦罐放在已有的再生器旁边作为第二段再生器，这比兰州炼油厂采用的内隔板两段再生又前进了一步，而且使总的烧焦能力提高到 20%以上，这样就圆满地解决了装置扩大能力的关键问题。经过设计，带有后置烧焦罐的再生工艺诞生了。

20 世纪七八十年代，陈俊武指导设计了一系列的流化催化裂化装置，开创了中国流化催化裂化史上的几个第一。1983 年，他又一次挂帅攻关催化裂化难题。攻关组承担着两大任务，一项是国家“六五”重大攻关项目——大庆常压渣油催化裂化，另一项是在上海炼油厂建设一套新型催化裂化装置。为了这两项交叉进行的攻关课题，陈俊武往返于上海、北京、兰州、青岛等地，奔波在设计院与炼油厂之间。

在讨论新型催化装置设计方案时，上海炼油厂的总工程师朱仁义曾经半开玩笑地说："陈老总，我这个人贪心不足，你那同轴式我想要，烧焦罐我也想要……"说者无心，听者有意，陈俊武琢磨，烧焦罐的再生比湍动床要好；与并列式的催化剂循环调节相比，同轴式的要好。然而在国外，这两种较好的形式在同一个装置中是不可兼有的。能否把两者"嫁接"在一起？

在湖南驶往上海的船上，面对餐桌上的鲤鱼，他出神了。"鱼，我所欲也；熊掌，亦我所欲也。二者不可得兼……"而他想把同轴式和烧焦罐式嫁接在一起，取二者之长补二者之短。在灵光一闪中，一个快速床与湍流床气固并流串联的烧焦方案诞生了！

陈俊武院士做讲座

经过思考，他提出了多种方案和同事们讨论，终于推出了两段快速床串联再生并与反应沉降器同轴的巧妙方案。这一方案把烧焦罐上面的低速沉降床改为高速床，进一步改善了烧焦效果。这个大胆的设想具有独创性，经过有限的冷模流态化研究试验后就进行了100 万吨/年的装置设计。陈俊武综合采用了他主持开发的这一"快速床-高速床主风串联两段再生新工艺"以及"淹流-溢流压力自动平衡式催化剂循环系统"等专利技术，将我国的催化裂化再生技术进行了一次集成式的新的整合，初步形成了我国催化裂化技术的创新体系。

20 世纪 80 年代，原油加工中劣质油、渣油的比例不断增大。作为石油工业部专业攻关组组长，陈俊武承担了国家"六五"重点攻关课题——掺炼渣油的催化裂化新技术开发的重任。他在完成这项任务中，既开发出了床层内取热技术，又开发出了器外取热技术。同时，还开创了反应动力学、流态化理论、催化剂活性平衡与粒度平衡等一系列基础理论研究。1985 年，采用该项新技术的大庆常压渣油催化裂化项目建成投产后获得国家科技进步奖一等奖。

三、深入实际、实事求是、尊崇科学、精益求精的严谨治学精神

在工程技术的不断创新过程中，陈俊武还不断地进行理论探索，对石油化工技术"从实

践中求知,从理论上求解”,用应用基础理论指导工程实践。

早在20世纪50年代,陈俊武就从古巴获得的《催化裂化数据手册》中得知,国外催化裂化专利商已经在利用中试装置进行反应工程的系统研究,他们发表了大量的曲线与关联式,用这些研究成果指导催化裂化技术的持续进步。20世纪80年代,在研究了国外的数学模型软件后,陈俊武决定另辟蹊径,自行研究开发适合我国炼油技术的工程动力学。他和国内一些大学、科研机构合作,首先研究馏分油十集总动力学模型,进而扩大到掺炼渣油的十三集总动力学模型,形成了一套理论体系。

同一时期,他和一批教授、专家一起,以“六五攻关项目子课题”的名义对再生动力学展开研究,在消碳动力学、CO铂助燃剂催化氧化动力学、烧氢动力学与CO_2/CO比值方面深入探索,取得了一批成果。此外,他还提出了催化裂化催化剂结焦动力学和催化剂失活动力学、再生器内水热失活动力学等理论课题。

在工程技术开发和理论探索的基础上,陈俊武提出了石油组成的“基团”理论构想,对石油的组织结构和规律做出了科学的解释和描述。催化裂化是一个化学反应过程,参与催化裂化反应的化合物的结构十分复杂,涉及上千种化合物,它的现象是不可能一一搞清楚的。但是,借用“基团”理论,就可以把石油的组成分解成几十种“基团”,这样石油加工的规律就呈现了出来,便于指导生产。

陈俊武在科研理论上建树颇多。1995年,他主编了《催化裂化工艺与工程》一书,这是世界上第一部催化裂化领域的集大成式的著作。1995年,陈俊武获“何梁何利基金科学与技术进步奖”。

四、胸襟坦荡、平易近人、淡泊名利、甘为人梯的乐于奉献精神

20世纪90年代初,陈俊武从领导岗位上退了下来,他觉得催化裂化自己已干了半个世纪,后继者人才济济,在这个领域自己可以“隐退山林”了。

闲不下来的陈俊武开始把研究重点转向自己一直关注的石油替代问题。

1996年2月的一天,中国科学院大连化学物理研究所研究员王公慰和刘中民院士慕名找到陈俊武,希望能够在他和洛阳工程公司的帮助下,借鉴炼油行业催化裂化的流化床技术,进行DMTO(甲醇制烯烃)技术实验室成果的工程放大和基础设计。

“我们这个项目应该怎么放大?可以建一个50万吨/年的示范装置吧?”刘中民信心满满地问。

“最大能做个10万吨/年的示范装置。”陈俊武解释道,如果从实验室中试规模放大到百万吨级,那是直接放大了近一万倍的工程,风险太大了。

在双方的交流中,陈俊武敏锐觉察到煤基甲醇制烯烃广阔的市场前景,促成了洛阳工程公司与中国科学院大连化学物理研究所以知识产权共享为纽带的联合攻关。

2004年8月,洛阳工程公司、中国科学院大连化学物理研究所和陕西新兴煤化工有限公司达成三方合作协议,世界首套年甲醇进料规模万吨级的DMTO工业化试验装置进入开发、设计和建设的快车道。

中国科学院大连化学物理研究所的技术人员暂时松了口气,陈俊武的心却提了起来。

他知道，整个工业化试验的成功不仅要完成试验装置的工程化技术开发、设计和建设，而且必须经过升温、循环、催化剂结炭与再生、催化剂损耗和丁烯回炼等多方面的考验。要把试验装置开起来，既要取准、取全工程设计的数据，又要对工艺技术和催化剂性能进行验证。可以说，工业试验进展的每一步都是一次史无前例的探索。

从那时起，陈俊武的办公室就变成 DMTO 工业化试验的“总指挥部”。他每周听取项目进展情况汇报，多次主持试验装置设计方案讨论，指导制订分两步进行、各 100 倍工程放大的工程技术开发方案。为掌握第一手数据，他 8 次奔赴试验现场了解试验情况，召开分析讨论会。

2006 年 2 月，DMTO 装置第一次工业化试验刚开始不久就出现催化剂跑损问题。已近 80 岁高龄的陈俊武，和年轻人一样，爬上 30 多米高的两器框架平台，观察人孔内设备运行情况，查找原因。通过分析各类数据，他认为一是反应器分布板内气速过快，二是催化剂制备技术有待改进。经过科研和设计的共同改进，不仅解决了这一问题，而且杜绝了类似问题在大型工业化装置生产运行中出现。

2006 年 5 月，陕西万吨级甲醇进料规模的 DMTO 工业化试验宣告成功，每天可以处理 50 吨甲醇，远远超越国外同类装置试验规模，基本取全和取准了工程设计数据，考察并验证了催化剂性能，为我国优化设计和建设百万吨级甲醇进料规模 DMTO 工业示范装置打下扎实基础。

2010 年 8 月，陈俊武指导完成的世界首套、全球规模最大的 180 万吨级甲醇进料的 DMTO 工业示范装置在内蒙古包头市建成投产，成功实现第二步 100 倍工程放大，累计获得国家授权的发明专利 30 余项，在煤制烯烃领域形成具有我国自主知识产权的核心技术。

之后，陈俊武又指导项目联合攻关团队完成了新一代 DMTO 技术开发。目前，由中国科学院 DMTO 和中国石化 SMTO 两种技术生产的烯烃已经占国内烯烃产量的 25%～30%，加速形成了我国独有的甲醇制烯烃战略性新产业。

“我还要让思路更开阔一些，从宏观角度和世界范围了解能源问题。”进入耄耋之年的陈俊武，开始对一个并非自己研究领域的课题产生兴趣：全球气候变化和碳排放问题。

他开始广泛搜集联合国气候变化专门委员会、美国能源情报署和欧洲等国家有关气候变化和碳排放的数据资料。每查阅到一个能回答他疑问的资料，他就像孩子一样兴奋和激动。

“出于科学家的责任，去学习过去不熟悉的知识，争取提出一些对国家、对大局有益的论据和建议。”从 2011 年开始，陈俊武与同事合作连续发表 9 篇关于中国碳减排战略研究的论文，并历时 3 年写就了 24 万字的《中国中长期碳减排战略目标研究》专著，在 2011 年就提出中国的碳排放峰值年是 2030 年、碳排放峰值为 110 亿吨、最好控制在 100 亿吨的建议，与国家 2014 年正式向国际社会承诺的数值高度契合。

2015 年 5 月，中国科学院邀请陈俊武参加在香山召开的气候变化研讨会议。会上，他做了题为“中国低碳经济的前景与气候变化的关系”的学术报告，引起气象学家和国家有关部门的重视。

在陈俊武看来，自己的生活和科研已经分不开了：“每天必须学习一点新的东西，给大脑充充电，我站在别人的肩膀上，别人再站在我的肩膀上，才能带动创新。”

思考题

1. 我国自1948年开始评选院士以来，石油地质勘探领域有多名专家入选，如翁文灏、李四光、黄汲清、谢家荣、朱夏、翁文波、关士聪、刘光鼎、马在田、李德生、李庆忠、翟光明、戴金星、胡见义、田在艺、金庆焕、邱中建、康玉柱、童晓光、王铁冠、马永生、孙龙德、赵文智、金之钧、郝芳、邹才能、李宁、郭旭升等。请选择一位院士，查找相关资料，讲述一个自主创新的故事。

2. 自1955年开始评选中国科学院院士、1994年开始评选中国工程院院士以来，石油工程领域有多名专家入选，如童宪章、王德民、顾心怿、罗平亚、刘广志、郭尚平、李鹤林、曾恒一、沈忠厚、韩大匡、苏义脑、袁士义、周守为、胡文瑞、高德利、李阳、黄维和、李根生、孙金声、刘合等。请选择一位院士，查找相关资料，讲述一个自主创新的故事。

3. 从1955年开始评选中国科学院院士、1994年开始评选中国工程院院士以来，石油炼制化工领域有多名专家入选，如侯祥麟、闵恩泽、傅鹰、赵宗燠、张存浩、曹本熹、武迟、彭少逸、朱亚杰、郭燮贤、陈俊武、陆婉珍、徐僖、余国琮、林励吾、林华、徐承恩、李大东、毛炳权、时铭显、杨启业、蒋士成、曹湘洪、汪燮卿、关兴亚、袁晴棠、何鸣元、侯芙生、胡永康、舒兴田、陈丙珍、王基铭、谢在库、戴厚良、徐春明、孙丽丽等。请选择一位院士，查找相关资料，讲述一个自主创新的故事。

测试题

第六章

西方跨国石油公司企业文化

跨国公司最早产生于19世纪末20世纪初的自由资本主义向垄断资本主义过渡时期，在第二次世界大战后得到了快速发展。当时在世界众多的跨国公司中，美国的跨国公司以其实力雄厚、技术先进、规模庞大而称雄于世界，掌控着世界经济发展的潮头。尤其是世界石油大王洛克菲勒创立的标准石油公司，称得上是当时跨国公司的大鳄，在世界经济领域具有举足轻重的地位。

英国作为近代工业革命的发源地，诞生了世界上最早的合股公司，是现代股份公司的先驱。以英国为中心，荷兰、西班牙、法国等欧洲国家陆续完成了工业革命，成为近代世界经济发达地区。经济全球化是当时国际经济最显著的特征，而跨国企业则是经济全球化过程中最主要的经济载体。欧洲跨国石油公司起步较早，与美国跨国石油公司一道主宰了世界的石油市场。

本章介绍西方石油六巨头的企业文化。

第一节　埃克森美孚公司企业文化

埃克森美孚公司是美国跨国石油和天然气公司，总部设在得克萨斯州欧文市。它是约翰·D. 洛克菲勒(John D. Rockefeller) 1870 年成立的标准石油公司(Standard Oil)、1882 年成立的标准石油信托公司于 1911 年拆分为 38 家石油公司后最大的直系后裔，于 1999 年 11 月 30 日由埃克森(Exxon)和美孚(Mobil)合并而成。埃克森美孚公司的主要品牌是埃克森、美孚、埃索和埃克森美孚化工。2022 年以销售收入 2 856 亿美元排在世界企业 500 强的第 12 位，以 230.4 亿美元的利润位列世界最赚钱的 50 家企业之一。

埃克森美孚公司发展史

一、精神文化

1. 公司愿景

公司致力于成为世界上首屈一指的石油生产和化学品制造公司。

2. 公司指导原则

公司必须不断取得卓越的财务和经营业绩，同时坚持崇高的道德标准。以下原则用于指导公司与股东、客户、员工和社区的关系。

(1) 股东。

致力于提高股东委托给公司的投资的长期价值。通过盈利和负责任的经营，使股东获得更高的回报。

(2) 客户。

公司的成功取决于公司不断满足变化的客户偏好的能力。公司致力于创新和快速响应，同时提供具有竞争力的价格、高质量的产品和服务。

(3) 员工。

卓越的员工素质为公司提供了宝贵的竞争优势。为了巩固这一优势，公司将努力聘用和留住最合格的人才，并通过培训和发展使员工获得更大的成功机会。公司致力于营造一个以开放沟通、信任和公平对待为特征的多元化安全工作环境。

(4) 社区。

公司承诺在全球运营的所有地方都成为优秀的企业公民。公司将保持高度的道德标准，遵守所有适用的法律、法规和条例，尊重地方和民族文化。公司致力于安全、环保的运营。

3. 公司承诺

为促进全球繁荣，公司需要负担得起的可持续能源解决方案。公司投资技术和社区，为世界带来更好的能源。

(1) 改善能源获取。

公司努力使能源价格更低，让更多的人从中受益。

(2) 提高效率。

从更持久的燃料到更低强度的操作，公司努力提高能源的效率。

(3) 可持续性。

公司与当地社区合作，支持长期的经济增长。

(4) 减少排放。

减少排放是公司管理气候变化风险方法的一个关键组成部分。

(5) 创造就业机会。

公司的新项目在美国和美国以外的各个国家和地区创造了就业机会。

(6) 外延。

公司尊重人权的努力植根于对管理社会和减少环境影响的承诺。

二、制度文化

埃克森美孚公司在长期的发展过程中逐步形成了较为完善的公司法人治理结构、股东会与董事会之间的信任托管关系、董事会与经理层之间的委托代理关系，以及股东会、董事会和经理层之间的制衡关系，构成了石油公司管理体制的核心内容。

为了避免重组后机构臃肿、管理层次繁杂的状况，公司重新设置了组织结构和管理层次，将管理机构压缩调整为四个层次。

第一层为总部，包括股东及股东大会、董事会、高级管理层和职能部门（财务、计划、法律、审计、环保等），是公司的投资中心。公司总部即投资中心的主要职责是投资决策和资本经营，基本职能可以归纳为以下几点：一是制定整个公司的发展战略和投资发展计划，进行重大投资决策，确定承担投资项目的具体单位，进行资产重组；二是根据发展战略和投资计划，进行资金筹措、资金融通和资本运营活动；三是对各业务经营管理公司的业务领域、投资方向和投资回报进行管理，对他们的业务活动、组织和人员进行评价考核；四是对资本收益进行管理，确定股东收益和高级职员的报酬。

第二层为业务经营管理公司，是石油公司按照专业或地区设置的公司。如埃克森帝国石油公司是按地区设置的子公司，专门负责埃克森美孚在加拿大的油气勘探开发与生产业务；而埃克森化工公司则是按专业设置的公司，负责埃克森美孚在全球范围内的化工业务。这一层是公司的利润中心。

第三层为经营性子公司，是由第二层公司所管辖的子公司或分公司。如埃克森帝国公司在加拿大成立多个子公司，分别管理不同地区的油田。这一层一般作为第二层的利润分中心。经营性子公司（业务公司）是公司的利润中心，其主要职责：一是根据公司的发展战略，在公司规定的业务领域或地区范围内负责具体业务的经营管理活动；二是负责经营管理具体业务所需生产经营要素的市场筹措，降低筹措成本；三是负责经营管理具体业务所需生产经营要素的使用，即生产经营过程的管理工作，降低生产成本；四是负责经营管理具体业务产品或业务的销售工作，增加收入；五是对公司的利润负责。

第四层为作业区，是直接从事生产作业的基层单位，具体执行生产任务。这一层一般均为成本中心。生产作业区是公司的成本中心，其基本职责是用一定的成本去完成具体任务，只负责管理生产、安全、环保和成本核算，不负责直接面向市场的原材料采购供应和产品销售。

上述三个责任中心的划分与公司的法律地位之间并不存在匹配关系。也就是说，具有法人地位的子公司既可能是利润中心，也可能是成本中心，而不具备法人地位的分公司可能是利润中心。子（分）公司的责权因公司授权的改变而改变。

经过压缩与调整，公司组织结构中的每一层各司其职，严格按照分工完成各自承担的业务，在纵向上实现了垂直化管理。这种层次结构不仅大大减少了管理费用，而且能够使公司内部的责任与权利更加清晰。

三、行为文化

1.本土化行为

本土化或者当地化的行为是指跨国公司在进入某国市场后，努力融入东道国的经济体系，成为具有当地特色的经济实体的发展行为。

埃克森美孚公司在全球200多个国家进行投资和开展业务，在保持国际品牌优势的同时，从产品的生产、营销宣传、品牌设计、人才管理、新技术和新产品的研发以及企业的社会责任方面努力吸收东道国的文化和习俗，使自己本土化，以最小的成本开发最大的市场，并成为当地受尊敬的企业。在吸收当地文化的同时，也把自己谨慎、负责任的企业文化以各种方式向外传播。其投资行为在本土化与保持自己固有的国际优势之间取得平衡，以最小的成本取得最大的经济利润。

以埃克森美孚公司在中国的发展为例，早在19世纪90年代，当时的标准石油公司便以“美孚灯”打开了中国的市场。“美孚灯”价格便宜，顾客可以花钱购买或者在第一次购买煤油的时候获赠一盏。很快“美孚灯”便家喻户晓，并带动煤油的销售节节增长，中国成为当时标准石油公司在亚洲的最大市场。标准石油公司充分抓住中国消费者的心理特点，制定了符合中国的本土化销售策略，并取得了巨大的成功。随着煤油的销售获得成功，标准石油公司在中国的业务又扩展至汽油、沥青及航空燃料。标准石油公司一进入中国市场便推出赠送“美孚灯”的营销行为，不仅推广了公司的正面形象，而且打开了中国的煤油销售市场，是该公司在中国本土化行为成功的第一步。

埃克森美孚公司基本上已经在中国实现了生产及销售的本土化，进口所需原材料，在中国投资建厂，并且拥有自己的销售渠道和品牌。埃克森美孚公司在人才管理方面也采用本土化的思维。人才的本土化不仅可以减少公司的成本，还可以为公司赢得更多的市场，并且传播公司的文化。埃克森美孚公司非常重视人才队伍建设，认为人力资源是公司对外竞争的重要因素，强调自己的竞争优势不仅在于对石油资源的垄断，更在于拥有强大的人力资源。埃克森美孚公司直接在中国雇佣人员，并且从公司内部选拔各类管理人才，根据员工不同的才能提供个性化培训。不仅如此，埃克森美孚公司非常注重培养员工的跨文化素质，允许员工保留自身独特的文化理念，同时对员工输入公司谨慎和负责任的文化，以各类考核制度激励员工严谨、高效、负责地工作。

2.文化渗透行为

埃克森美孚公司主要通过产品、员工以及企业社会责任来传播其文化。埃克森美孚公司在东道国推出一系列的产品并且保证优质的产品质量，通过获得消费者的认可赢取正面的品牌形象。埃克森美孚公司拥有先进的技术和安全的生产车间，力求在保证产品质量的同时减少生产过程对环境的污染。埃克森美孚公司雇佣当地员工，这不仅是其本土化的一部分，也在节约成本的同时帮助公司在当地树立令人尊敬的企业形象。埃克森美孚公司对雇佣的当地员工进行系统培训，除了对员工进行该行业高标准的职业培训外，还灌输其企业文化，并对优秀的人才给予有竞争力的薪酬，通过员工的影响，把公司文化以及正面形象向东道国传播渗透。

3. 上下游一体化行为

上下游一体化行为是埃克森美孚公司业务发展的总体思路。埃克森美孚公司非常重视上游勘探和生产、下游炼油和化工的一体化发展。一体化的优势在于使炼厂或化工厂的原料优化、生产更加灵活，促进高附加值产品的生产以及降低生产交易成本，使产业价值链无限延伸。在世界石油石化的发展过程中，埃克森美孚公司依靠有效的资本运作和直接投资，把业务从最初的炼油业务向油气勘探和化工业务延伸，形成了稳定均衡的业务结构，可对价格波动、行业周期和特殊市场条件的不利影响进行有效控制。

埃克森美孚公司综合了埃克森公司与美孚公司的优势，在业务方面综合互补，在润滑油业务方面尤为突出。并购以前，埃克森公司是世界主要的润滑油基础油生产商，美孚公司则拥有庞大有效的润滑油销售网络。埃克森公司与美孚公司的合并实现了润滑油的生产和销售的完美结合，在世界市场占据了重要的地位。

上下游一体化为埃克森美孚公司的炼油化工业务带来了巨大的协同经济效益。通过炼厂加工，进料的 25% 以上转化为高价值的石化产品，联合企业回报率可以提高 2%～5%。埃克森美孚公司在墨西哥湾沿岸的炼油厂和石化联合企业，通过一体化优势每年可以获得 5 000 万美元以上的收益。

埃克森美孚公司不仅致力于纵向的一体化拓展，同时也努力在全球开拓业务，达到业务的全球化。埃克森美孚公司在欧洲及美国、日本等发达国家和地区立足后，相继在亚太地区、拉美国家及俄罗斯等新兴市场拓展业务。

4. 长期收益方面的行为

埃克森美孚公司一直将上游勘探与生产作为投资重点，以股东价值的长期增长为核心目标，投资行为长期保持一致，一贯坚持业务发展的长期性并且注重质量和效率的提升。埃克森美孚公司的投资行为保持长期的一致性并且很少受到短期行业周期波动的影响，其投资贯穿于业务周期的各个阶段，可支持公司长期持续的发展。

能源投资项目具有规模大、资本密集、开发周期长（几年甚至几十年）的特点，因此在设计和建设相关投资项目时，必须能经受住市场环境的多变、客户需求的变化、设备的长期运营等考验。埃克森美孚公司在进行投资决策时把行业周期波动的影响考虑在内，主要致力于巩固业务基础和使股东价值最大化。埃克森美孚公司在加拿大冷湖的重油开发项目始于 20 世纪 70 年代。公司对该项目进行阶段性的开发，产油量稳步增长，并于 2009 年创下产量新纪录，超过 16 万桶（约 800 万吨/年）。埃克森美孚公司于 1994 年获得安哥拉 15 区块的开采权，直到 1998 年才首次采出原油。埃克森美孚公司坚持对该区块的投资，截至 2009 年底，该区块的总资源量（包括探明和未探明储量）达到 47 亿桶（6.6 亿吨），油气产量为 57 万桶/天（2 850 万吨/年）。

5. 成本管理方面的行为

从洛克菲勒创办标准石油公司起，严格的成本管理一直是公司的基本行为之一。公司的前任董事长兼 CEO 雷蒙德被誉为石油业成本控制大师。与世界其他的石油巨头相比，埃克森美孚公司的内部运营损耗少，而且勘探和开采石油成本最低。“提倡节约每一分钱”

“用尽可能少的钱来生产尽可能多的石油”“以成本的最小化为目的”，这些理念一直指导着埃克森美孚公司的经营管理。埃克森美孚公司对其整条价值链的各个环节进行严格控制，优化每个环节以使成本最小化。埃克森美孚公司主要通过扩大规模、提高开工率、汽电联产和开发新技术等措施从生产的各个环节降低成本。

对石化行业来讲，扩大规模对于生产成本的减少效果显著。据测算，规模 1 200 万吨/年的炼厂与 600 万吨/年的炼厂相比，生产费用可以节约 12%～15%。埃克森美孚公司通过装置规模的大型化大大降低了炼油和石化业务的生产成本。为了扩大炼化装置规模，埃克森美孚公司对各个炼厂实行分阶段改造。

石化行业设备停工检修的成本很高，提高开工率和延长检修周期可以最大限度提高资产利用率，降低检修费用和开停车损失，进而降低生产成本。埃克森美孚公司的炼厂在 20 世纪 90 年代就已经达到了 89%的开工率。通过在改善装置可靠性和维修方面的努力，埃克森美孚公司每年大约能节约 1.5 亿美元的操作费用。

汽电联产的优势在于节能减耗、利用废热，在降低成本的同时达到保护环境的目标。通过汽电联产，埃克森美孚公司的石化产业大约减少 30%的能耗。埃克森公司在 1998 年于路易斯安那州的巴图鲁日建设了一套 150 兆瓦的联合发电装置，以减少电力外购。目前埃克森美孚公司在全世界的联合发电设备总容量已经突破了 1 500 兆瓦，大大降低了生产成本。

埃克森美孚公司十分注重技术的进步，并且善于把技术进步用于生产中，以进一步降低生产成本。天然气合成油技术(AGC-21)是埃克森美孚公司在天然气方面的一项重大技术突破，它可以将天然气转化成一种液体物质，实现天然气的便利运输。此方法简单且易于生产操作，在一个三段反应器中加入蒸汽、氧气和催化剂即可实现转化。埃克森美孚公司拥有巨大的天然气资源储备，但是由于成本高而一直未能大规模开采，而此项技术大大降低了成本，带来了巨额利润。2005 年，埃克森美孚公司开发了海底作业模块系统，大大降低了深水油井的测井、酸化和其他作业时间，其作业速度是活动式海上钻井装置的 3 倍，节省约 50%的成本。此项技术使深海油气开发更具经济效益。

四、形象文化

美孚是 Mobil(莫比尔)的谐音。“美”有美国之意，也有美好的意思。在《诗经 · 大雅 · 下武篇》中有“成王之孚，下土之式”，“孚”有“诚信”的意思。故“美孚”有“来自美国，创造美好生活，以诚信经营”的意思。

1. 标识的演变

埃克森石油公司最早的标志是 1915 年采用的来自挪威的老虎形象，并且这只老虎形象一直伴随着公司的发展直到现在。在 1922—1972 年间，公司标志中曾出现过“DARD”、“Eastern States Standard Oil”的缩写“Esso”、圆形“STANDARD”。直到 1972 年，新泽西标准石油公司更名为埃克森石油公司，开始启用新的“Exxon”标志。

美孚石油公司的标志 1911—1931 年间继承了原标准石油公司在 1904 年应用的野兽形象标志，1931 年公司更名为纽约标准真空石油公司后，启用朝向左方的双翼飞马作为标志，1966 年又将双翼飞马的朝向改为向右，同时“Mobiloil”从双翼飞马标志中分离出来改为

Mobil，且“Mobil”中间的字母“o”改为红色。1999年，埃克森石油公司和美孚石油公司合并，埃克森美孚石油公司的标志合并为现用标志。

STANDARD

EXXON

1915—1922年　1922—1923年　1923—1926年　1926—1936年　1936—1972年　1972—1999年

ExxonMobil

1911—1931年　1931—1966年　1966—1999年　1999年至今

埃克森美孚公司标识的变迁

2. 世界石油大王约翰·洛克菲勒

约翰·洛克菲勒是石油工业和现代企业发展史上很重要的人物，也是世界上最早最大的跨国企业——美孚石油股份公司（也叫标准石油公司）的创始人。

洛克菲勒1839年生于美国纽约州乡下，幼年时对数字有浓厚兴趣。中学读书时，数学成绩最好。他7岁时就学习做生意，16岁时当过营销员，20岁时和别人合伙办公司。

洛克菲勒长于心计、精于商道，有经营和管理才能。

1853年，美国人德雷克在宾夕法尼亚州打出了第一口工业性油井后，偏僻的泰特斯维尔小镇一时人口剧增、地价飞涨，石油公司纷至沓来，油价瞬息万变。在那强手如林的石油狂潮中，精明的洛克菲勒没有随波逐流。他发现卖1加仑（1加仑=3.785升）煤油所得等价于卖2桶（1桶=158.98升）原油。于是，他果断地从石油行业的下游入手，1865年收购了与他合伙的英国人克拉克的炼油厂，获得了很大的效益回报。

19世纪70年代，美国和欧洲的资本迅速发展，急需石油。洛克菲勒清醒地意识到，谁控制了石油运输，谁就控制了石油。于是，他通过各种关系，笼络铁路运输人员、降低成本，甚至采取一些不道德行为，逐步垄断了美国石油加工和经销业。正当他在炼油业上春风得意时，由于石油市场的扩大，竞争日趋激烈，油价剧烈暴跌，炼油业开始陷入困难。

1867年，洛克菲勒从一位破产商人的发迹过程中领悟到：在难以预测的市场变化中，走“合作经营”道路可以减少风险。1870年，他创立了美孚石油股份公司。1871年，公司经营环境恶化，炼油业陷入一片恐慌。在这令人焦虑的时刻，他又有了一个大胆的设想——实现炼油业的更大联合，即成立炼油业和铁路运输的联合体——“南方改良公司”。1880年，洛克菲勒已经成为当时世界上最大的炼油集团的主人。

洛克菲勒通过他过人的经营运筹才能和对市场发展的预测与谋略，不断战胜各种经营和技术的外界冲击，最后终于实现了从原油生产、加工、运输到销售的一整套石油生产经营系统。19世纪末，美孚石油公司的经营触角已伸到了世界各个角落。洛克菲勒及其高层决策者坐在当时纽约百老汇大街26号的一幢大楼里，指挥着这个世界上独一无二的“石油王国”。

3. 埃克森先生李·雷蒙德

雷蒙德事迹

出生于美国康涅狄格州西部一个小镇铁路工程师家庭的李·雷蒙德，早年的志向并不在实业界，而是对化学兴趣浓厚。1960 年雷蒙德获得威斯康星大学化学工程学学士学位，3 年后获得明尼苏达大学化学工程博士学位并进入埃克森公司，任产品研究工程师。此后，他在这个行业不断发展，并进入高级管理层。1999 年起他开始担任埃克森美孚公司的董事长兼首席执行官。

多年缜密严谨的化学教育培养了雷蒙德精打细算、一丝不苟的习惯，他被称为石油业成本控制的大师。与其他石油巨头相比，埃克森美孚公司的内部运营损耗相当少，勘探和开采石油的成本最低。李·雷蒙德是埃克森美孚公司当时唯一一位拥有博士学位的首席执行官。

第二节　雪佛龙公司企业文化

雪佛龙公司是一家美国跨国能源公司，前身是 1879 年成立的太平洋海岸石油公司。它是标准石油公司的后继公司之一，总部设在加利福尼亚州的圣拉蒙，业务遍及 180 多个国家。在 2020 年《财富》世界 500 强中，雪佛龙公司以年收入 1 624 亿美元排名第 37 位，以 156 亿美元的利润位列世界最赚钱的 50 家企业之一。雪佛龙公司先后兼并了西方石油七姊妹中的海湾石油公司和德士古石油公司。

雪佛龙公司发展史

雪佛龙公司在百年沧桑中始终屹立不倒，关键就是其拥有先进的管理理念和体系。雪佛龙公司“要做就要安全地做好，否则就不要做”“永远有时间把事情做正确”这两个理念，给人以很多启发。公司认为，企业并非以赚钱为唯一的目的，而是凝聚一群人的力量共同为社会出力；企业在出售自己商品的同时，也在展示一种价值观和生活方式。

一、精神文化

1. 公司愿景

公司致力于成为因员工、合作伙伴和业绩而受尊敬的全球能源公司。

2. 公司使命

公司的使命是开发提高人类生活水平和推动世界前进的能源，使人类进步。

3. 公司价值观

公司的基础建立在公司的价值观上，公司的价值观指导员工的行动。公司以对社会和环境负责任的态度开展业务，尊重法律和普遍人权，造福所在社区。

(1) 多样性和包容性。

公司学习并尊重所在地的文化。公司拥有一个包容的工作环境，重视个人才能、经验和想法的独特性与多样性。

(2) 高性能。

公司对交付的结果充满热情，并努力不断改进。公司对自己的行为和结果负责。公司以符合目的的方式采用经过验证的流程，同时始终积极寻找创新和高效的解决方案。

(3) 诚信和信任。

员工对自己和他人诚实，信守承诺。员工相互信任、相互尊重、相互支持。公司以最高的道德标准来经营，从而赢得员工和合作伙伴的信任。

(4) 伙伴关系。

通过与公司所在的社区、政府、客户、供应商和其他商业伙伴的合作，建立信任和互惠互利的关系。

(5) 保护人民，保护环境。

公司高度重视员工的健康和安全，以及保护公司的资产、社区和环境。公司关注并预防有严重后果的事故，交付世界级的绩效表现。

4. 公司战略

(1) 增长。

利用公司的竞争优势来增加利润和回报。

(2) 执行。

通过有纪律的卓越运营、资本管理和成本效益来交付结果。

(3) 人。

在人才方面进行投资，培养并授权高素质的员工队伍以正确的方式交付成果。

(4) 技术和功能卓越。

通过技术和功能专长获得卓越的绩效表现。

二、制度文化

企业制度文化主要包括领导体制、组织机构和管理制度三个方面。

1. 领导体制

雪佛龙公司董事会负责指导公司事务，并致力于制定健全的公司治理原则。董事会有四个常设委员会，分别为审计委员会、董事会提名与治理委员会、管理薪酬委员会，以及公共政策与可持续发展委员会，并分别设立各自的章程，支持领先表现价值观。

审计委员会协助董事会履行监督职责，主要审计公司财务报告及独立审计师的资质和独立性，确保诚信价值的实现；董事会提名与治理委员会主要负责协助董事会确定和评估董事会成员资格，协助董事会评估并应对治理相关的风险，确保领先表现价值的实现；管理薪酬委员会主要协助董事会制定适当的薪酬激励和基于股权的计划，并管理这些计划，以推动领先绩效价值的实现；公共政策与可持续发展委员会主要协助董事会监督环境、社会、人权、政治和与公司活动及业绩相关的可持续性和气候变化等公共政策事项，推动保护人的环境价值观的实现。

2.组织机构

企业的组织机构是指从事公司经营活动的决策、执行和监督公司的最高领导机构，包括决策机构、执行机构和监督机构。

雪佛龙公司的决策机构是董事会，负责监督公司的业务和事务并提供政策指导，支持领先绩效价值的实现。董事会监视整个公司的绩效、公司财务控制的完整性及其法律合规性和企业风险管理计划的有效性。董事会负责监督管理层，并决定接任的主要高管。董事会监督公司的战略和业务计划流程。通常这是一个全年的过程，最终会在董事会上对公司更新后的战略计划、业务计划、下一年的资本支出预算及关键的财务和补充目标进行全面的审查。

雪佛龙公司的执行机构是执行委员会。执行委员会由公司高级职员组成，具体负责公司的经营管理活动，支持多元化和包容性的价值观，重视不同的才能，共同为企业绩效做出努力，以保证高绩效价值观的实现。

雪佛龙公司的监督机构是四个委员会，分别为审计委员会、董事会提名与治理委员会、管理薪酬委员会以及公共政策与可持续发展委员会，共同保证实现公司诚信的价值观。

3.管理制度

企业管理制度是企业为求得最大效益，在生产管理实践活动中制定的各种带有强制性义务，并能保障一定权利的各项规定或条例，包括企业的人事制度、生产管理制度、民主管理制度等规章制度。企业管理制度是实现企业目标的有力措施和手段。它作为职工的行为规范，能使职工个人的活动得以合理进行，同时成为维护职工共同利益的一种强制手段。

董事会希望所有董事以及高级职员和员工展现出符合《雪佛龙之路》中介绍的最高道德标准。董事会还希望董事、高级管理人员和员工遵守公司的《商业行为和道德守则》。董事会审核委员会定期审查公司员工对本准则的遵守情况。

《商业行为和道德守则》(以下简称《守则》)建立在公司核心价值观之上，解释了雪佛龙公司的原则，代表了公司员工将公司价值观应用到工作中的实际方法，将道德准则应用到商业决策中，指导员工以正确和负责任的方式行事。

(1) 多样和包容原则。

公司拥有一个包容的工作环境，重视个人才能、经验和想法的独特性与多样性。

(2) 反对歧视原则。

公司为员工提供平等的机会。反对歧视反映了公司多样性的价值观。《守则》指出：“无论我们在哪里做生意，公司都遵守禁止在雇佣中歧视行为的法律。”雪佛龙公司的人才政策是提供平等的就业机会，对待应聘者和员工没有非法的偏见。相应的原则是“雪佛龙公司的任何人都不应该因为以下原因而受到歧视：种族、宗教信仰、肤色、国籍、年龄、性别、遗传信息、残疾、老兵身份、政治偏好、性取向、任何合法组织的会员或非会员”。

（3）“绩效工资”原则。

公司规定：“公司奉行‘绩效工资’的经营理念，工资按绩效发放。”这种薪酬方式支持了公司高绩效的价值观。公司管理工资、薪金和福利，保持公司在市场上的竞争地位。“绩效工资”使公司通过激励和奖励优秀人才的方式吸引和留住高素质人才。

（4）人权原则。

雪佛龙公司的人权原则重申了公司对普遍人权的长期支持，严厉谴责侵犯人权的行为。《守则》指出，“我们致力于依照联合国《世界人权宣言》及国际劳动组织（ILO）中的工作准则和权利尊重人权，并遵守联合国在商业和人权、安全与人权、自愿原则、国际金融公司规范中的指导原则。”此项原则指导了公司在员工、安全、社区、供应商和承包商及其他业务伙伴五个方面的行为。

（5）公平准确的账簿和记录原则。

准确的记录及内控反映了公司诚信的价值观。公司规定：“无论是准备交易记录的会计，还是任何为如提交费用报告、工作日志、测量和时间表等建立商业记录做出贡献的人，都必须准确、诚实地准备账簿和记录。公司所有的账簿和记录必须有足够的文件支持，以提供完整、准确、有效和可审核的交易记录。”公平准确的账簿和记录对于管理雪佛龙公司的业务及保持公司财务报告和披露的准确性和完整性至关重要。公司对诚信价值的承诺是向公众公布准确财务报告的基础。

（6）避免利益冲突原则。

避免利益冲突原则用于维护公司诚信和信任的价值观。《守则》规定，要避免利益冲突。《守则》规定活动被视为利益冲突的情况有：对公司商业利益有负面影响，对公司声誉或与其他人的关系有负面影响，干扰个人在执行其工作职责时的判断。《守则》禁止员工和董事及其近亲进行以下活动：与公司竞争，利用自己的地位或影响力为自己或他人谋取不正当的利益，利用公司信息、资产或资源谋取私利或为他人谋取不正当的利益，利用内部消息或他们在公司的职位。

此外，雪佛龙公司员工或董事向与公司做生意，或寻求与公司做生意的人或公司赠送或者接受价值超过名义价值的礼物或娱乐或任何金额的现金也被认为是一种利益冲突。《守则》禁止员工或董事进行以下活动：接受费用或酬金，以换取代表公司提供的服务；提供或接受任何与雪佛龙公司或其任何关联公司开展或寻求业务的人的礼物或娱乐；牺牲他人利益采取有利于雪佛龙公司的行动，向他人赠送礼物或提供娱乐活动。

（7）卓越运营原则。

卓越运营原则建立在公司保护人与环境的价值观上。卓越运营原则是保护员工的安全和健康、公司资产和环境的质量，并有效、可靠地开展业务。公司制定卓越运营管理系统，定义了对员工安全和健康，过程安全，可靠性和完整性，环境、效率、安全和利益相关者的系统管理，以实现公司的卓越运营。其中，雪佛龙公司的环境原则反映了保护环境的价值观。原则规定，在决策时考虑环境因素，利用业务流程识别和管理环境风险，并在资产的整个生命周期内减少对环境的潜在影响；员工应遵守公司操作原则，提高可靠性和过程安全，防止意外排放，保证负责任地经营。操作原则规定，始终在设计和环境限制内操作，始终在安全可控的条件下操作，始终确保安全装置就位并发挥作用，始终遵循安全的工作规范和程序，始终满足或超越客户的要求，始终维护专用系统的完整性，总是让正确的人参与影响程序和设备的决策。《守则》反映了公司保护员工与环境的价值观，为员工行为提供指导。

三、行为文化

在企业集体行为方面，雪佛龙公司非常注重安全，不鼓励加班，并且员工层级意识较小。在公司内部大家都直接称其他人的姓名或者英文名，没有人称呼其他同事或者上级为×总、×经理。

雪佛龙公司的安全体现在细节上。入职培训时，安全合规是重要的课程内容，涉及工作中的所有细节，从坐姿、出差中的安全细节等，一直细化到员工工作姿势；公司内部采购的办公桌椅全部可调节高度；每个人的电脑都有一张智能卡，员工因故离开工位时可以把卡拔掉并随身携带，这个时候该员工的电脑其他人是看不到并且动不了的；等等。

企业领导的行为方面，雪佛龙公司有着优秀的领导，他们均以身作则。彭晓飞是雪佛龙中国分公司的第一位华人董事长，在被问到为何能取得如此成绩时，他说："如果你在一个行业能像我一样坚持做 30 年，你也可以。"对于时下职场多见的跳槽现象，他表示这是每个人的个人选择，应该予以尊重。但他个人并不以追求高薪高职为成功标准。"凡事都是一步一步来，我至今也没有认为我成功，我一直在追求做人的基本——作为一个人，你要尽情工作，要养家糊口，要有责任。随着阅历的增加，年龄的增加，你的职位会一步步提高。我去过的公司不多，但做过的职位很多，销售、工程、秘书都做过，有的工作也并不是我愿意做的。要证明自己，你可能要做各种不同的工作。"

企业员工的行为方面，雪佛龙公司的员工在多年的发展中尊重多样性，尊重不同文化、种族、性别的人士，同时积极招揽各种人才，对不同观点及不同价值观的员工兼容并蓄，要求人人学会对不同同事的尊重及对多元文化及价值的欣赏和珍视。

公司支持员工积极参加到各个社区的义工服务中去。用员工的话来说，就是"亲自参与比只是捐钱更为重要，搞慈善活动不是为了求得良心安稳而进行的赎罪。当你看到你帮助的人获得提升时，你得到的回报让你也得到很大的满足。员工也会对企业产生自豪感"。

四、形象文化

雪佛龙是 Chevron 的音译。Chevron 是个法语词，意思是"V 形房梁木"，就是 V 字形的意思，意味着能起支撑力量的栋梁之材。在西方文化中，这个 V 字形还和军队有关，代表军衔等级。在中世纪的欧洲，骑士获得 V 形勋章是一种等级和荣誉的象征。Chevron 的深刻寓意使得雪佛龙这个名字沿用至今并广为认可。

1906 年，公司在世界各地统一使用"标准"(Standard)商标。自 1969 年起，又逐步改为"雪佛龙"(Chevron)。但是，它在美国各个州都保留一座悬挂 Standard 标志的加油站。

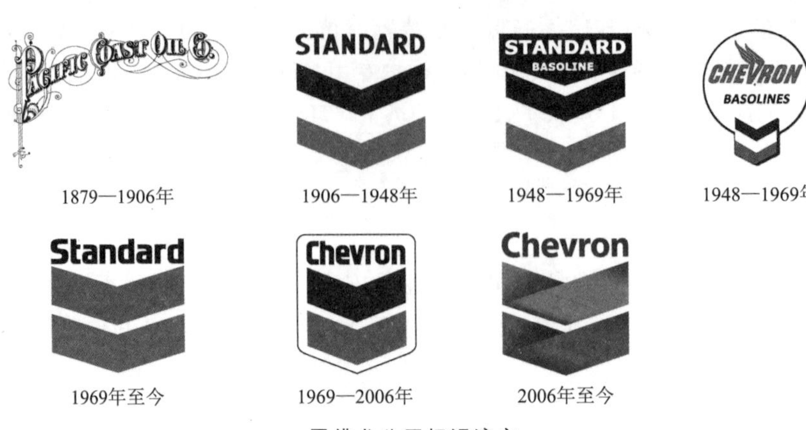

雪佛龙公司标识演变

第三节　康菲公司企业文化

大陆石油公司最早成立于1875年，标准石油公司于1885年获得了其控股权。菲利普斯石油公司成立于1917年。2001年11月18日，美国第五和第四大石油公司大陆石油公司(Conoco)和菲利普斯石油公司(Phillips)宣布两家平等合并，组成一家新公司——康菲公司。康菲公司年销售收入超千亿美元，成为西方石油六巨头之一，总部设在原大陆石油公司的总部休斯敦。它是美国第三大一体化能源公司。

2011年，在与通用电气和NRG能源公司的合资企业中，康菲公司创建了能源技术企业，专注于可再生发电、智能电网、能源效率、石油、天然气、煤炭和核能、排放控制、水和生物燃料等下一代能源技术的开发。康菲公司董事会批准将公司的炼油和营销以及勘探和生产业务拆分为两个独立的上市公司——Phillips 66和ConocoPhillips。

康菲公司发展史

2012年5月1日，康菲公司完成重新定位，两家公司开始在纽约证券交易所单独交易。Ryan Lance被任命为康菲公司董事长兼首席执行官。康菲公司是世界上最大的独立勘探和生产公司，以产量和储量为基础，在30个国家拥有16 000多名员工。

2012年以营业收入2 373亿美元排名世界500强企业第9位。

2013年以营业收入634亿美元排名世界500强企业第144位。

2020年以营业收入367亿美元排名世界500强企业第319位。

2022年以营业收入483亿美元排名世界500强企业第284位。

一、精神文化

1. 公司愿景

公司致力于成为所有利益相关者选择的勘探开发公司。

2. 公司使命

公司的存在是为了推动文明。

3. 公司价值观

公司的成功取决于员工。公司创造一个包容的环境，尊重员工的不同背景、经历、想法和观点。

(1) 安全。

没有什么任务比安全更重要。一个安全的公司就是一个成功的公司。

(2) 人。

尊重彼此。公司的成功取决于员工的能力和包容力。公司重视不同的声音和意见。

(3) 诚信。

在与内外部利益相关者的相处中，恪守道德、信守诺言。

(4) 责任。

公司对自己的行为负责。公司关心所在社区的邻居，努力使运营产生积极的影响。

(5) 创新。

公司期待变革，并提供创造性的解决方案。公司对行业不断变化的需求做出响应。公司信奉学习，不害怕尝试新事物。

(6) 团队合作。

公司有一种“我行”的态度，激励每个人都有最好的表现。公司鼓励合作，庆祝成功，提倡共赢。

二、制度文化

1. 组织结构

康菲公司的组织结构像多数公司一样，将营运部门和职能部门分开设置。这种设置方式并不是单纯地复制不同的部门和管理架构，它还表现了公司的主要结构。全球不同的业务单位通过勘探和生产国际部进行汇报，美国大陆的企业单位则通过勘探和生产美洲部进行汇报。在每个企业单位的内部，领导团队的成员也会向与其相关的公司集团进行“点式汇报”。这些成员在其各自的企业单位内部负责特定的领域。

2. 委员会部门

康菲公司董事会下设的委员会主要包括审计与财务委员会、人力资源及薪酬委员会、公共政策委员会、董事会事务委员会、执行委员会，每个常设委员会都有自己的章程。审计与财务委员会、人力资源及薪酬委员会和董事会事务委员会的章程符合纽约证券交易所上市的法律法规。章程还规定委员会以及委员会成员的资格，委员会成员的委任及罢免程序，委员会的结构和运作，以及委员会向董事会报告的目的、职责、目标和责任。每个委员会(执行委员会除外)每年将评估自己的表现并向董事会报告等。

3. 职能部门

康菲公司的职能部门主要包括战略规划部、技术部、财务部、法务部、政府事务部及人力资源部等。各部门的权力与职能基本按照国际统一惯例管理及执行。

4. HSE 管理制度

康菲公司实行 HSE 管理制度。HSE 即健康(healthy)、安全(safe)、环保(environmental)。20 世纪 80 年代,康菲公司在北海的海上员工公寓和休斯敦化工厂曾经发生过严重的安全事故,造成了重大伤亡。现在,康菲公司的员工无论在何时何地都按照最高的标准来贯彻执行《健康、安全和环保管理体系政策和程序》。其中,安全环境创优计划是康菲公司 HSE 管理制度的一大特色,旨在对健康、安全与环境危险进行管理控制。康菲公司的 HSE 体系强调,要把对所有项目、产品和施工的安全与环保问题终生负责的理念融入 HSE 管理中去,通过实施安全环境创优计划来进一步确保 HSE 管理体系的实施,确保 HSE 行为的不断优化和 HSE 业绩的持续提升。

三、行为文化

1. 与中国海洋石油总公司合作开发蓬莱 19-3 油田

康菲公司是一家综合性的跨国能源公司。作为全美大型能源集团之一,其核心业务包括石油的开发与炼制、天然气的开发与销售、石油精细化工产品的加工与销售等与石油相关的产业。公司以雄厚的资本和超前的技术储备享誉世界,与 30 多个国家和地区有着广泛的业务往来,并与中国海洋石油总公司合作开发蓬莱 19-3 油田。

2. 回馈社会

康菲石油中国有限公司在中国发展业务的同时,更注重回馈公司作业所在的社区,包括支持教育、保护环境、重视员工及家属的安全、积极促进技术转让,并一直倾力通过多种大学项目支持教育,通过探索未来之路教育计划支持中国的环境保护事业等。康菲石油中国有限公司还持续资助北京打工子弟学校——光爱学校来帮助贫困孩子获得基础教育,与天津泰达心血管病医院合作,为患有先天性心脏病的贫困地区患儿提供手术支持,并在八达岭长城西侧建立国际友谊林等。

四、形象文化

康菲公司的标志虽然看起来简单朴实,但字标上方的红色形状增添了动感和创造性的触感。康菲公司标志的核心是公司名称,且字母“C”和“P”大写,这样有助于将这个词分解为两个有意义的部分。同时,字标上方的红色形状也有助于将“Conoco”与“Phillips”分开。

康菲公司标识

第四节　荷兰皇家壳牌公司企业文化

荷兰皇家壳牌(Royal Dutch Shell)通常被称为壳牌(Shell),是一家英荷跨国石油和天然气公司,总部设在荷兰海牙,在英国注册为一家上市有限公司。它是石油和天然气公司的“超级巨头”之一,2022 年以销售收入 2 727 亿美元排在世界 500 强企业的第 15 位,以 201 亿美元的利润位列世界最赚钱的 50 家企业之一。

荷兰皇家壳牌公司(简称壳牌公司)由荷兰皇家石油公司与英国壳牌公司两家公司合并组成。荷兰皇家石油公司创立于 1890 年,获得荷兰女王特别授权而冠以皇家称谓。为了与当时最大的石油公司——美国标准石油公司竞争,1907 年荷兰皇家石油与英国的壳牌运输和贸易有限公司合并,成为西方石油七姊妹之一。壳牌公司的 LOGO 是世界上历史最悠久的 LOGO 之一,在历史上经历了多次演变,但始终以一个贝壳的形状作为主体。

壳牌公司发展史

荷兰皇家壳牌公司的公司结构十分独特:世界各地的分公司是由总部设在荷兰的荷兰皇家石油公司和总部设在英国的壳牌运输和贸易有限公司共同管理的,其中荷兰皇家石油公司控股六成,英国壳牌运输和贸易有限公司控股四成。荷兰皇家壳牌公司最大的股东是荷兰王室的投资公司。

壳牌公司认为,企业要长期立足,必须重视企业文化。思想决定行为,唯有真正统一了人们的思想,才能统一人们的行为。

壳牌公司认为,企业没有文化就没有灵魂,企业没有文化就没有核心竞争力。美国斯坦福大学管理学教授莱维特说:“领导者通过其远见卓识、有智慧的价值观和坚定的决心,给企业组织增添灵魂。”企业管理,一定要文化先行。

一、精神文化

1. 核心价值观

诚实、正直和尊重他人是公司的价值观。公司的《通用商业原则》《行为准则和道德规范》和《合规手册》帮助每个人遵循这些价值观,遵守相关法律法规。

(1) 诚实。

公司鼓励员工和商业伙伴直言不讳地指出问题,赞扬那些做了正确事情的人。

(2) 正直。

通过遵守公司的政策和规则,赋予员工和业务伙伴说“不”的权利。

(3) 尊重他人。

无论性别、种族或其他差异,所有人都有机会进步。

2. 公司使命

公司在安全销售和分销能源及石化产品的同时,提供创新的增值服务。

3. 公司愿景

公司通过敬业的专业团队创造价值，重视客户的价值，兑现承诺，为可持续发展做出贡献。

二、制度文化

壳牌公司的组织结构经历了五次变革，每次变革都以适应外部经营环境的变化为依托。壳牌公司的组织结构从双董事会结构开始，历经了直线制、职能制、矩阵式、板块式等各种组织结构。透过现象看本质，壳牌公司的每一次组织结构变革都是一次分权或集权的过程。

壳牌公司的组织结构经历了一个复杂的演变过程。合并之初，两家公司依然保留着各自原有的管理体系。作为同等地位的母公司，它们并没有融进壳牌集团的管理范畴，而是以各自独立的机构，按照在壳牌集团中所占的股权比例，在更高的层次上实施对壳牌集团的决策管理。也正因如此，壳牌集团在管理上形成了别具一格的双董事会管理机构。

在业务构成上，新成立的壳牌集团按照两家公司各自的业务能力，以及在此之前联合成立的亚细亚石油公司的业务功能，重新组建了营销的管理体系，细分了营销业务的管理。

首先，在终端销售方面，壳牌公司的市场营销机构是在原有亚细亚石油公司销售机构的基础上，合并了两家公司原有销售机构组成的。其次，在原荷兰皇家石油公司的上游资源及炼油设施基础上，组建了 BPM 公司(设在海牙)。该公司按照业务分工协议，进行上游勘探、生产以及油品炼制业务，为市场经营提供产品。最后，以原英国壳牌运输和贸易有限公司的船队为基础，组建了盎格鲁-撒克逊(Anglo-Saxon)石油公司(设在伦敦)，为公司产品提供油轮运输和资源存储方面的服务。至此，壳牌集团最初的组织结构建立完成。

但随着业务的扩大，外部经营环境的发展与变化，壳牌公司不断地通过组织结构的变化来适应环境。从成立之初至今，壳牌公司共经历了五次组织结构的调整。

三、行为文化

壳牌公司一贯注重友好合作。1934 年，荷兰皇家石油公司的主席亨利·德特丁发表了一篇讲话，他这样诠释壳牌集团的全球经营理念和企业文化："不论何时，荷兰皇家壳牌集团均以善意会友；不分何地，我们均致力于提供经验、技术和资本。我们雀跃于被视为忠实、诚信的盟友；在与各地人民共同合作、为公司赚取满意回报的同时，我们亦致力于为当地缔造繁荣进步。能够运用所在地的自然及人力资源，我们心存感激，亦必以关心及善意与社区建立良好关系。"这番话虽写成于 80 多年前，却仍很精确地道出壳牌公司一直以来与东道国相处的原则。

壳牌公司在一切经营活动中坚持诚实、正直和公平的原则，并期望在与外界的所有业务往来中体现同样的原则。直接或间接提出、给付、索求或收受任何形式的贿赂，均属不能允许的行为；支付疏通费亦属贿赂，不应采取；员工在履行公司职务与从事私人活动之间必须避免利益冲突；员工必须向其所在企业报告潜在的利益冲突。壳牌公司的一切交易必须遵照既定的规章制度，准确无误地记录于公司账目内，以备审计。

壳牌公司注重培养员工的能力和领导力。领导力的培养将员工们打造成更加出类拔萃的力量。的确，对这样一个跨国能源巨头来说，必须要有强大的领导力推动整个集团前进。因此，领导力的培养同样是人力资源最重要的一环。

壳牌集团具有"五个方面的责任"：一是对股东的责任，即保障股东的投资，提供合理回报。二是对客户的责任，即凭借技术、环保和商业方面的专业知识，开发及提供品质优良、价格合理和符合安全与环保标准的产品及服务，以赢取客户的不断支持。三是对员工的责任，即尊重公司员工的人权，为员工提供良好、安全的工作条件和良好、有竞争力的待遇；善用人才，发挥所长，提供均等的就业与发展机会；鼓励员工参与其工作的计划和安排，多为员工着想，并在各自公司内贯彻经营宗旨。公司的营运成功有赖于全体员工的齐心合力和全力贡献。四是对与公司有业务往来者的责任，即努力与承包商、供应商以及合资企业建立互利关系，并同时促进经营宗旨的实行。能否有效地履行经营宗旨，是决定能否培养或维持这种合作关系的重要因素。五是对社会的责任，即开展业务时，当以负责任的"企业公民"态度从事，遵守当地法律，在符合正当商业企业角色的情况下，表明对人的基本权利的支持，并对健康、安全和环境保护给予适当重视，以符合公司对可持续发展作贡献的承诺。

四、形象文化

1. 公司标识的演变

壳牌公司的标识运用了谐音和比喻。公司的英文名称叫 Shell，它的一个义项是蚌壳，于是在设计时采用一幅贝壳图。标识图标上面的红色代表能源所造成的热烈氛围，而黄色底色则象征企业能源所带来的普照光明。

公司在 1900 年注册了商标，当时是由黑白贝壳制成的，是壳牌公司拥有的 22 000 多个商标中最古老的一个。

1930 年，贝壳被赋予了更正式的设计，并应用于包装、标牌和车辆。它可以是白色、黄色或红色的。1948 年，Shell 这个名字被引入公司标识。

20 世纪 50 年代中期，出现了一种更简单的标志外观，更适合新一代印刷需要。该标志可以很容易地应用到从加油站到商店标识的所有东西上。从 20 世纪 50 年代一直到 70 年代，标志的变体不断出现。

1971 年，著名的工业设计师 Raymond Loewy 设计了新的标识，将 Shell 从标志的中心删除，并以一种特别设计的字体放在贝壳的下面。

20 世纪 90 年代，早期壳牌标志的颜色为温暖的黄色和热烈的红色，这给予了它更广泛的吸引力。

2. 创之道

来自四川德阳鑫森缘科技有限公司的创始人温鑫获得 2020 年壳牌"创之道"——"十佳创新者"的荣誉和能源转型组别的亚军。"创之道"——"十佳创新者"是壳牌公司主办的

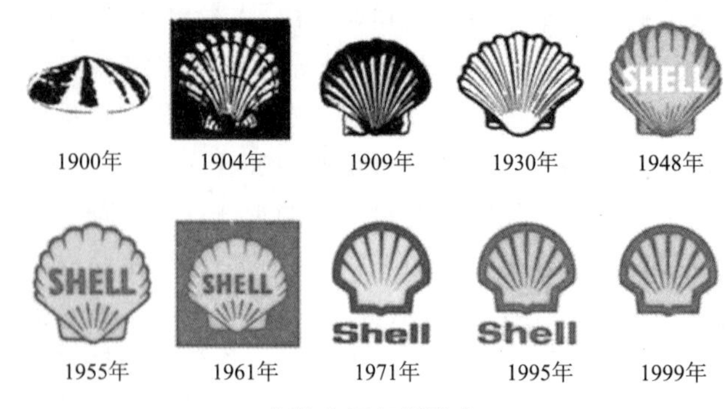

壳牌公司标识演变

一个全球范围内竞赛所设的奖项，用于评选和奖励在创新方面表现卓越的企业，让企业家有机会在国际舞台上大放异彩。鑫森缘公司以农林加工的废弃物如秸秆、稻壳、棉花秆等生物质为原料，通过预处理和加工，将其固化为高密度的颗粒燃料，销售给当地的工厂以替代煤、油等不可再生资源。

“创之道”是壳牌公司在全球推广的公益投资项目，通过在全球范围内促进创业精神，帮助创业者发展来促进地方经济的繁荣。“创之道”于 1982 年起源于苏格兰，目前已在全球 17 个国家开展，产生了积极的社会影响。

3. 环境保护行动

以环保为主题，壳牌公司开展全方位的企业形象公关，其举措包括“壳牌美境行动”、在北京密云区认养“壳牌林”、赞助出版全国《儿童环保行为规范》、支持中国探险学会等。“壳牌美境行动”旨在培养中学生从小保护环境的意识。活动从开始就得到了北京、上海、广州三地地方教委、环保部门和民间组织的大力支持，众多中小学积极参与。20 000 余名中小学生的参与，1 000 余个环保方案的提交，足以说明这项活动的影响力。在提交的方案中，有 234 个方案获奖，其中北京一零一中学、清华大学附属中学、上海市东中学、复旦中学等学校学生提出的 41 个方案获一等奖，他们获得了壳牌集团的资金支持，使方案得以实施。获奖方案内容多样，既有制作环保袋的实践活动，也有生物桥养殖的研究活动；既有校外的环保宣传，也有校内的环境净化；既有传统的校园绿化、树林领养，也有反映高科技时代特征的“壳牌美境网络世界”。

这一系列的措施都体现了壳牌公司对于环境问题的重视程度，以及和更多的人分享壳牌公司的环保承诺。

第五节　BP 公司企业文化

英国石油(British Petroleum，简称 BP)公司是由前英国石油、阿莫科、阿科和嘉实多等多个公司整合重组形成的，是世界上最大的石油和石化集团公司之一。该公司的前身是创立于 1908 年的盎格鲁-波斯石油公司(Anglo-Persian Oil Company)，1935 年改为英(国)伊

(朗)石油公司,1954 年改称英国石油公司。该公司整合了探油、探气、油气开发、炼油、储油、售油、零售等营业领域。在 1998 年的一次购并行动之后,BP 不再作为 British Petroleum 的缩写,而是成为公司的正式名称。在广告上,该公司有时使用“超越石油”(Beyond Petroleum)来宣传业务。BP 公司总部设在英国伦敦。BP 公司的太阳花标志是以古希腊的太阳神命名的。

BP公司发展史

BP 公司作为西方石油七姊妹之一,也是西方石油六巨头成员,2020 年营业额达到 1 642 亿美元,排世界 500 强企业的第 35 位。

一、精神文化

1. 公司愿景

公司目标是在 2050 年或更早成为一家净零排放的公司,并帮助世界实现净零排放。这意味着公司要解决 4.15 亿吨的碳排放,其中 5 500 万吨来自公司业务,3.6 亿吨来自上游油气生产。公司计划在 2050 年或更早将销售的产品的碳强度降低 50%。

2. 公司价值观

公司业务随着所服务的世界同步转型。公司的五大价值观为公司的运营和行为方式提供了一个值得借鉴的思考。

(1) 安全。

安全就是好生意。公司所做的一切都依赖于公司员工和周围社区的安全。公司关心环境的安全管理,致力于向世界安全输送能源。

(2) 尊重。

公司尊重员工所处的世界。从遵守法律法规开始,公司坚持最高的道德标准,并以赢得他人信任的方式行事。公司依赖于员工的人际关系,尊重彼此和共事的人。公司重视人员和思想的多样性,尊重员工或大或小的决定。

(3) 卓越。

面对高危行业,致力于通过系统和严格的管理使公司业务卓越。公司遵循并维护自身制定的规则和标准。公司致力于高质量的成果,渴望学习和改进。

(4) 勇气。

要想取得最好的结果往往需要面对困难的勇气,敢于说出自己的想法并坚持自己的信念。公司员工总是努力做正确的事,探索新的思维方式,对自己诚实,并积极寻求他人的帮助。公司目标是留下一份持久的遗产。

(5) 团队。

人多力量大。公司将团队置于个人成功之上,并致力于培养团队能力。

3. 公司新战略

公司新战略围绕三个重点活动领域和三个差异化来源建立,以扩大价值。

(1) 三个重点领域。

低碳电力和能源——扩大可再生能源和生物能源领域规模,在制氢和 CCUS(碳捕集、利用和存储）领域寻求领先地位，并建立天然气投资组合，以补充这些低碳能源。

便利和移动性——将客户放在公司工作的核心位置，帮助加速全球移动革命，重新定义便利零售的体验，扩大公司在成长型市场的存在和燃料销售。

有弹性和集中的碳氢化合物——保持对安全性和操作可靠性的绝对关注，继续进行高级的投资组合、更具竞争力的生产和精炼量。公司不会寻求在没有上游业务的国家进行勘探。

（2）三个差异化来源。

综合能源系统——沿着价值链将公司的所有业务整合在一起，优化能源系统，为客户提供全面的服务。

合作——与制定净零排放路径的各国、各城市和各行业开展合作。

数字化和创新——以新的方式与客户接触，提高效率并支持新业务。

二、制度文化

1.企业领导体制

在BP公司的治理结构中，股东作为所有者，有权决定董事会人选，并有推选或不推选甚至起诉某位董事的权利，但一旦授权董事会负责公司后，股东就不能随意干涉董事会的决策。董事会作为公司的法人代表，承担股东受托的责任，拥有支配公司法人财产的权利和任命、指挥经理人的权利，但必须对股东负责。经理人作为董事会的代理人拥有董事会指定的管理权和代理权，负责公司日常的生产经营和管理，但经理人必须对董事会负责，其经营业绩也要受董事会的监督和审查。完善的公司治理结构为BP公司建立有效的组织结构和实施有效的内部管理模式奠定了良好的制度基础。

2.组织机构

为了避免重组后机构臃肿和管理层次繁杂，BP公司重新设置了组织结构和管理层次，将管理机构压缩调整为四个层次。

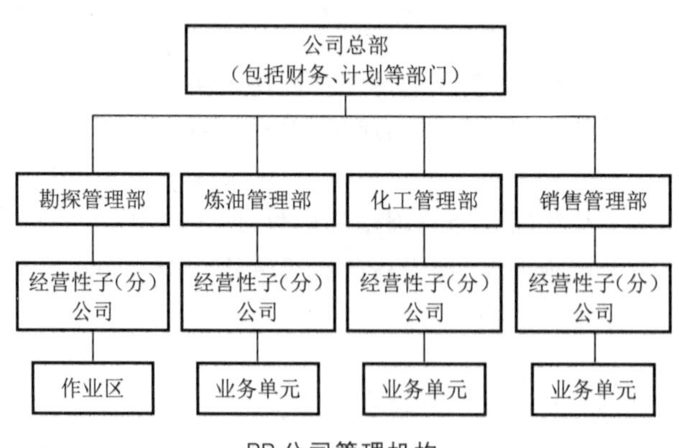

BP公司管理机构

第一层为公司总部，包括股东及股东大会、董事会、高级管理层和职能部门，是公司的投资中心。第二层为业务经营管理公司，是石油公司按照专业或地区而设置的公司。这一层是公司的利润中心。第三层为经营性子公司，是由第二层公司所管辖的子公司或分公司。这一层一般作为第二层的利润分中心。第四层为作业区，是直接从事生产作业的基层单位，具体执行生产任务。这一层一般均为成本中心。经过压缩与调整，BP 公司组织结构中的每一层各司其职，严格按照分工完成各自所承担的业务，在纵向上能够实现垂直化管理，在横向上又增加了彼此间的互相联系与协作。目前，这种层次结构不仅大大减少了石油公司的管理费用，而且能够使公司内部的责任与权利更加清晰。

BP 公司的标准管理机构设在工程部，专职人员 4 人。在 BP 系统内共有 64 名工程师主要从事标准编写与修订工作，公司要求他们将 1/3～1/2 的精力投入标准化工作中。BP 公司每年约花费 200 万美元用于购买各种国际标准。

3. 管理制度

BP 公司采用标准管理制度。与壳牌公司一样，BP 公司的各作业区包括独资、控股和参股等各种形式。其中，控股和参股项目由于 BP 公司既是投资方又是作业者，所以这类项目一般约定采用 BP 公司标准。BP 公司进行业务并购后，用了大约 5 年的时间进行了 400 项公司标准的整合，并于 2010 年将这 400 项公司标准都重新修订发布。BP 公司的标准复审修订周期一般为 5 年或者在所依据的国际标准修订后及时修订。BP 公司各作业区的生产管理、施工作业方面的标准由各作业区自行制定，约有 1 万余项。

BP 公司为了挖掘智力资源，发明了 T 型管理方法。所谓 T 型管理，是指在公司内部自由地分享知识（T 的水平部分），同时致力于单个业务单元业绩（T 的垂直部分）。

三、行为文化

BP 公司始终把 HSE 体系的建立和推行作为公司开展各项工作的头等大事，贯穿于生产经营各项活动全过程，以各项基础工作的整体进步推动安全管理的持续改进。上至公司决策高端，中到企业管理部门，下至各个操作岗位员工，不仅人人拥有超强的 HSE 观念，而且个个倾力推行 HSE 管理体系，使得 HSE 的体系观念在公司上下蔚然成风。

BP 公司在所建立的 HSE 体系中，本着人类社会总体需求，结合生产经营各个环节，并针对企业经营管理的具体实际，制定了 13 个管理要素，分别为领导重视并负责，风险评估和管理，人员、培训和行为，与承包商和其他方合作，装置设计和安装，运行和维修，变更的管理，信息和资料，用户和产品，社区和相关各方的意识，危机和应急管理，事故分析和预防，评估、保障和改进。BP 公司各项业绩考核标准的设立都由各业务单元控制，并且严格按照“PDCA”循环原理进行工作，确保 13 个要素落实到位。

四、形象文化

1. 公司标识

1930 年，来自公司采购部门的设计方案在员工征集公司标志比赛中脱颖而出。该标志由两个四四方方的“B”和“P”字母组成，在字母的上方有一对翅膀，外面包围着一个线形的盾牌。

1921—1922年　1922—1930年　1930—1947年　1947—1958年

1958—1989年　1989—2000年　2000年至今

BP 公司标识演变

在一段时间里，BP 公司标识的盾牌里面的图案几乎可以是任何颜色的，红、蓝、黑、绿、黄、白都有。20 世纪 30 年代，公司管理层向辖下公司要求使用一致的标识，从此绿色和黄色被定为标准色。

盾牌图案伴随 BP 公司共 80 个年头，此间只做了一些细微的改动。1998 年，BP 公司兼并了阿莫科公司，公司的名称变为 BP Amoco，标志是 BP 的盾牌图案与 Amoco 的火炬图案并列。

2000 年，BP 公司发布了新的全球品牌和新标志——一个由绿、黄、白三色组成的太阳花标志，代替了“盾牌”标志。太阳花标志共有三层，每层由 18 个花瓣图案组成，三种颜色象征着热、光和自然，其设计意图是打破传统，象征最伟大的能源——太阳本身，也象征着公司充满活力。

2. 社会形象

BP 公司最吸引人关注的事件莫过于墨西哥湾漏油事故。美国南部路易斯安那州沿海一个石油钻井平台在 2010 年 4 月 20 日晚 10 点左右起火爆炸，“深水地平线”钻井平台爆炸沉没约两天，海下受损油井开始漏油。这次事故共造成 11 人死亡、17 人受伤。漏油持续 87 天，约有 410 万桶原油流入墨西哥海湾，污染波及沿岸美国 5 个州。美国政府证实，此次漏油事故超过了 1989 年阿拉斯加埃克森公司瓦尔迪兹油轮的泄漏事件，是美国历史上“最严重的一次”漏油事故。

墨西哥湾漏油事件爆发后，BP 公司股价在最初的 3 个月暴跌三分之一，市值蒸发约 800 亿美元，包括渣打银行等金融机构都对 BP 公司的下一步发展持悲观态度，国际评级机构先后下调对 BP 公司的评级，其中惠誉将 BP 公司评级由 AAA 级降至 BBB 级，连降 6 级。

对 BP 公司来说，这似乎是一场灭顶之灾，但 BP 公司还是较为安稳地度过了其最为困难的时刻。事故之初，BP 公司的掌舵者知错就改，反应迅速，短期内通过亡羊补牢式经营战略调整帮助企业站稳脚跟，避免了破产被兼并的命运。

BP 公司具有敢于承认错误，正视问题的企业精神。他们如实披露了公司的经营情况和财务状况，并开展了良好的公关工作，承诺将竭尽全力减少漏油事件对当地环境和经济的影响，并在 2010 年年报中详尽披露了墨西哥湾漏油事件的损失对公司当期财务报表的影响及可能发生的各项支出，使资本市场了解公司财务的真实情况，从而树立了较好的信誉和形象，赢得了客户和投资者的信任。这也与公司诚信负责的企业价值观不谋而合。BP 公司是海上油气勘探的先行者，是全球掌握深海勘探开发技术的少数几家公司之一，这种诚信、负责任的态度无疑是他们继续引领行业进步的必要条件。他们建立了 200 亿美元的托管账户，以准备用于可能发生的法律诉讼和对自然资源损害的赔偿，并承诺出资 5 亿美元建立研究基金，以用于研究墨西哥湾漏油事件对于环境的影响。

第六节　道达尔公司企业文化

道达尔能源(Total Energies)是一家多元化能源公司，在全球生产和销售包括石油、生物燃料、天然气、绿色燃气、可再生能源和电力在内的能源产品。公司致力于让更多的人享有更清洁、更平价、更可靠且更易普及的能源，业务遍及全球 130 多个国家和地区。道达尔能源总部设在法国巴黎，是全球领先的国际能源公司，也是全球第二大液化天然气运营商。2022 年，道达尔能源以营业收入 1 846 亿美元排在世界 500 强企业第 27 位。

道达尔公司发展史

道达尔能源的前身道达尔(Total)公司是一家生产和销售燃料、天然气和低碳电力的能源公司，其前身是 1924 年成立的法国石油公司，是法国石油公司于 1998 年 11 月与比利时菲纳石油公司(FINA)合并、2000 年 3 月对法国埃尔夫公司(ELF)并购这两次交易后的产物。2003 年 5 月 7 日，全球统一命名为道达尔(Total)，旗下由道达尔(Total)、菲纳(FINA)、埃尔夫(ELF)三个品牌组成。2021 年 5 月 28 日，道达尔更名为道达尔能源，并启用新的品牌标识，表达了道达尔能源集团向多元化能源公司进行战略转型的决心。

一、精神文化

1. 公司愿景

公司愿景是成为负责任的能源企业。要成为负责任的能源企业，就意味着要提供价格合理、可靠和清洁的能源。能源是一种重要的、不断变化的资源，它一直伴随着社会的重大变化。能源企业要想在应对当今世界面临的复杂挑战中发挥关键作用，就必须适应形势做出改变。

2. 公司价值观

安全、相互尊重、先锋精神、团结一致和绩效导向代表了公司所有人都认同的价值观。这些价值观指导着员工的行动和与利益相关者的关系，同时也是公司实现共同目标的基础，即成为负责任的能源巨头。

（1）安全。

安全不仅是一个优先事项，而且应该是一种价值。公司始终把安全视为个人和集体的责任。个人安全就是大家的安全。

（2）相互尊重。

相互尊重意味着每句话都有同等的价值。公司把人放在集体项目的中心，并时刻努力体现这一原则，保持良好的工作关系，对人权给予最大的尊重，坚持诚信，拥抱多样性，并关注公司内部劳动关系的质量。因此，相互尊重是公司集体道德原则的基石，也是公司展示自身作为世界大公司之一的典范行为的方式。

（3）先锋精神。

由于公司几乎不存在国内资源，所以公司不得不培养先锋精神，以建立公司的业务，并在世界各地建立强大的地位。

这种先锋精神不断鞭策着公司前进，使公司有勇气、冒险精神去征服新的领域。它鼓励员工每天保持好奇心和创新，具有前瞻视野来确保市场份额。

（4）团结一致。

团结一致反映了公司是如何互动的，就像团队精神，使员工能够自信地共同面对未知。尽管公司拥有约10万名员工，但公司仍然理所当然地将自己视为“家庭”。在尊重员工的同时，公司团结一致，让每个人都能在关怀的环境中成长，并从公司的团队力量中获得支持。这种价值观也使公司无论是在商业上还是在社会上都肩负起自身的责任。除了公司的合同义务外，公司还与当地社区携手合作，促进东道国的发展。

（5）绩效导向。

绩效导向的态度描述了公司的工作方式。公司项目的规模和成本，以及公司管理的行业风险，都要求公司具备最高的专业水平。这就是为什么公司设立了这么高的标准：仅仅做是不够的，必须做得特别好。公司以业绩为导向的文化，加上高水平的专业知识，已使公司成为全球行业的领导者。这种文化将使公司实现成为负责任的能源巨头的雄心壮志。

二、制度文化

公司治理是公司的组织、管理和控制方式。道达尔公司的管理主要是董事会和总经理的职责。董事会由背景各异的成员组成，可确保执行最高的公司治理标准，并以AFEP-MEDEF上市公司《公司治理守则》中的准则为指导原则。董事会定义了公司的战略远景，确保内部控制职能有效运作，并监督提供给股东和金融市场的信息的质量。

董事会是集团的决策机构，其职责是在四个委员会（审计委员会、治理与道德委员会、薪酬委员会及战略与企业社会责任委员会）的协助下确定集团的战略方向。董事会根据公司利益，确定公司的业务流程并监督其实施。同时，它监视财务和非财务事项的管理，确保提供给股东的信息的质量，并召开和设置年度股东大会的议程。

董事会非常重视其组成及其委员会的组成，尤其依赖于治理与道德委员会的工作。该委员会每年进行审查，并依情况建议对董事会和委员会的组成进行适当的调整。

每一个委员会或者是部门的存在都使公司的管理更加高效、严谨。多方的审查监督可以使公司管理人员在行使权力的时候更有制约性，从而使公司不会出现大的经营失误，让公司的每一个决定都是正确的、公平的，确保公司的经营收益不会出现问题。

三、行为文化

道达尔能源负责任的商业模式和《行为准则》以一系列原则为核心。这些原则普遍适用于公司在世界各地的所有业务，具体包括：

安全：安保、卓越运营和可持续发展相辅相成。

相互尊重：公司《行为准则》的基石。

零容忍：公司对于腐败和欺诈活动的态度。

透明：公司与社会进行各类接触的行为准则。

四、形象文化

1. 标识演变

在 1954 年和 1958 年，为了跟上日益激烈的竞争，每个集团都设计了自己的差异化战略，并进行了服务定位，每个品牌也都因此变得不同。克劳德·勒·科是道达尔第一个商标的设计师，他从口袋里拿出一支铅笔和一张纸，画了一个圆圈，并用一条竖线将其分成两半，其中圆是蓝色的，是石油蓝，直线是红色的，象征着能量，形象地说，就像是在白色的背景下从油井里冒出来的火焰。公司的名称简短，是公司结构整合的象征。

1985 年 6 月 21 日，法国石油公司更名为道达尔-法国石油公司(Total CFP)。1991 年 6 月 17 日，道达尔-法国石油公司更名为道达尔。1999 年 9 月 13 日，公司更名为道达尔菲纳埃尔夫。2003 年 5 月 6 日，公司更名为道达尔(Total)，展示集团全新形象。公司标识中的白色代表 Fina，蓝色代表 Elf，红色代表 Total，从外形上看，显然具有三家公司合并、走向全球、做强做大的含义。

2021 年 5 月 28 日，经股东大会批准，公司名称由道达尔(Total)更名为道达尔能源(Total Energies)，同时，道达尔能源将启用全新的品牌标识。从更名到全新形象的启用，反映了公司战略转型为一家广泛的能源公司。

1954—1985 年　　1985—2021 年　　2021 年至今

道达尔公司标识演变

全新标识以公司新名字“Total Energies”的首字母 T 和 E 绘制成一个代表“能量之旅”的符号。官方表示，该标识象征着道达尔能源将开启一段能量旅程。

全新标识融合了新的品牌色，包括 7 种颜色的多个形象，每一种颜色代表一种不同的能量形式，包含石油、天然气、电力、氢能、生物质能、风能和太阳能。标识将上述 7 种能源的代表颜色组合成渐变填充形式，代表道达尔将以历史颜色（红色）为起点，迈向新能源。

2. 社会责任

道达尔能源致力于积极支持业务所在地区的发展，通过公司的全球公益项目——道达尔能源基金会采取行动。道达尔能源基金会的行动围绕青年融入与教育，气候、沿海地区和海洋保护，道路安全，以及文化交流及遗产保护四大领域展开。

2019 年，道达尔位于巴黎附近名为 L’Industreet 的创新培训中心正式落成，是专为 18～25 岁准备走进职业生涯而亟须工作技能培训的年轻群体设计的。

此外，为年轻群体提供支持还意味着让他们拥有表达自己观点和想法的机会，因此公司特别为第二届全球青年道路安全大会提供赞助，倾听 15～29 岁（据调查，该年龄段人群为全球道路交通事故的主要受害者）与会人员的不同意见和建议，让他们尽情表达、自由阐述。

2019 年，道达尔能源基金会宣布捐赠资金用于支持建造非洲道路安全观测站，改善非洲地区道路交通事故的数据收集、分析和共享水平。

道达尔能源坚持为法国基金会提供赞助支持，恪守保护全球文化遗产的承诺。

新冠疫情肆虐之际，道达尔能源为法国境内医院和其他医疗机构提供了价值 5 000 万欧元的加油券，并为医疗护人员的救援工作提供便利支持。与此同时，公司也在世界各地开展救援工作，共同对抗这场突如其来的全球健康、经济危机，包括捐款，捐赠燃油和润滑油，提供天然气电力折扣优惠，生产防护装备，并为地方非营利组织机构提供辅助支持等。

3. 公司业务

道达尔能源的业务涵盖整个能源价值链。

能源的生产：包括石油、天然气的勘探与生产以及可再生能源的开发。

能源的转化：包括液化天然气、可再生能源电力、生物质能，以及炼油、化工和调配等业务。

能源的营销与输配：向个人和商业客户销售生物燃料、石油燃料、润滑油、聚合物和各类化工产品等，以及提供储能服务和各种提高能效的服务。

道达尔能源还为自有设施和客户开发碳中和解决方案，包括提高能效和碳捕集与封存（包括 CCS 技术及自然碳汇）。

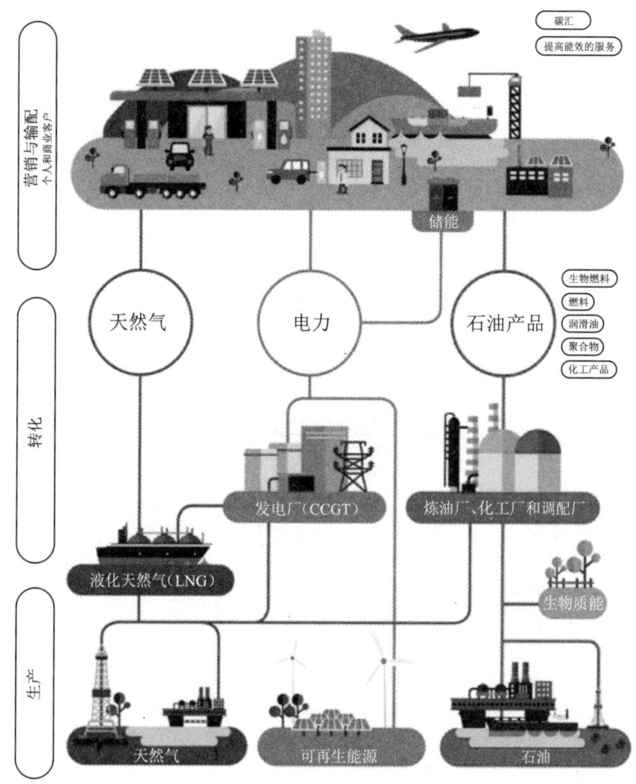

道达尔公司业务

思考题

1. 阅读世界石油大王洛克菲勒的材料，谈谈其对埃克森美孚公司文化的影响。

2. 阅读埃克森美孚公司和雪佛龙公司的文化，比较两者之间的异同。

3. 从康菲石油公司近十年销售收入的变化角度分析其石油文化。

4. 阅读荷兰皇家壳牌公司的首席执行官材料，谈谈首席执行官对其石油文化形成的贡献。

5. 阅读BP公司的首席执行官材料，谈谈首席执行官对其石油文化形成的贡献。

6. 阅读道达尔公司的首席执行官材料，谈谈首席执行官对其石油文化形成的贡献。

7. 根据下面表格，计算跨国石油公司的跨国指数。

6家跨国石油公司总体情况一览表

排名	企　业	母国	资产/百万美元		销售额/百万美元		就业/人		子公司数目/个	
			国　外	总　量	国　外	总　量	国　外	总　量	国　外	总　量
1	英国石油	英国	154 513	193 213	232 388	285 059	85 500	102 900	445	611
2	埃克森美孚	美国	134 923	195 256	202 870	291 252	52 968	105 200	237	314

续表

排名	企业	母国	资产/百万美元		销售额/百万美元		就业/人		子公司数目/个	
			国外	总量	国外	总量	国外	总量	国外	总量
3	壳牌	英国/荷兰	129 939	192 811	170 286	265 190	96 000	114 000	328	814
4	道达尔	法国	98 719	114 636	123 265	152 353	62 227	111 401	410	576
5	ENI	意大利	50 212	98 553	47 749	89 840	30 186	71 497	162	222
6	康菲	美国	46 321	92 861	40 945	143 183	14 048	35 800	44	85

测试题

第七章

中国石油石化企业文化

1946 年 6 月 1 日，隶属于国民党政府经济部资源委员会的中国石油有限公司在上海成立，翁心灏出任董事长兼总经理。该公司依照公司法，按现代公司模式组建，成为中国历史上第一个国家石油公司，也标志着中国石油工业开始成为一个独立的行业。中国石油有限公司 1949 年随国民党政府迁至中国台湾后，全名为台湾中油股份有限公司，简称中油公司(CPC)。而中国石油有限公司的绝大多数资产留在了大陆，成为新中国石油工业发展的基础。

改革开放以前，我国的石油工业由石油工业部统管。改革开放以后，从石油工业部中分离成立了中国海洋石油总公司、中国石油化工总公司，而石油工业部变成了实行企业化经营和管理的中国石油天然气总公司。中国中化公司也加入了上下游一体化的石油经营中，努力培育具有全球竞争力的世界一流企业，形成了各具特色的石油公司文化。

第一节　中国石油企业文化

中国石油天然气集团有限公司(简称中国石油，英文缩写为 CNPC)是国有重要骨干企业和全球主要的油气生产商和供应商之一，是集国内外油气勘探开发和新能源、炼化销售和新材料、支持和服务、资本和金融等业务于一体的综合性国际能源公司，在国内油气勘探开发中居主导地位，在全球 35 个国家和地区开展油气投资业务。2022 年，中国石油以 4 117 亿美元销售收入在《财富》杂志世界 500 强企业排名中位居第 4 位。

中国石油发展史

一、精神文化

企业文化建设是落实社会主义核心价值体系、建设社会主义先进文化的根本要求，是担当历史责任、传承弘扬大庆精神铁人精神的重要使命，是实施中国石油思想政治保障体系、提升企业软实力的具体体现，是发挥特有文化优势、建设世界水平综合性国际能源公司的现实需要。

企业文化建设的指导思想：以中国特色社会主义理论体系为指导，坚持大庆精神铁人精神核心地位，围绕全面建设世界水平综合性国际能源公司总体目标，融入中心、服务大局、以人为本、继承创新、务求实效，努力建设符合现代企业发展方向、具有鲜明时代特征和石油特色的企业文化，充分发挥文化优势，提升企业核心竞争力，为集团公司科学发展提供强大精神力量。

企业文化建设的主要目标：以弘扬大庆精神铁人精神为核心，建设符合现代企业发展方向、具有鲜明时代特征和石油特色的企业文化；推进文化管理，以企业文化建设促进管理提升，内强队伍素质，外树企业形象；发挥企业文化优势，增强企业凝聚力、竞争力、影响力，保障企业永续发展。

1. 企业精神：石油精神和大庆精神铁人精神

1）石油精神

2016 年 6 月，习近平总书记做出重要批示，指出“石油精神”是攻坚克难、夺取胜利的宝贵财富，什么时候都不能丢；要结合“两学一做”学习教育，大力弘扬以“苦干实干”“三老四严”为核心的石油精神，深挖其蕴含的时代内涵，凝聚新时期干事创业的精神力量。石油精神以大庆精神铁人精神为主体，是对石油战线企业精神及优良传统的高度概括和凝练升华，是我国石油队伍精神风貌的集中体现，是历代石油人对人类精神文明的杰出贡献，是石油石化企业的政治优势和文化软实力，其核心是“苦干实干”“三老四严”。

2）大庆精神

老一辈石油人学习和运用毛泽东思想，继承和发扬中国共产党、中华民族、中国工人阶级和中国人民解放军的优良传统，在新中国波澜壮阔的石油大会战中逐步孕育形成的大庆精神已经成为中华民族伟大精神的重要组成部分、中国共产党的伟大精神之一。其基本内涵是：为国争光、为民族争气的爱国主义精神，独立自主、自力更生的艰苦创业精神，讲究科学、“三老四严”的求实精神，胸怀全局、为国分忧的奉献精神。大庆精神凝练为“爱国、创业、求实、奉献”。

3）铁人精神

铁人精神是对王进喜同志崇高思想、优秀品德的高度概括，是我国石油工人精神风貌的集中体现，是大庆精神的具体化、人格化。其主要内涵是：“为国分忧，为民族争气”的爱国主义精神，“宁肯少活二十年，拼命也要拿下大油田”的忘我拼搏精神，“有条件要上，没有条件创造条件也要上”的艰苦奋斗精神，“干工作要经得起子孙万代检查”“为革命练一身硬功夫、真本事”的科学求实精神，“甘愿为党和人民当一辈子老黄牛”、埋头苦干的无私奉献精神。

2. 企业愿景：建设基业长青世界一流综合性国际能源公司

世界一流：供给高效、产品卓越、品牌卓著、创新领先、治理现代，在保障国家能源安全上走在前、做示范，在加快实现高水平科技自立自强上走在前、做示范，在提升公司治理体系和自理能力上走在前、做示范，在加快绿色低碳转型上走在前、做示范，在深化国际能源合作上走在前、做示范，在坚持党的领导加强党的建设上走在前、做示范。

综合性：油气勘探开发、炼油化工等油气业务和油田技术服务等支持业务协同发展，国内业务和国际业务协调互动，产业发展和金融业务融合并进，实体企业和投资公司相互促进。

能源公司：立足化石能源，积极拓展非化石能源，坚定不移做强做优油气业务，加快布局新能源、新材料、新业态，努力构建多能互补新格局。

3. 企业价值追求：绿色发展、奉献能源，为客户成长增动力，为人民幸福赋新能

绿色发展：牢固树立“绿水青山就是金山银山”理念，自觉推动绿色低碳发展，加快绿色清洁能源体系构建，开发推广绿色低碳技术工艺，让资源节约、环境友好成为主流生产生活方式，以绿色低碳转型实现企业与社会共同发展、人与自然和谐共生。

奉献能源：站在“两个大局”高度，准确把握能源转型大趋势，坚持创新、资源、市场、国际化、绿色低碳战略，统筹利用好两种资源、两个市场，保障国家能源安全，保障油气市场平稳供应，为世界提供优质安全清洁和可持续供应的能源产品与服务。

为客户成长增动力：坚持以客户为中心，深度挖掘客户需求，把客户成长作为企业成长的源头活水，持续为客户创造最大价值，以更优质、更便捷的服务赢得客户信赖，以更安全、更可靠的产品助力客户发展，实现企业与客户共同成长。

为人民幸福赋新能：始终把为人民谋幸福作为发展的根本目的，加快产业转型升级，不断增加绿色低碳、清洁高效的能源和产品供给，把企业发展创新的成果更多惠及广大人民群众，努力为人民美好生活加油增气，为建设美丽中国贡献石油力量。

4. 企业基本管理理念

1）人才发展理念：生才有道、聚才有力、理才有方、用才有效

生才有道：树立“人人都是人才、人人皆可成才”的人才观，加大人才培养力度，优化人才培养机制，实现人力资源向人力资本的深刻变革。

聚才有力：“筑巢引凤”吸引人才、不拘一格广招人才、多措并举留住人才，在事业发展中凝聚人才，构建具有吸引力和国际竞争力的制度体系和成才环境。

理才有方：强调“人才是第一资源”，坚持以岗位为基础、价值创造为根本、绩效贡献为核心，激发人才能动性，挖掘人才驱动力，实现人才与企业相互支撑、相互成就。

用才有效：知人善任、人尽其才，树立重基层、重实践、重业绩、重担当的用人导向，坚持德才兼备、以德为先、任人唯贤、人事相宜的选拔任用原则，畅通人才职业发展通道，盘活内部人力资源，确保各类人才用当其时、各展其长。

2）质量健康安全环保理念：以人为本、质量至上、安全第一、环保优先

以人为本：全心全意依靠员工办企业，维护员工根本利益，尊重员工全面发展价值和情感愿望，高度关注员工身心健康，保障员工权益，消除职业危害，疏导心理压力，为员工提供良好的工作环境，创造安全文明的工作氛围。

质量至上：坚持“诚实守信，精益求精”的质量方针，依靠科学的管理体系和先进的技术方法，严格执行程序，强化过程控制，规范岗位操作，追求质量零缺陷，为用户提供优质产品和满意服务。

安全第一：通过健全完善并落实全员安全生产责任制，强化源头控制，重视隐患治理和风险防范，杜绝重大生产事故，持续提升安全生产水平。注重保护员工生命安全和健

康，为员工创造安全、健康的工作条件；始终将安全作为保障企业生产经营活动顺利进行的前提。

环保优先：落实生态环境保护措施要求，走绿色低碳发展之路。致力于保护生态、节能减排，开发清洁能源和环境友好产品，发展循环经济，最大限度地降低经营活动对环境的影响，努力创造能源与环境的和谐。

3）营销理念：市场导向、客户至上，以销定产、以产促销，一体协同、竞合共赢

市场导向、客户至上：把适应市场和满足客户需求作为工作的出发点和落脚点，努力提供高质量商品供给和高品质服务。

以销定产、以产促销：优化资源配置，建立健全内部市场化机制，努力形成上下游产销互促、产业链协调联动的良好格局。

一体协同、竞合共赢：坚持集团公司内部供产销研一体协同支持市场营销，找准与其他市场主体的利益平衡点和最大公约数，通过适度有序竞争，实现合作共赢。

4）国际合作理念：互利共赢、合作发展

在国际业务中，坚持诚信负责、务实合作；发挥综合一体化优势，与合作伙伴结成利益共同体，优势互补，共享发展成果；遵守资源国的法律法规，尊重当地文化信仰和风俗习惯，促进就业、改善民生、保护环境、热心公益，推动资源国经济社会全面发展。

5）依法合规理念：法律至上、合规为先、诚实守信、依法维权

法律至上：崇尚法治、敬畏法律，尊法学法守法用法，做到办事依法、遇事找法、解决问题用法、化解矛盾靠法。

合规为先：始终在依法合规的前提下开展业务、实现效益，坚守底线、不触红线，不做违规之事，不谋违规之利。

诚实守信：发扬契约精神，坚守诚信原则，言出必行、信守承诺，重合同、守信用，按约定行使权利、履行义务。

依法维权：充分运用法律方式，最大限度维护企业合法权益；通过合法途径表达诉求、解决争议，促进和谐稳定。

6）廉洁理念：秉公用权、廉洁从业

秉公用权：坚持大公无私、公私分明，依法履职、诚实守信，秉公办事、严以用权，主动接受监督，涵养良好职业操守和个人品行，矢志干事创业、担当作为。

廉洁从业：始终把纪律和规矩放在前面，严格遵守党规党纪和法律制度，严以修身、严以律己，崇廉拒腐、清白做人、干净做事，培育优良作风和家风，自觉做到遵纪守法、清正廉洁。

5. 企业治理

1）兴企方略：坚持高质量发展，坚持深化改革开放，坚持依法合规治企，坚持全面从严治党

坚持高质量发展：把新发展理念全面贯彻到工作的方方面面，加快转变发展方式，推动质量变革、效率变革、动力变革，实现发展质量、结构、规模、速度、效益、安全的有机统一。

坚持深化改革开放：打破体制机制的弊端和利益固化的藩篱，进一步解放和发展生产力，构建全方位、多层次、宽领域的开放格局，加快提升治理效能，使各方面活力竞相迸发。

坚持依法合规治企：全面营造尊法学法守法用法的良好氛围，注重运用法治思维和法治方式组织生产经营、维护企业和员工合法权益，持续完善公司制度体系，切实强管理、防风险、保发展。

坚持全面从严治党：充分发挥党组织把方向、管大局、促落实的领导作用，培养忠诚干净担当的高素质专业化干部队伍，推动企业政治生态实现根本性好转，确保公司发展沿着正确方向前进。

2）治企准则：专业化发展、市场化运作、精益化管理、一体化统筹

专业化发展：强化"因为专业，所以卓越"的理念，贯彻落实深化供给侧结构性改革要求，充分尊重各业务发展规律，整合专业单元，汇集专业资源，形成专业能力，打造专业优势，实现各业务高质量发展。

市场化运作：充分发挥市场在资源配置中的决定性作用，遵循市场经济规律和契约精神，统筹境内、境外两个市场两种资源，以市场为导向组织生产，按市场化原则建立内部外部交易规则、价格机制和运营机制，用市场化手段激发动力活力，不断提升市场竞争力。

精益化管理：树牢"从严管理出效益，精细管理出大效益，精益管理出最大效益"的理念，培育精益意识，在经营上精打细算、生产上精耕细作、管理上精雕细刻、技术上精益求精，突出补短板、强弱项、堵漏洞，注重全员、全过程、全方位持续改进，勇创一流、追求卓越。

一体化统筹：充分发挥集团公司整体优势，更好发挥一体化统筹作用，强化公司公共职能的统筹配置，强化跨部门、跨业务、跨区域的统筹协调，健全完善生产经营协同运行、快速联动反应和信息服务共享等机制，为各板块、各企业发展提供低成本、高效能的支撑支持服务，促进协同增效、协调发展，推动集团整体价值和效能最大化。

3）发展战略：创新、资源、市场、国际化、绿色低碳

创新：立足高水平科技自立自强，把创新作为引领发展的第一动力，推动以科技创新为核心的全面创新，围绕产业链部署创新链、依靠创新链提升价值链，全面提升自主创新能力，加快突破瓶颈制约，抢占未来竞争制高点，为强化国家战略科技力量、建设科技强国贡献力量。

资源：更加突出低成本、多元化、可持续地获取和供应资源，高效开发国内油气资源，多渠道引进海外资源，积极布局非化石能源，坚持人才第一资源，统筹土地、资金、技术、数据等各种资源，着力提升资源价值，夯实发展的物质基础。

市场：充分发挥市场在资源配置中的决定性作用，坚持市场导向、客户至上，超前研判市场、主动适应市场、大力开拓市场、积极引领市场，统筹国内国际两个市场，加快构建现代市场营销体系，始终把握市场竞争的主动权。

国际化：优化调整主营业务国际合作战略布局，强化国际商务运作、资本运营和全球资源配置，加快理念、管理、技术、标准和人才国际化步伐，深度参与全球能源治理，不断提升国际化经营能力和行业影响力，推动构建能源合作利益共同体。

绿色低碳：持续提高低碳无碳能源比例，加快推进清洁生产和绿色环保产业发展，构建低碳能源供应体系，把节能作为第一能源，强化能源资源节约利用和效率提升，积极探索新的低碳商业模式，形成绿色竞争优势，推动绿色低碳转型。

6. 企业责任：经济责任、政治责任、社会责任

经济责任：坚决贯彻落实党中央和国务院决策部署，完整、准确、全面贯彻新发展理念，主动服务和融入新发展格局，全力推动高质量发展，坚定不移做强做优做大国有资本和国有企业，加快建设世界一流企业，为促进经济社会持续健康发展、全面建设社会主义现代化国家做出更大贡献。

政治责任：坚定政治信仰、强化政治领导、提高政治能力、净化政治生态，增强“四个意识”、坚定“四个自信”、做到“两个维护”、牢记“国之大者”，不断提高政治判断力、政治领悟力、政治执行力，坚决扛起保障国家能源安全重任，做党和国家最可信赖的骨干力量，自觉做习近平新时代中国特色社会主义思想的坚定信仰者和忠实实践者。

社会责任：积极回馈社会，始终关注民生和社会进步，与业务所在地分享发展机遇和资源价值，接续奋斗乡村全面振兴，努力成为更具财富创造力、更具品牌影响力和更具社会感召力的优秀企业公民。坚持合作共赢，服务“一带一路”建设，助力实现碳达峰、碳中和目标，实现能源与环境、与社会可持续发展，共筑人类命运共同体。

二、形象文化

1. 企业标识

1）司徽

标识图样为红、黄两色构成的十等分花瓣图形。

标识色泽为红色和黄色，取中国国旗基本色并体现石油和天然气的行业特点。标识整体呈圆形，寓意中国石油全球化、国际化的发展战略。十等分的花瓣图形，象征中国石油多项主营业务的集合。红色基底凸显方形一角，不仅体现中国石油的基础深厚，而且寓意中国石油无限的凝聚力与创造力。外观呈花朵状，体现了中国石油注重环境，创造能源与环境和谐的社会责任。标识的太阳初升，光芒四射，象征着中国石油朝气蓬勃，前程似锦。

中国石油司徽

2）昆仑润滑油标识

“昆仑”标志设计以“日出昆仑”为主题，融合“昆仑”品牌和“润滑油”产品的概念，象征企业雄厚的经营实力与“团结、敬业、务实、创新”的经营作风，寓意企业将“昆仑”打造成为中国润滑油市场第一品牌的远景目标。从标志造型看，昆仑山的雄伟壮观和日出光芒象征“昆仑”润滑油以雄厚的资源优势为基础，积极进取、蒸蒸日上的光明前途。外轮廓为十等分圆弧的几何图形，象征企业产品与事业的多元化及面向国际化市场的经营战略，并传达出企业为大众提供圆满服务的宗旨。从色彩上看，红色代表热情、开放、创新与突破，橘

昆仑润滑油标识

黄色渐变代表高品质的能源与动力。

3)"昆仑好客"标识

"昆仑好客"标识色为红色和黄色,取中国石油标识基本色。标识"uSmile 昆仑好客"整体为微笑的象形,"u"是英文"You"的缩写,uSmile 意为:我们使您微笑(We make you smile),我们共同微笑(Make us smile)。

昆仑好客标识

标识整体象征着中国石油非油业务在中国石油雄厚大气品牌下和谐发展。沟通从微笑开始,服务从微笑做起,中国石油用真诚热情、友爱和善的微笑获得顾客满意的笑容。微笑,世界通用语言;微笑,中国石油服务的名片;微笑,说明一切!

2. 司歌

司歌是由薛柱国作词,秦咏诚作曲的《我为祖国献石油》。

锦绣河山美如画/祖国建设跨骏马
我当个石油工人多荣耀/头戴铝盔走天涯
头顶天山鹅毛雪/面对戈壁大风沙
嘉陵江边迎朝阳/昆仑山下送晚霞
天不怕地不怕/风雪雷电任随它
我为祖国献石油/哪里有石油/哪里就是我的家

红旗飘飘映彩霞/英雄扬鞭催战马
我当个石油工人多荣耀/头戴铝盔走天涯
茫茫草原立井架/云雾深处把井打
地下原油见青天/祖国盛开石油花
天不怕地不怕/改造世界雄心大
我为祖国献石油/祖国有石油/我的心里乐开了花

歌曲
《我为祖国献石油》

第二节 中国石化企业文化

中国石油化工集团有限公司(简称中国石化,英文缩写为 SINOPEC)的前身是成立于1983年7月的中国石油化工总公司。1998年7月,按照党中央关于实施石油石化行业战略性重组的部署,在原中国石油化工总公司基础上重组成立中国石油化工集团公司,2018

年8月,经公司制改制为中国石油化工集团有限公司。公司是特大型石油石化企业集团,董事长为法定代表人,总部设在北京。公司对其全资企业、控股企业、参股企业的有关国有资产行使资产受益、重大决策和选择管理者等出资人的权力,对国有资产依法进行经营、管理和监督,并相应承担保值增值责任。

中国石化发展史

目前,公司是中国最大的成品油和石化产品供应商、第二大油气生产商,是世界第一大炼油公司、第三大化工公司,加油站总数居世界第2位。2020年,公司在《财富》杂志世界500强企业中按销售收入排名第2位。

一、精神文化

企业文化是构成企业核心竞争力的关键所在,是企业发展的原动力。以"爱我中华、振兴石化"的企业精神和"三老四严""苦干实干""精细严谨"等优良传统为重要内涵的企业文化在中国石化的改革发展中起到了有力的引领与支撑作用,是激励中国石化攻坚克难、不断前进的制胜法宝。为扎实培育和践行社会主义核心价值观,有效落实中央"创新、协调、绿色、开放、共享"的新发展理念,积极适应市场化和国际化发展要求,中国石化企业文化需要在继承优良传统的基础上不断创新与发展,以进一步凝聚广大员工干事创业的精神力量,引领与推动公司持续健康发展。

1. 企业使命:为美好生活加油

企业使命表明公司存在的根本目的和理由。中国石化坚持把人类对美好生活的向往当作企业发展的方向,致力于提供更先进的技术、更优质的产品和更周到的服务,为社会发展助力加油;坚持走绿色低碳的可持续发展道路,加快构建有利于节约资源和保护环境的产业结构和生产方式,为推进生态文明建设做贡献;坚持合作共赢的发展理念,使公司在不断发展壮大的同时,为各利益相关方带来福祉。

2. 企业愿景:打造世界领先洁净能源化工公司

企业愿景是企业的长远发展目标,表明企业发展方向和远景蓝图。为实现上述愿景,中国石化将致力于以下四方面实践:

致力于成为可持续发展企业。全面实施"价值引领、创新驱动、资源统筹、开放合作、绿色低碳"发展战略,迅速适应环境变化,加快转方式调结构、提质增效升级,使公司在已领先的竞争领域和未来的经营环境中努力保持持续的盈利增长和能力提升,保证公司长盛不衰。

致力于成为利益相关方满意企业。更加突出技术进步和以人为本,努力提供优质的产品、技术和服务,展现良好的社会责任形象,让员工、客户、股东、社会公众以及业务所在国(地区)的民众满意,努力成为高度负责任、高度受尊敬的卓越企业。

致力于成为绿色高效能源化工企业。以能源、化工作为主营方向,做好战略布局和业务结构优化,在发展好传统业务的同时,不断开发和高效利用页岩气、地热、生物质能等新兴产业。开发绿色低碳生产技术,研发生产环保新材料,促进煤炭资源清洁化利用,努力成为绿色高效的能源化工企业。

致力于成为世界一流企业。世界一流企业不仅需要一流的规模，更需要一流的质量和效益、一流的企业文化管理和品牌形象，以及一流的市场化、国际化竞争能力。中国石化要对照世界一流企业的标准，通过艰苦不懈的努力，成为治理规范、管理高效、文化先进、市场化程度高、国际化经营能力强、拥有世界一流技术、人才和品牌的先进企业。

3. 核心价值观：人本、责任、诚信、精细、创新、共赢

企业价值观是全体员工共同遵循的，在企业制定战略和进行生产经营行为时必须坚守的原则和标准。

人本：以人为本，发展企业。从广大客户和社会公众的需要出发，确定企业发展方向，研发一流产品，提供一流服务。把员工作为企业发展的主体力量，为员工全面发展创造条件，让员工生活得更加幸福。

责任：报国为民，造福人类。继承弘扬“爱我中华、振兴石化”的企业精神，切实履行好国有企业的经济、政治和社会责任。同步贡献业务所在国（地区），履行好相关的经济、法律和社会责任。全体员工坚守“有岗必有责，上岗必担责”，为企业发展拼搏奉献。

诚信：重信守诺，合规经营。把信用立企作为企业的发展之基，依法经营，规范运作，做到“每一滴油都是承诺”，为企业树立良好品牌形象。

精细：精细严谨，止于至善。以严格的要求和一丝不苟的态度，养成精细严谨的工作作风，追求生产上精耕细作、经营上精打细算、管理上精雕细刻、技术上精益求精，努力提升生产经营管理水平。

创新：立足引领，追求卓越。坚持创新驱动，把发展动力转到依靠创新驱动上来，大力推进科技创新、管理创新和商业模式创新，引领市场发展，打造行业标杆，成就卓越品质。

共赢：合作互利，共同发展。坚持开放包容、精诚合作、互惠和谐。遵循和尊重业务所在国（地区）的法律法规、文化习俗，汲取、融汇合作方的优秀文化和先进经验。帮助客户提升价值，使企业发展惠及周边社区民众，与利益相关方共同发展、互利共赢。

4. 企业精神：爱我中华、振兴石化

要爱国，就要振兴石化；通过振兴石化，体现爱国意识，达到综合国力的提高，为中国屹立在世界东方做出石化人应有的贡献。

5. 企业作风：严、细、实

企业作风是企业在长期的生产经营活动中形成的工作风气，是企业内质的外在表现。中国石化坚持弘扬“苦干实干”“三老四严”等石油石化优良传统，将“严、细、实”贯穿到企业经营管理的全过程。

严：就是“严字当头”。对待工作，要有严格的要求、严密的组织、严肃的态度、严明的纪律。

细：就是“细字当先”。工作中要始终拿着“放大镜”，对每个节点、每个工序、每个需要检查或注意的地方，一丝不苟、一点一点地做好过程控制和节点控制。

实：就是“实字当家”。坚持当老实人、说老实话、办老实事；踏踏实实工作，清清白白做人；静下心来谋发展，沉下身子做事情。

二、形象文化

中国石化品牌标识由朝阳图形、中文简称和英文简称（SINOPEC）三部分构成，代表中国石化秉承可持续发展的理念，通过完备的上、中、下游产业链和先进的技术，肩负起为美好生活加油的神圣使命。

中国石化品牌标识

标识的英文简称含义："S"为"Sustainable"，寓意可持续发展；"I"为"International"，寓意国际化；"N"为"National"，寓意国有；"O"为"Oil"，寓意石油；"P"为"People"，寓意人民；"E"为"Environment"，寓意保护环境；"C"为"Cooperation"，寓意合作。

标志中的英文名称采用象形化设计："S"是一把加油枪，"IN"形似一座石油钻塔，"O"如同一个大油罐，"P"设计成一条石油管线，"E"代表信息化，"C"为石化产品。

红色圆圈将标识的中文与英文和谐地连接为一个整体，寓意中国石化是能源的提供者，是经济运行的血脉，正朝着建设世界领先洁净能源化工公司的愿景目标迈进。

第三节　中国海油企业文化

中国海洋石油集团有限公司（简称中国海油，英文缩写为 CNOOC）是 1982 年 2 月 15 日经国务院批准成立的特大型国有企业，是中国最大的海上油气生产运营商。公司主要业务板块包括油气勘探开发、专业技术服务、炼化与销售、天然气及发电、金融服务等，并积极发展海上风电等新能源业务。2022 年，中国海油以 1 269 亿美元销售收入在《财富》杂志世界 500 强企业中排名第 65 位。

一、精神文化

经过 40 多年生产经营管理实践的反复历练，中国海油形成了较为深厚的文化自觉和文化自信，员工精神风貌健康向上，对企业有较高的认同感、归属感，企业文化软实力日益增强。中国海油文化是公司在艰苦创业、对外开放、高速高效发展过程中积淀的宝贵精神财富，为公司战略实施提供了坚实的文化支撑力和驱动力。

中国海油发展史

1. 核心价值观（海油精神）：爱国、担当、奋斗、创新

爱国：爱党、爱祖国、爱人民，是“为祖国加油，为民族争气”，是海油人的精神核心。

担当：要有“功成不必在我，功成必定有我”的精神品格。

奋斗：顽强拼搏、苦干实干、精益求精，是海油人“战风斗浪、与海共舞”的拼搏写照。

创新：追求卓越、解放思想、自我革命，是“敢为天下先”的精神。

2. 企业使命：我为祖国献石油

“我为祖国献石油”是石油行业的优良传统，是中国海油始终扛鼎于肩的庄严承诺。

3. 企业文化核心：碧海丹心、能源报国

碧海丹心：体现了海油人的文化渊源。

能源报国：表达了海油人的历史使命。

4. 企业作风：严、实、快、新

严：要把自我要求调整到最严，严格遵守工作纪律，严格执行各项制度，严格履行岗位职责。

实：要察实情、讲实话、出实招、办实事，注重结果，彻底扫除形式主义之风。

快：要强化效率意识，做任何事都要有效进行时间管理，把握进度、加快节奏、提高效率。

新：要开拓创新，遇到困难不能只想“等、靠、要”，要不断寻求新的思路和方法，使执行的力度更大、速度更快、效果更好。

二、形象文化

1. 品牌形象

1）品牌标识

中国海油的标识以“CNOOC”为基本设计元素，蓝色外圈和波纹象征着海洋，CNOOC（China National Offshore Oil Corporation）组成的红色图案有海上钻井平台托举着一轮朝阳的意象，寓意着中国海洋石油事业欣欣向荣。

中国海油品牌标识

标识中的“圆”与中国文化息息相关，寓意着圆满、成就和美好；呈现波纹状流动的“水”，寓意能够适应任何环境、克服任何困难，充满灵动的智慧，既有海洋的远大追求，又有滋润万物的企业关怀；大写字母“N”的变形给人以强烈的向上动感，象征自强不息、奋斗进取。

标识传达了海油人艰苦创业、战风斗浪、越是艰险越向前的顽强斗志；善于将风浪转化

为前进动力的智慧；由海上而陆地、从国内到国际，从未停止追求卓越的信心；开放包容、协作双赢、共创未来的心态。

2）品牌定位：蓝色能源贡献者

中国海油以海为家、与海共舞，坚持绿色低碳发展理念，探索科技前沿，以科技创新驱动企业发展。

3）品牌口号：赋能美好、探源未来

中国海油坚持以贡献优质能源为己任，同时通过面向未来的技术变革和能源探索，满足人民群众对美好生活的向往。

2. 中国海油司歌

1996 年，中国海油在成立 15 周年时，广泛发动群众，征集《海洋石油之歌》稿件近千件。总公司聘请专家评选，于 1997 年 8 月确定以天津专业作家万卯义作词、邓保信作曲的《海洋石油之歌》为中国海洋石油司歌。歌词为：

踏着惊涛骇浪/迎着雨雪风霜
我们海洋石油工人奔波在大海上
撑起浩瀚云天/开发蓝色国土
我们海洋石油工人奋战在平台上

啊，日月熟悉我们的身影/大海知道我们的胆量
钢铁的臂膀伸向地球深处
牵出油龙为祖国/为祖国发热发光

歌曲
《海洋石油之歌》

踏着惊涛骇浪/迎着雨雪风霜
我们海洋石油工人奔波在大海上
撑起浩瀚云天/开发蓝色国土
我们海洋石油工人奋战在平台上

啊，四海溶进我们的智慧
五洲闪烁我们的理想/滚滚的石油输送万水千山
海上油城为人类/为人类创造辉煌

第四节　中国中化公司文化

中国中化控股有限责任公司（简称中国中化，英文简称为 Sinochem Holdings）是由中国中化集团有限公司与中国化工集团有限公司联合重组而成，于 2021 年 5 月 8 日正式揭牌成立，为国务院国资委监管的国有重要骨干企业，员工 22 万人。其中，中国中化集团有限公司成立于 1950 年 3 月 10 日，前身中国进口公司是伴随中华人民共和国诞生而成立的新中

中国中化发展史

国第一家国营对外贸易公司。中国化工集团有限公司成立于 2004 年 5 月 9 日，由中国蓝星(集团)总公司、中国昊华化工(集团)总公司等原化工部直属企业重组而成。

中国中化业务范围覆盖生命科学、材料科学、石油化工、环境科学、橡胶轮胎、机械装备、城市运营、产业金融等八大领域，是全球规模领先的综合性化工企业。旗下拥有扬农化工、安道麦、安迪苏、中化国际、鲁西化工、昊华科技、埃肯、倍耐力、中国金茂等 17 家境内外上市公司，在全球超过 150 个国家和地区拥有生产基地和研发设施，以及完善的营销网络体系。截至 2021 年底，中国中化总资产超过 1.5 万亿元，全年营业收入超过 1 722 亿美元，位列 2022 年《财富》世界 500 强企业榜单第 31 位，化学品行业榜单第 1 位。

面向未来，中国中化将遵循“科学至上”理念，矢志打造以生命科学和材料科学为引领，以石油化工为支撑，以环境科学为保障，科技驱动的世界一流综合性化工企业，不断提升可持续发展能力，为社会、客户、股东、员工创造最大价值，为行业发展、社会进步贡献力量。

一、精神文化

求真　求是　求变　求进

1. 价值理念

求真：不忘初心、牢记使命，树立远大理想、坚定共同信念，以科学真理指导实践。

求是：实事求是、尊重客观，不唯上、不唯书、只唯实，以科学精神探索未来。

求变：突破传统、拥抱变革，通过改革创新推动转型升级，以科学理念指引发展。

求进：与时俱进、创造价值，用创新成果造福社会，以科学技术改变世界。

2. 企业愿景

创建世界一流的化工企业，创造和谐共生的美好世界。

3. 企业使命

奋力投身中华民族伟大复兴的光荣事业，积极服务国家发展战略。

持续创新技术和产品，持续优化经营管理水平，实现企业高质量、国际化发展。

建立化学工业领域世界一流的国有控股企业集团，造福社会，造福客户，造福投资者，造福全体员工。

4. 总体目标

科学技术驱动的创新型企业。

以科学技术为企业发展的主要驱动力，建立国企属性下的市场化体制机制，形成有利于创新创造的商业生态系统，在新材料、新能源、生物、环保等领域培育一批具有高技术水平、强创新能力、可持续成长的“独角兽”公司，成为世界一流的创新型企业。

中国中化以“创新三角”为内核，紧密结合行业和产业发展阶段的创新特点，形成开放(open)、多元(multiple)、产业化(industrial)的 OMI 科技创新体系建设方案，加强顶层设计，重塑科技创新体系，着力增强自主创新能力，推动公司产业转型和发展动能转换。

公司聚焦重点业务领域研发方向，统筹科技创新资源，成立中国中化中央研究院，将创新主体分别归入“共性与前沿技术平台”和“企业研发平台”，设置 21 个专业研究中心，在生命科学、材料科学、环境科学、石油化工等领域对科技规划、年度科研计划、研发立项、科技领军人才等重点事项实施矩阵式管理，形成分工明确、层次分明的创新主体架构，提升科技创新效率。

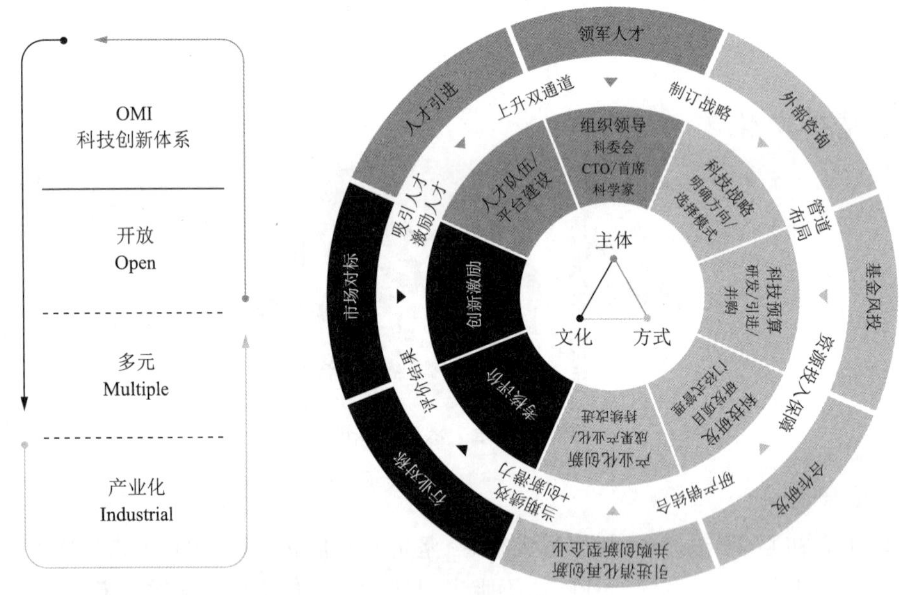

总体目标示意图

5. 企业战略

中国中化将推进实施“产业发展战略”(简称 123 战略)，即紧扣一个战略定位、打起两大产业使命、实施三大转型升级。

中国中化将坚持“以生命科学和材料科学为引领，以石油化工为支撑，以环境科学为保障，科技驱动的世界一流综合性化工企业”的战略定位，瞄准促进中国农业高质量发展和加快化工新材料产业补短板的国家重大战略需求，承担央企产业使命，创建全球领先的农业科技公司和世界一流的化工新材料公司；实施由单一产品向产业链升级，由提供产品向提供综合解决方案升级，由传统企业向数字化、智能化的企业升级。中国中化将通过三个五年计划，以“三步走”战略建设世界一流综合性化工企业。

二、公司制度行为文化层

1. 员工行为准则

1）诚信

提倡:出以公心、忠于职守、遵规守纪、廉洁从业、重信守诺、言行一致、敢讲真话、敢于较真。

2）专业

提倡:相信科学、尊重规律、执着钻研、精益求精、节约成本、提升效率、关注风险、重视安全。

3）创新

提倡:大胆尝试、敢为人先、打破常规、拥抱变革、永不满足、持续改进、鼓励成功、宽容失败。

4）合作

提倡:服从大局、融入团队、坦诚沟通、开放包容、主动担当、积极作为、与人为善、互利共生。

2. 领导力素质模型

1）战略前瞻

从世界、国家、产业等大处着眼,系统思考中国中化相关业务发展趋势,前瞻性地预判潜在机会,并将其转化为战略。

2）专业洞察

对市场、行业、技术动态保持敏感,深入研究并能够迅速洞察问题本质;面对复杂和不确定的外部环境,依靠思考的深度果断做出决策。

3）行动执行

勇于承担挑战性目标,采取各种方法突破瓶颈、攻克难关,且行动迅速、反应敏捷,不断创造高绩效。

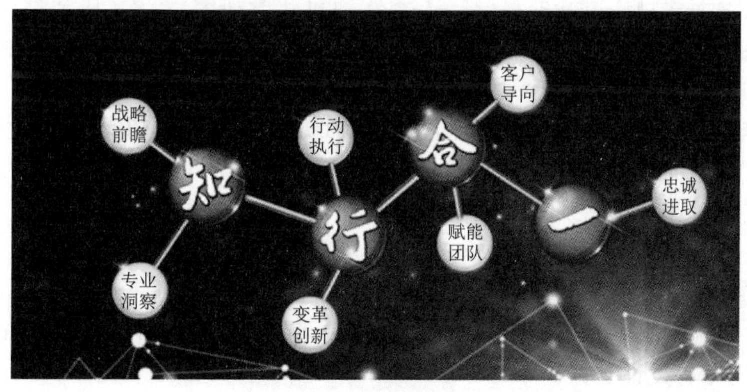

领导力素质模型

4）变革创新

有强烈的好奇心，善于学习，不断推动在科技、商业模式、业务组合和管理领域的持续探索和创新；敢于颠覆常规，引领变革。

5）客户导向

以客户需求为业务发展的原动力，从决策到行动都将客户需求和利益作为最重要的考虑因素，不断创造一流产品与服务，为客户创造价值，帮助客户获得成功。

6）赋能团队

通过愿景、使命及目标凝聚团队，公平公正地选人用人，培养人才梯队，创造可以让员工充分发挥其潜能的工作环境，建立信任，塑造组织能力。

7）忠诚进取

有强烈的事业心和使命感，视中国中化事业为己任，对中国中化的事业充满激情和信心，坚忍执着、全心全意、表里如一。

三、公司形象文化层

1. 品牌标识

2021 年 5 月 8 日，中国中化发布全新品牌标识。

中国中化品牌标识

中国中化品牌标识由图形标志、“中化 sinochem”文字以及品牌理念“科学至上”构成。其中，“中化 sinochem”文字是专属设计字体。

1）图形标志

化学是人类探索物质奥妙的科学。人类在通过化学研究、探索，甚至尝试改变物质世界的时候，必须遵从物质变化的基本规律、遵从自然，所有人类社会产生的化学技术、化学反应、化学合成，所有被人类社会所用的化学物质，最终都必须能够被降解、被复原、被回归，重新融入自然世界之中，这样世界才可以持续地运动、循环，生生不息。化学属于自然，它应该像自然界中的花一样美丽芬芳，为人类所用，又回归到自然，所以中国中化选择被公众推崇的国花牡丹花作为所从事的化学事业的代表和象征。

2）文字

“中化 sinochem”为中国驰名商标，并在全球业界享有良好声誉，在海内外树立了良好形象。为了更好地开发利用品牌资产，保护品牌价值，中国中化确定“中化 sinochem”为品牌名称，并使用专属设计字体。

3）释义

以牡丹为创意出发点，通过生长绽放的形态和浑然天成的色彩，传递中国中化秉承“科学至上”理念，创新成长、卓越管理，绽放无限生命活力的企业精神，体现中国中化与自然和谐共生，促进社会可持续发展，创造人类更美好未来的不懈追求。

向上生长的牡丹花，通过简约抽象的几何图形配以流畅的线条轨迹予以灵动展现，同时外部整体造型打破了传统对称格局，预示中国中化同大自然一样生生不息，充满盎然生机，迸发无限活力。牡丹花的四片花瓣象征中国中化为社会、客户、股东和员工企业价值四要素持续创造价值，为满足人民群众对美好生活的向往四季奋斗；三簇花蕊象征创新、创业、创造的内生动力，以及“三”生万物的神奇化学力量。

圆润绽放的外观，像张开的双手，呈现包容开放的态势，传递真挚奔放的热情，既寓意中国中化内部企业文化有机融合，也寓意与全球各界朋友携手合作。

双蓝色递进的色调，彰显科学与创新力量共同驱动，化学与自然友好相融，公司发展与增进人类福祉共生共赢。

2. 中国中化司歌

2018 年 9 月 8 日，在第七届中国中化集团职工运动会开幕式上，由时任中化集团董事长宁高宁作词、马洪波作曲的中国中化司歌《我们创造》正式发布。《我们创造》传递了“科学至上”核心价值理念，表达全体中国中化人矢志深化改革、全面转型，将中国中化建设为科技创新型企业的坚定信念和共同愿景。这首歌感应全体中国中化人内心共同的律动，承载全体中国中化人的使命责任和光荣梦想。

《我们创造》

我们敬仰宇宙的壮丽/我们也探究原子的细微
看这地球上/万物都有分类
仰头问世界/我们是谁

曙光初照是好奇/春雨润物是智慧
我们的使命是创造/创造才是生命之最
我们创造/我们创造/从火焰到清水

我们崇拜精神的高尚/我们也欣赏物质的纯美
看这地球上/万物都有分类
仰头问世界/我们是谁

歌曲
《我们创造》

江河奔流是通达/白雪落地是纯粹
我们的使命是创造/创造才是生命之最
我们创造/我们创造/从灵魂到骨髓

我们沉思远山的静谧/我们也向往雄鹰的高飞
看这地球上/万物都有分类
仰头问世界/我们是谁

禾苗破土是继往/蜜蜂辛劳是高贵
我们的使命是创造/创造才是生命之最

我们创造/我们创造/从高楼到麦穗

我们留下瞬间的影子/我们也追逐长远的光辉
看这地球上/万物都有分类
仰头问世界/我们是谁

众树成林是责任/秋风果熟是丰碑
我们的使命是创造/创造才是生命之最
我们创造/我们创造/从古老到新锐

第五节　延长石油企业文化

陕西延长石油(集团)有限责任公司(简称延长石油)是国内拥有石油和天然气勘探开发资质的四家企业之一,隶属陕西省人民政府,主要负责石油和天然气勘探、开采、加工、管道运输、产品销售,石油和天然气化工、煤化工、装备制造、工程建设、技术研发等。

2022 年以 518 亿美元销售收入居《财富》杂志世界 500 强企业第 257 位。

延长石油拥有厚重的文化积淀,通过百余年的传承和创新,形成了以"埋头苦干、开拓创新"为核心的特色企业文化,激励着一代代延长石油人为企业发展,为祖国能源事业而不懈努力。长期以来,延长石油积极回报社会,积极投入生态环境建设,积极参与社会文化事业,积极参加扶贫救灾,积极履行社会责任,让社会、让员工共同分享企业改革发展成果,为延长石油企业文化赋予了丰富的内涵。

延长石油发展史

一、精神文化

1. 企业使命:汇聚能源、延长价值

汇聚:意指汇集、聚合。汇聚不仅是简单相加,还包含由量变到质变之意。延长石油要汇聚油气资源,奠定企业发展基石;汇聚油气煤盐,探索综合利用新模式;汇聚多元产业,拓展结构调整新途径;汇聚社会资源,营造企业成长新环境。

延长:意指延续、延伸、延展。延长价值是指延长自然资源的价值,延长企业产品的价值,延长企业品牌的价值,延长员工能力的价值。

"汇聚能源、延长价值"的企业使命,要求延长石油做大做实资源、做新做好产业、做强做优企业,更好地履行企业的经济责任和社会责任,致富老区、发展陕西、回报社会,在国家能源化工事业发展中不辱使命、担当重任。

2. 企业愿景:成为令人尊敬的创新型国际能源化工公司

令人尊敬:延长石油作为中国石油工业的开拓者和先行者,在新的发展时期,理应致力于成为“令人尊敬”的企业，以开放的胸怀、包容的境界赢得伙伴尊敬；以科学的管理、创新的技术赢得同行尊敬；以诚信的品格、良好的形象赢得市场尊敬；以无私的奉献、积极的责任赢得社会尊敬。

创新型：意指具有良好的创新管理、文化和持续创新的能力。

国际能源化工公司：意指应立足能源化工主业，充分利用国内国际两种资源、两个市场，走出去、引进来，充分运用现代管理手段，有效配置生产要素，广泛参与市场竞争与合作，实现企业经营管理方式的持续创新。

“成为令人尊敬的创新型国际能源化工公司”的企业愿景，是延长石油人共同的奋斗目标，要求以全球化的视野和国际化的标准，以特色的产业和领先的科技，以卓越的品质和优秀的文化，使延长石油成为世界知名的能源化工企业。

3. 核心价值观：求实、诚信、奉献、责任

求实：尊重客观规律，实事求是，科学求真。

诚信：诚实、诚恳，守信、有信。它是立身之本、经营之道。

奉献：付出与给予，将自己的智慧、汗水奉献他人。

责任：分内的职责、应尽的义务、多方位的担当。

基于延长石油的使命和愿景，集团倡导“求实、诚信、奉献、责任”的核心价值观，其核心是坚持实事求是的思想路线，秉持诚实守信的经营理念，崇尚无私奉献的职业品格，履行责无旁贷的社会责任。每一位员工都要牢记企业的使命，履行肩负的责任，用智慧和汗水为社会创造财富。

4. 企业精神：埋头苦干、开拓创新

埋头苦干：意指脚踏实地、不畏艰苦、奋力拼搏。这是毛泽东于1944年为延长石油厂厂长陈振夏的题词，是对延长石油人的高度评价，是延长石油百年发展历程的真实写照。它是自力更生、艰苦奋斗的光荣传统，是实事求是、脚踏实地的工作作风，是勤勤恳恳、任劳任怨的工作态度，是爱企如家、乐于奉献的高尚品德。埋头苦干是“延安精神”的具体体现，它是延长石油成长的根、发展的魂。

开拓创新：意指开拓进取、勇于创新、求新图变。这是新的历史时期赋予延长石油人的时代精神，是延长石油开创新事业的时代要求。它是延长石油人积极变革、善于创造的价值诉求，是锐意进取、奋发图强的集中彰显，是敢为人先、勇于超越的精神追求。它是调整产业结构、转变发展方式的必然选择。

“埋头苦干”是延长石油精神的基础，是在新形势下对传统精神的坚守；“开拓创新”是延长石油精神的发展，是延长石油基业长青的精神支柱。二者紧密关联、不可分割。唯埋头苦干，方脚踏实地、创造价值；唯开拓创新，方不断超越、创造未来。

5. 企业哲学：智圆行方、天地人和

智圆行方：《文子·微明》中说，“凡人之道，心欲小，志欲大；智欲圆，行欲方”。智，意为知识、智慧；圆，圆满、周全；行，行动、行为；方，端正、不苟且。智圆行方意指知识要广博周备，行事要方正不苟。

天地人和：《庄子》中提到天地人和，意指“礼之用，和为贵，王之道，斯之美”。人在天地

之间，下立于地，上奉于天，在天地之间与万物和谐共处。

"智圆行方、天地人和"的企业哲学，要求企业具备丰富的知识和判断事物的能力，在企业的经营和发展中，尊重客观规律，遵守法律法规，遵循市场规则，善于把握机遇，充分发挥优势。做到与天和、与地和、与人和，在实现"成为令人尊敬的创新型国际能源化工公司"的愿景中担当使命、实现价值。

"智圆行方、天地人和"既是世界观，也是方法论。

6. 基本理念

（1）发展理念：资源为本、科技引领、发挥优势、创新致远。

资源为本：油气煤盐等资源是企业生存的基础，政府资源、政策资源及各种社会资源是发展的保障。

科技引领：科学技术是第一生产力，要以科技引领产业升级、市场发展和企业进步。

发挥优势：面对市场挑战，延长石油要扬长避短，发挥油气煤盐资源优势、采炼运销一体化优势、集团化运作的集约优势，突显多种资源综合利用的优势和差异化发展的竞争优势。

创新致远：创新是企业发展的动力和必然要求。唯有创新，才能推动企业进步；唯有创新，才能开创新的事业。

"资源为本、科技引领、发挥优势、创新致远"的发展理念，要求企业必须不断延长拓展和充分利用各种资源，依靠科技进步，发挥比较优势，通过持续创新，使延长石油的未来发展之路走得更宽、更稳、更远。

（2）经营理念：秉持诚信、竞合共赢。

秉持诚信：诚信是中华民族的优良品格，是百年延长石油的经营之道，是埋头苦干精神的具体体现。

竞合共赢：竞争是永恒的主题，合作是不变的法则。在竞争中寻求合作，在合作中实现共赢。

"秉持诚信、竞合共赢"的经营理念，要求企业遵循百年的诚信之道，牢固树立竞争意识和市场意识，以诚信稳固市场，以竞争推动发展，以合作提升效益。

（3）管理理念：讲人本、求效率、明权责、重执行。

讲人本：意指以人为出发点和中心，围绕着激发和调动人的主动性、积极性开展工作，实现人与企业的共同发展。

求效率：意指讲求时效，体现工作的高质量和快节奏。

明权责：意指合理区分、确定管理活动中各方的权利和责任。

重执行：意指注重贯彻实施，保证企业目标实现。

"讲人本、求效率、明权责、重执行"的管理理念，要求企业以温馨的人文关怀关注员工成长，以科学的运行机制提高工作效率，以合理的职能划分明确管理权责，以强烈的职业责任提升全员执行力，按照现代化、国际化的标准，不断提高企业管理的科学化水平。

（4）安全理念：安全生产、平安生活。

生命高于一切，健康弥足珍贵。生命是一切美好的前提，健康是员工发展的基础。安全生产是企业正常运营的基本保障，任何疏忽隐患、漠视安全的行为，都是对企业、社会和他人的伤害,更是对自己和亲人的不负责任。

“安全生产、平安生活”的安全理念,是集团打造本质安全型企业的根本要求,是坚持以人为本的集中体现,是倡导企业和谐、关爱员工幸福的基本要求。

(5) 环保理念:感恩自然、低碳延长。

感恩自然:面对大自然赐予的宝贵资源和财富,每位员工都要心存感恩、倍加珍惜,用心呵护我们的家园,以行动回报自然。

低碳延长:倡导低碳减排、节能环保,是全人类的共同呼唤。低碳环保不仅顺应产业潮流和时代要求,更体现了延长石油的社会责任。

“感恩自然、低碳延长”的环保理念,要求广大员工尊重自然、呵护家园,积极承担保护环境的责任,坚持走绿色开发、低碳发展之路,降低能耗、减少排放,发展循环经济,提供清洁能源和化工产品,使企业与自然、与社会和谐,实现延长石油的健康可持续发展。

(6) 创新理念:超越昨天、创造明天。

超越昨天:昨天的成绩是今天的起点,今天的工作不是对昨天的固守和重复,只有超越昨天才有今天的进步。

创造明天:创造是创新的行动,是新事物的开始,只有不断创造,才能开创新的事业,才能赢得明天的发展。

伴随着科学技术的日新月异和市场经济的激烈竞争,广大员工要以“超越昨天、创造明天”的创新理念,以更加敏锐的创新意识,积极探索、善于发现、勇于实践,用智慧和劳动创造更加美好的明天。

(7) 人才理念:人人能成才、是才有舞台。

人人能成才:延长石油是一个大家庭,每一位员工都可以通过努力成长为人才,每一个岗位都能够锻炼出人才。

是才有舞台:延长石油是一个大舞台,为每一位有真才实学的员工提供发展的舞台。

“人人能成才、是才有舞台”的人才理念告诉广大员工,企业美好的发展前景为每一位员工提供了发展的平台、竞争的舞台,只要爱岗敬业、积极进取,就能充分施展自身的才华,实现人生的目标,体现更大的价值。

(8) 廉洁理念:泾渭分明、扬清激浊。

泾渭分明:借陕西泾渭两河喻界限清楚,意指无论做人还是做事,应是非分明、善恶明辨。

扬清激浊:扬清,让清水上来;激浊,除去浊水。意指弘扬正气、抵制歪风。

“泾渭分明、扬清激浊”的廉洁理念,要求广大员工尤其是管理人员,要明辨是非曲直,分清善恶美丑,常思贪欲之害,常怀律己之心,遵守党纪国法,恪守职业道德,做到知己任、讲纪律、尚廉明,堂堂正正做人,清清白白做事。

(9) 学习理念:勤学善思、学以致用。

勤学善思:“学而不思则罔,思而不学则殆”,勤学使我们获得知识,善思使我们明白事理,只有勤于学习,善于思考,方有真知灼见。

学以致用:意指学到的知识要运用到实践中,并在实践中不断地充实自己、完善自我。只有敢于实践,善于致用,方能施展才华。

“勤学善思、学以致用”是“勤学、善思、实践”的辩证统一。勤学是前提，善思是关键，践行是目的。遵循这一学习理念，要求每一位员工立足岗位、勤于求知、善于思考，理论联系实际，刻苦钻研、提升自我，为企业发展做出应有贡献。

(10) 团队理念：一滴滴油花汇成河、一副副肩膀筑成山。

“一滴滴油花”“一副副肩膀”意喻延长石油的每一个产业单元、每一个成员单位乃至每一位员工，像一朵朵山丹丹绽放美丽，像一座座炼塔顶天立地。

“一滴滴油花汇成河、一副副肩膀筑成山”的团队理念，要求每一个成员单位和每一位员工，都要有大局意识和责任意识，同心协力、风雨同舟，汇思想而分享，集智慧而创新，凝知识而求索，聚力量而奋进。只有这样，方能聚油花汇成河，列肩膀筑成山，万众一心，共创未来。

二、形象文化

1. 企业标识

标识以抽象的山丹丹花造型传达出企业的总体形象和地域特色，红色的底色代表山丹丹花的朴实，中心的淡黄色象征着太阳的照耀和能源的孕育。每一个组合元素看起来既像山丹丹花的花瓣，又像一个个的油滴，代表延长的主业。油滴的旋转排列传达了延长“汇聚能源，放射光芒”的企业责任感。所有元素由小到大的渐变，代表延长百年历史中的成长轨迹，配合数字“1905”，厚重、大方，富有亲和力。

企业标识

2. 企业司歌

《延长石油之歌》由中国音协主席赵季平作曲，由陕西省音协主席尚飞林作词。歌曲寓意深刻、雄浑厚重、富有激情、感染力强、易于传唱，充分体现了延长石油企业文化的核心价值理念。

雄伟黄土高原/大山连绵天风浩荡
豪情壮志走四方/播撒一路阳光
汇聚能源/延长价值放飞梦想
百年艰险向前闯/山丹丹花灿烂开放

拥抱这辽阔世界/大河奔流胸怀宽广
顶天立地敢担当/谱写时代辉煌
埋头苦干/开拓创新收获希望
百年沧桑从头跃/延长石油扬帆远航

歌曲
《延长石油之歌》

第六节　台湾中油企业文化

台湾中油公司于 1946 年 6 月 1 日创建于上海，1949 年迁至台湾，总公司设址台北市，主要业务范围包括石油与天然气的探勘、开发、炼制、输储与销售，以及石油化学原料的生产供应。2007 年 2 月，公司第 550 次董事会通过台湾中油公司更名为台湾中油股份有限公司，简称中油公司。2022 年，中油公司以 300 亿美元的销售收入居《财富》杂志世界 500 强企业榜单第 475 位。

近年来，面对油品市场全面自由化的冲击，为巩固经营优势，厚植竞争实力，中油公司除致力组织再造、精简人力，全面降低生产成本，以迈向企业化经营，为民营化做准备外，积极寻求策略性投资人为合作伙伴，结合国际石油公司的优势，拓展上游探勘、石化发展及行销通路，以期顺利移转民营，成为一家安全、干净、具有竞争力的国际能源公司，迈向永续经营，持续为民众提供高效率、高品质的能源服务。

一、精神文化

(1) 使命：提供优质生活资源，促进经济繁荣。

(2) 愿景：涵盖探勘、油气、石化、高科技等领域的具有竞争力的综合性国际能源集团。

(3) 经营理念：品质第一、服务至上、贡献最大。

品质：公司生产高品质的油品，火炬商标早已受到人们的信赖，品质第一是公司信守不渝的经营理念。未来更应加强品质管理，致力提升人们生活环境的品质。

服务：公司肩负多项任务，充分供应各行业用油是公司的重要职责之一；油品市场自由化后，为了市场占有率，业务经营更着力于销售服务方面，如特殊的工业用油服务及用油技术的指导、对第一线油品销售人员的服务水准与态度的更高要求，以落实服务至上的经营理念。

贡献：在促进经济和基础工业的发展上，中油公司已有极大的贡献，且已为人们所认同，今后更应在既有基础上努力做出更多的贡献。

(4) 核心价值：诚信、创新、人才、安全、环境、授权。

诚信：企业正派经营，秉持诚信原则，取得业界、消费者及员工信任。

创新：积极整合公司资源，发展与运用新方法，开拓新市场、新事业。

人才：提供员工训练、充实知识、学习成长及发展机会，强化职能，适才适所。

安全：强化全方位风险管理，提高设备、作业、人员安全，维持干净且安全的工作环境。

环境：以人为本，关怀地球、自然生态、社会、人文，建立永续发展的生活环境。

授权：增强各事业部的自主性，缩短决策流程；对自我行为或决策成败负责，以提升绩效及参与感。

二、形象文化

火炬商标

在追求盈利的同时，台湾中油公司不忘善尽企业社会责任，多年来持续提升油品品质，引进推广清洁能源，致力环境保护。同时，持续开展社会关怀行动，除促进大众对石油工业的了解外，宣贯用油及天然气的安全，举办安全卫生观摩研讨会，引领企业提升安全文化；扶助弱势团体，参与社会公益，赞助文艺活动；协助厂矿周边建设，致力生态保育，关心地方人文，推广环境教育，带动地方进步。这正符合21世纪企业永续发展的普遍趋势，企业经营走向兼顾经济成长、环境保护、社会公益与福祉，在追求商业利益的同时，兼顾在社会正义、人权、安全卫生、社区发展及环境保护等方面的努力。

为顺应世界潮流，配合国际环保趋势，中油公司于2003年底正式制定永续经营政策，秉持世界永续发展的精神经营能源事业。同时，成立永续经营推动委员会，制订永续经营行动计划，结合企业永续经营的理念与国际的潮流，落实在经营方向上。执行中的计划包括建立环境会计制度、温室气体计量与减量规划、产品生命周期分析等。

首任总经理金开英

在人力运用方面，近年来持续进行组织与流程再造，以有效运用人力，并持续招募年轻专业人才，全面提升人力竞争力。为达成企业成长目标，人才的选任要考量所需专业条件及人格特质，辅以经营、领导才能发展训练，以使人尽其才。同时，加强各阶层员工在职训练，整合现有训练体系，成立中油企业大学，提升员工专业知识和技能，扩展员工多能功，以利人力运用；鼓励员工参加技能鉴定，协助取得相关证书，并配合公司转型需求，加强第二专长培训。此外，经常选派人员赴外地进修、研究、实习，或参与各种研讨会，以配合相关业务需求。在激励与福利方面，中油公司除视事业整体表现与员工个人贡献度及绩效给予各种奖金外，由所属福利委员会办理各项福利业务及娱乐活动。

思考题

1. 欣赏《我为祖国献石油》歌曲，探讨歌曲中体现的石油文化。
2. 欣赏《海洋石油之歌》歌曲，探讨歌曲中体现的石油文化。
3. 欣赏《我们创造》歌曲，体验歌曲中体现的石油文化。

测试题

第八章

中国石油高校文化

我国石油高校因油而生、因油而兴。1953 年诞生第一所新中国石油高校，之后西安石油学院、新疆石油学院、西南石油学院、大庆石油学院等石油高校随着石油会战相继诞生，为我国石油工业培养了大批优秀人才。

我国目前有三所石油特色鲜明的双一流石油高校，还有十几所石油特色鲜明的省属石油高校。由于资料的局限，仅对部分石油高校文化进行介绍。石油高校深厚的文化底蕴丰富和发展了石油文化。

第一节　双一流石油高校文化

一、中国石油大学(华东)

中国石油大学(华东)是教育部直属全国重点大学，是国家“211 工程”重点建设和开展“985 工程优势学科创新平台”建设并建有研究生院的高校之一。2017 年，学校进入国家“双一流”建设高校行列。中国石油大学(华东)是教育部和五大能源企业集团公司、教育部和山东省人民政府共建的高校，是石油石化高层次人才培养的重要基地，被誉为“石油科技、管理人才的摇篮”，是一所以工为主、石油石化特色鲜明、多学科协调发展的大学。

学校总占地面积 5 000 余亩，建筑面积 130 余万平方米，发展形成了“两校区一园区”(青岛唐岛湾校区、古镇口校区及东营科教园区)的办学格局。青岛两校区地处迷人的帆船之都、海滨之城，享有极高美誉的青岛，东营科教园区地处黄河三角洲的中心城市、生态之城、石油之城的东营。“两校区一园区”均位于“蓝黄”两大国家战略重点区域，同时青岛两校区还处于 2014 年新设立的国家级新区——青岛西海岸新区。

1. 校训：惟真惟实

2005 年 4 月，中国石油大学(华东)正式确定校训为“惟真惟实”。

惟真，是尊重客观规律，真理至上的意思。它既是一种追求真理的执著信念，又是一种不唯书、不唯上，探求事物规律的科学态度和精神。惟实，是求实、求是之意。做事要一切从实际出发，坚持务实、扎实、踏实的作风，做人必须具备诚实、朴实、正直、耿直的良好品质。

“惟真惟实”是中国石油大学（华东）的办学理念和追求的集中体现。近70年来，中国石油大学（华东）的数任校领导曾在不同场合，先后提出过学校的发展目标和培养模式，其基本内涵和精髓都与“惟真惟实”是一致的。“惟真惟实”所蕴含的追求真理、全面发展的理念和精神，正是中国石油大学（华东）所一直坚持和追求的理想和目标。

“惟真惟实”既是实事求是、艰苦奋斗的学校精神的浓缩升华，也是与石油工业光荣传统一脉相承的集体体现。它内含着自强不息、与时俱进、追求真理的精神，体现着独有的时代气息。这一精神植根于中国石油大学（华东）的深厚文化底蕴中，形成了以它为核心的，囊括人文精神、科学精神、文化传统的石大精神。

“惟真惟实”既体现出一种追求真理的科学精神，又体现出学校“以德育人”的人本观念，融科学精神与人文精神于一体，既有习承传统之本意，又兼具开拓进取之精神。

2. 校风：实事求是、艰苦奋斗

1986年，学校的第六次党代会将学校的校风概括为“实事求是，艰苦奋斗”，将学风概括为“勤奋、严谨、求实、创新”。

“实事求是”是石大精神的核心内容，体现出探求真理、献身真理的科学精神。石大人走过的历史证明，他们正是秉承并弘扬了这一精神和理念。不论客观条件多么艰苦、困难，石大人从未放弃追求真理这一信念，他们孜孜以求，将毕生的精力都倾注在探索真理的道路上，更难能可贵的是他们将追求真理与献身祖国的石油事业完美地统一起来，既为祖国石油事业的发展做出巨大的贡献，又在探索真理的道路上留下坚实的脚印。实事求是的精神在石大学子中传承延续，历久弥新。

“艰苦奋斗”是中华民族在长期的实践中形成的一种不畏艰苦、顽强奋斗的品质和作风。对中国石油大学（华东）而言，艰苦奋斗意味着全体石大人积极倡导它所蕴含的奋发向上的积极态度、锲而不舍的意志品质、百折不挠的旺盛斗志，攀登科技高峰，加强科技攻关，为祖国贡献自己的毕生力量。

3. 学风：勤奋、严谨、求实、创新

“勤奋、严谨、求实、创新”的学风是提高教学、科研水平的需要，是培养德、智、体、美全面发展的“四有”人才的需要。“天才来自勤奋”，只有勤奋刻苦、孜孜不倦、百折不挠的人，才能攀登科学的高峰。科学是严密的体系，没有“严谨”的治学态度，就无法掌握现代科学技术。科学是对客观规律的揭示，没有“求实”的精神，就无法探索客观规律的秘密。物质世界在永恒地发展变化，唯有勇于改革不断创新，才能有所发现，有所发明，有所创造，有所前进。

4. 学校精神：家国同心、艰苦奋斗、惟真惟实、追求卓越

家国同心的担当精神。中国石油大学（华东）的事业与国家的发展命运与共、息息相关。学校诞生于社会主义革命和建设迫切需要石油资源和石油人才这一重大的国家战略需求之中。学校老一辈创业者和科学家从一开始就言传身教、身体力行地将强国使命、爱

国情结和报国志向浇筑到学校的筋骨与血脉中，奠定了学校担当报国的基本旋律，引导着一代代石大人积极投身于国家富强、民族昌盛的伟大复兴事业中。“祖国的需要就是我的唯一志愿”“到祖国最需要的地方去”“我为祖国献石油”……石大人始终坚守“家国天下”“科学报国”志向，忠实于改变祖国落后面貌、实现现代化宏伟目标的伟大使命，把自身价值与国家、民族的目标联结在一起、融合在一起。家国同心的信念，正是石大和石大人自强不息的动力源。

艰苦奋斗的无畏精神。学校在北京九间房的荒野上创立，创造了当年建校、当年招生、当年开学的办学奇迹，在学校奋斗史上留下了浓墨重彩的一笔。学校教师和成千上万名在校生、毕业生积极参加石油大会战，投身油田生产建设第一线。他们远离亲人，头顶青天、脚踏荒原，战严寒、斗酷暑，用对祖国的满腔赤诚、精湛的技能和忘我的工作，为彻底甩掉“贫油国”的帽子做出了重大贡献。在时代洪流下，学校搬迁至黄河入海口所在地山东东营，广大师生用自己的双手在人迹罕至的盐碱滩上建起“干打垒”宿舍、教室和实验室，以艰苦卓绝的奋斗精神，确保了学校的延续和发展。21 世纪初，学校来到黄海之滨的青岛，石大人在泥滩上再次创业，建起了面向大海、四季花开的美丽校园，在边建设边办学边发展、各方面条件和资源极为紧缺的情况下，通过励精图治、不懈奋斗，进入国家“双一流”建设高校行列，并取得了首期建设的优异成绩。学校的创立、建设和发展史，就是一部敢于创业、善于创业的奋斗史。石大人血脉里传承着不畏苦难的基因，骨子里镌刻着迎难而上的品格。

惟真惟实的治学精神。探索科学、坚持真理是石大人的不懈追求，这种文化上的基因渗透在石大的血液里，代代流淌，使得学校在 70 年的办学历程中，始终保持着尊重客观规律、追求科学真理、力求实际贡献的独特个性。体现在治学上，就是做真学问、真做学问。做真学问，就是针对真正的科学问题和经济社会发展中的难题、国家战略需求，努力开展研究，在培育重大原创成果、解决“卡脖子”问题上攻坚克难；真做学问，就是脚踏实地做学问，立德树人育英才，只求实质性进展、实质性贡献，培养在国家需要的相关领域能够发挥重要作用的杰出人才。石大人胸怀星辰大海的中国梦，将论文写在祖国大地上，把用心血灌注的研究成果融入能源强国的伟大事业中。

追求卓越的进取精神。融入国家战略，服务经济社会，创造一流业绩，达到卓越水准，一直以来就是石大人自觉且自豪的使命文化的核心内容。石大人骨子里流淌着的是一种精英意识，永远拒绝平庸。这是石大人不向任何艰难困苦低头，永不言败、自强自立、生生不息的文化符号；是学校从北京迁至东营后，虽经磨难却不甘沉沦，在逆境中奋起的信仰力量；是在基础极为薄弱、条件极为短缺的背景下取得“双一流”建设卓越成就，在自强中再次走向辉煌的核心要素。追求卓越的进取精神已经渗透至石大人的生命深处，成为一种本色与素质，成为一种鲜活的生存与发展方式。学校的历史是一部从卓越走向卓越、以卓越孕育卓越的历史，只有一代代的石大人接续传承追求卓越的进取精神，学校才能不断超越自我，成就一流学识，培养一流人才，建成一流大学。

5. 价值追求：关爱学生、尊重学者、崇尚学术

关爱学生。“一切为了学生，为了学生一切，为了一切学生”是全校共同的价值追求，是学校全体教职工教书育人、管理育人、科研育人、服务育人、为人师表的基本准则。学校强

化学生在育人中的主体地位，树立以学生为中心的工作理念，千方百计地帮助学生解决具体困难和问题，千方百计地为学生提供更多的选择、创造更多的机会。学校充分尊重学生个性，因势利导、因材施教，多发现学生身上的闪光点，多给学生一些温暖和鼓励，多激发学生进取的勇气和信心，最大限度地调动学生内在的积极性。关爱学生，要逐渐成为发自内心的、自觉的行动。在关爱学生方面努力做到"三心"，即对学生要有爱心，为学生服务要尽心，对学生工作要关心。

尊重学者。这是学校坚持"办学以人才为本、以教师为主体"的体现，是"尊重劳动、尊重知识、尊重人才、尊重创造"的基本要求，也是学校营造和谐学术天地、优化学术环境的根本所在。学校广泛尊重学者的劳动和创造，为学者们从事学术研究和学术创新提供宽松、宽容、宽厚的环境和条件，努力使学者在学术上有地位、在工作上有平台、在生活上有保障、在人格上有尊严；努力建立和完善有利于各类优秀人才脱颖而出的良好机制；充分认识到学者在办学中的主体地位，尊重学者在治学、治教、治校方面的意见和建议，充分发挥学者在学校发展中的重要作用；尊重不同的学术观点、学术流派，尊重学者的个性，尊重学者个性中蕴含着的独立见解、求实精神。

崇尚学术。全校上下着力追求学术氛围和学术质量，激发追求卓越的自觉意识，并通过机制让一切创新的因素激发活力，产生高质量的学术成果；大力弘扬锲而不舍、勇于创新、追求卓越的学术品格，笃实厉行、严谨治学、献身真理的学术风采，甘为人梯、奖掖后学、团结合作的学术气度；努力建立积极向上、民主求实、团结协作、尊重知识和创造的学术氛围，为学术发展提供自由广阔的空间、民主创新的氛围和精心细致的服务，从而培养、吸引和激励优秀的学者在这里开拓、耕耘和收获。

6. 校标

2008 年，中国石油大学(华东)校标确定。校标以学校的标志性雕塑"创造太阳"的抽象体为核心元素，外环弧形上方为英文标准字校名，下方为学校的建校年份"1953"及中文标准字校名。

中国石油大学(华东)校标

核心元素"创造太阳"：雕塑的圆球象征太阳，周围的短管道比喻太阳辐射出的万丈光芒，长管道是油气集输管线。人物象征着开发能源、从事高等教育的人，她高高举着的是一本厚厚的书，象征着书山有路勤为径，指引万千石大学子在科学的殿堂上勇于攀登。从正面看，她的衣服有个飘带，有两层寓意：一是象征着海上的波浪，二是象征着一层一层的地层，指现今我们的采油是从海上和陆地两个方面进行。雕塑的底座是非常逼真的海上钻井平台的样子。整个雕塑还意味着运用知识能源开发物质能源，创造出一个新的太阳。雕塑的设计思路主要源于老校长杨光华先生的倡议，其核心内容是集中展示中国石油大学的办学特色和价值理念，即以石油开采和利用为主要研究对象，以石油石化人才培养为己任，以运用科技知识为国家奉献能源为使命。雕塑的设计者为广州雕塑院原院长、著名雕塑家唐大禧先生。

校标字体：校名中文标准字"中国石油大学"为著名书画家范曾手写体，英文标准字

"CHINA UNIVERSITY OF PETROLEUM"是 Arial 字体。

校标色彩：校标为深蓝色，是中国石油大学（华东）的标准色，代表深厚、稳重、宁静与智慧，寓意中国石油大学（华东）浓厚的文化底蕴与脚踏实地的工作作风，并与校训、校风和学风相吻合。蓝色还象征着大海，代表着能源发展的广阔前景。

7. 校歌：《北京石油学院学生之歌》

2008 年，中国石油大学（华东）正式确定《北京石油学院学生之歌》为校歌。

《北京石油学院学生之歌》诞生于 1956 年初，由著名女作曲家瞿希贤作曲，北京石油学院海燕诗社学生集体作词。1956 年 1 月，中共中央向全国人民发出"向科学进军"的号召。北京石油学院广大师生热烈响应，迅速掀起了向科学进军的热潮，学院召开"学生三好积极分子大会"。在这种氛围下，海燕诗社的学生为大会集体创作了这样的诗句：

东方升起了太阳/放射出万道霞光

祖国的青年学生/头脑清醒

体魄强健/热情充沛/勇敢地冲向科学堡垒

亲爱的祖国/亲爱的党/请让我们把自己的心愿来献上

我们要用双手建设出无数石油基地/我们要使工业的血液流向四面八方

中国石油大学（华东）校歌
《北京石油学院学生之歌》

歌词充满了阳刚之气、自豪之情、责任之心。"东方升起了太阳，放射出万道霞光"与中国石油大学（华东）的"创造太阳"形象和理念一致。"祖国的青年学生，头脑清醒，体魄强健，热情充沛，勇敢地冲向科学堡垒"这句歌词涵盖了德智体全面发展的要求。"清醒"指思想政治意识，强调了德育首位，加上强健的体魄、充沛的热情，目的是向科学进军。"亲爱的祖国、亲爱的党，请让我们把自己的心愿来献上，我们要用双手建设起无数石油基地，我们要使工业的血液流向四面八方"这句歌词饱含了对祖国的爱和对党的情，饱含了石油学子对崇高事业的责任感和自豪感，表现了石油特色和石油人的梦想。

《北京石油学院学生之歌》充分表现了学校发轫初期的历史，表现了石大学子朝气蓬勃、昂扬向上的精神风貌，抒发了石大学子为祖国而战、为石油而战的豪迈气概。《北京石油学院学生之歌》旋律朝气蓬勃，富有激情，进行曲的速度特别能激发青年学生的热情、激情、豪情。

《北京石油学院学生之歌》求实稳健，厚重不轻飘，豪迈不媚俗，在今天仍有蓬勃的生命力。歌中唱出的追求、理想、心愿，仍然是今天莘莘学子的追求、理想和心愿。务实，是中国石油大学（华东）办学风格的写照，也是中国石油大学（华东）人才培养的特色。

8. 校史馆

中国石油大学校史馆是全国科学家精神教育基地，山东省党员教育现场教学基地、山东省师德涵养基地，青岛市社科普及"优秀"教育基地、青岛市华侨国际文化交流基地。

中国石油大学（华东）校史馆位于唐岛湾校区图书馆东馆，于 2021 年 10 月 2 日正式开馆。校史馆建筑面积 3 500 平方米，分为前厅、序厅、编年体展厅、石油魂 · 石大人专题展厅、墨香石大艺术馆和环廊展区六大板块。

中国石油大学(华东)校史馆

中国石油大学(华东)校史馆以“一所值得尊敬的大学”为中心,突出“艰辛的历程、卓越的贡献、美好的未来”三大内容、“学者、学生、学术”三条主线,按照学校发展的四个时期,全方位再现了学校历尽艰辛、弦歌不辍的创业历程,为党育人、为国育才的卓越贡献,家国同心、艰苦奋斗、惟真惟实、追求卓越的精神文化,与祖国同呼吸共命运、与能源工业风雨同舟的功勋荣耀,依托行业、融入山东、面向全国、走向世界的办学方略,服务国家战略、建设中国特色能源领域世界一流大学的美好蓝图。

现代化国内高端“一流校史馆”。中国石油大学(华东)校史馆设计理念超前、展示手段多样,建有 VR 网上校史馆,正在努力升级智慧校史馆。展陈图片 1 600 张、视频 30 余部、文物和实物 764 件,互动电子屏 33 块,大型场景还原 11 处。现代化的设计展陈和良好的育人成效在国内高校处于第一阵列。

肩负多重功能的“教育共同体”。中国石油大学(华东)校史馆是山东省师德涵养基地、青岛市爱国主义教育和优秀社科普及教育基地,打破传统校史馆的概念,不拘泥于高校校史,以新中国的能源科技和教育史为明线,把家国情怀、“四史”暗线融入其中,努力打造成爱党爱国、立德树人、文化传播、精神孕育、科学普及的“教育共同体”。

区域和大学的“精神文化高地”。中国石油大学(华东)校史馆突破空间和时间限制,打通精神文化育人辐射区,设计“馆内+馆外”360 度呈现、“线上+线下”24 小时在线、“无墙+跨界”全时空育人模式,努力建设区域和行业高校的“精神文化高地”,切实发挥大学文化传承创新的作用。

中国石油大学 VR 校史馆参观方式:

(1) 电脑端:https://www.720yun.com/t/d4vkzb27p7w? scene_id=86383937。

(2) 手机端:扫描二维码即可进入 VR 校史馆。

VR校史馆

二、中国石油大学(北京)

中国石油大学(北京)是一所石油特色鲜明、以工为主、多学科协调发展的教育部直属的全国重点大学,是设有研究生院的高校之一。1997 年,学校首批进入国家"211 工程"建设高校行列。2006 年,成为国家"优势学科创新平台"项目建设高校。2017 年,学校进入国家"双一流"建设高校行列,全面开启建设中国特色世界一流大学的新征程。

学校现一校两地(北京、克拉玛依),北京昌平校区坐落在风景秀丽的军都山南麓,校园占地面积 700 余亩;克拉玛依校区位于新疆维吾尔自治区克拉玛依市,校园占地面积 7 000 余亩。

1. 校训:厚积薄发、开物成务

"厚积薄发"来自宋代苏轼《稼说送张琥》:"博观而约取,厚积而薄发。"作为校训,它包含几层意思:一是暗指石油等能源经过千万年积累变成了能量而不断地释放出来,体现了石油特色;二是作为教师来说,要不断地在知识和道德上积累;三是作为学生来讲,"厚积"即在道德修养和科学知识上不断积蓄,"薄发"就是指学生成为德才兼备的人才,不断为社会做出自己的贡献。

"开物成务"出自《周易・系辞上》,指(圣)人可以掌握万物的变化规律(天道),成就天下功业。这切合了学校以实学为务,科学地掌握客观规律,发掘万物资源,造福于民,成就功业的石油特色。

"厚积薄发、开物成务"总体所表达的内涵是:石大人不断积累丰富的知识和崇高的道德素养,不断把积累的知识和才华,特别是科学研究的成果奉献给国家,发扬石油人的"实事求是、艰苦奋斗"精神,积极开发石油等能源,为成就中国特色社会主义现代化建设的伟大事业做出贡献,为成就人类社会和谐进步的伟大事业做出贡献。

2. 校风:实事求是、艰苦奋斗

3. 学风:勤奋、严谨、求实、创新

4. 教风:为学为师、立德立言

5. 学校精神:实事求是、艰苦奋斗、爱国奉献、开拓创新

"实事求是、艰苦奋斗、爱国奉献、开拓创新"是中国石油大学(北京)精神文化的历史积淀,是几代中石大人在长期办学实践中提炼并形成的独具特色的宝贵精神财富。

"实事求是"是一切从实际出发,从客观事物中探索事物变化发展的规律,是一种探求真理的科学世界观。

"艰苦奋斗"是一种不畏艰苦、锲而不舍、顽强奋斗的品质和作风。

"爱国奉献"是以爱国主义为基本价值取向、以无私奉献为基本价值追求的崇高思想境界。

"开拓创新"是永不满足、追求卓越的精神状态。"开拓"是一种不断探索进取的指向,"创新"是一个民族进步的灵魂。

“实事求是”是精神的思想基础，“艰苦奋斗”是精神的本质特征，“爱国奉献”是精神的动力源泉，“开拓创新”是精神的价值追求。

6. 校标

校标由徽标和徽章组成。徽标为圆形，图案是中英文校名环绕汉字“中”的变体与学校英文简称“CUP”所构成的两个循环汇聚的油滴。徽章为徽标图案的圆形证章，教职工徽章以红色为底，图案为金色；学生徽章以白色为底，图案为红色；校友徽章为通体金色。

7. 校歌

校歌为《我为祖国献石油》。

中国石油大学(北京)校标

中国石油大学(北京)校歌
《我为祖国献石油》

8. 校史馆

中国石油大学(北京)校史馆新馆于2018年8月建成，建筑面积共611平方米，主要包含5个展厅，按学校发展脉络，分别为创业厅、求索厅、弥新厅、发展厅以及腾飞厅，依次展示了北京石油学院时期、华东石油学院时期、华东石油学院研究生部时期、石油大学(北京)时期以及中国石油大学(北京)时期的建校及发展史实。校史馆内展陈了丰富的图文、影像、实物资料和模型，生动展示了中石大艰苦创业、砥砺前行的发展历程，鲜明的办学特色以及深厚的文化底蕴。

2022年7月，中国石油大学(北京)网上校史馆正式上线。网上校史馆从“漫游校史馆”“主题校史馆”“校史记忆”“校史影像”“校史问答”“留影校史”六个板块对校史馆的馆藏内容进行展示，融合信息技术、智能技术，依托可视化位置服务平台直观呈现校史，实现了参观者足不出户“云参观”校史馆，在电脑端或手机端即可了解学校校史，感受石油文化。

中国石油大学(北京)网上校史馆与实体校史馆线上线下相结合，促进校史馆成为承载全体中石大师生和广大校友共同记忆的精神家园，成为感悟校史底蕴、培育爱校情怀的育人基地，成为展示学校发展成就、扩大学校社会声望的重要窗口。

中国石油大学(北京)网上校史馆参观方式：

(1) 电脑端：https://map.cup.edu.cn/cmshm_pc/#/。

(2) 手机端：通过网址 https://map.cup.edu.cn/cmshmh5/#/或扫描二维码进入。

VR校史馆

三、西南石油大学

西南石油大学是新中国创建的第二所石油本科院校，是一所中央与地方共建、以四川省人民政府管理为主的高等学校。2013 年，学校入选“国家中西部高校基础能力建设工程”，成为入选该工程的 100 所高校之一。2017 年 9 月，入选为国家首批“双一流”世界一流学科建设高校。学校建有成都、南充两大校区，校园总占地面积 3 000 余亩。

1. 学校精神：为祖国加油、为民族争气

学校经过 60 多年的发展，形成了许多优良的传统、文化、理念和价值导向，这些构成了西南石油大学精神的基础和元素。西南石油大学精神经历了孕育发展期、形成升华期、传承弘扬期三个阶段。“为祖国加油，为民族争气”是对若干元素概括、总结和升华的结晶，是从西南石油大学的人文积淀中提炼出来的宝贵精神品质。

学校党委在广泛征求师生员工以及广大校友意见的基础上，正式确定西南石油大学精神为“为祖国加油，为民族争气”。它以强大的爱国主义和民族精神作为支撑，张扬并涵养着时代精神的高层次精神理念与境界，为学校发挥特色和优势、推动各学科共同繁荣提供了强大的精神动力。随着学校的发展，通过全体西南石大人的不懈努力，“为祖国加油，为民族争气”的西南石大精神也将不断被赋予更加丰富的内涵。

概而言之，“为祖国加油，为民族争气”概括了学校的发展历程、办学传统，体现了学校的办学特色、办学理念，反映了一代又一代的西南石大人的理想追求、价值取向与精神风貌。用它作为学校的精神，具有以下特点：

(1) 微言大义，独特表达。立足于学校在石油、天然气方面的办学特色，尤其是在天然气勘探开发领域所独具的鲜明特色，有别于其他高校，也同样有别于石油兄弟院校，巧妙地将其与学校核心价值理念、独特精神气质融合，匠心独具，凝练和展示了意境深远的思想文化精神，体现出博大的胸襟、宽广的视野和远大的志向，彰显了学校一以贯之的办学特色和育人理念，具有较强的生命力和感染力。

(2) 内涵丰富，厚重博大。作为价值理念的集合，“为祖国加油，为民族争气”既包含了学校求真务实、艰苦奋斗的优良传统，又体现了以爱国主义为核心的民族精神和以改革创新为核心的时代精神，还体现了广大西南石大学子“胸怀祖国，放眼世界”的豪迈气概。它以无形的感召力、凝聚力，激励师生传承“为祖国争光”的爱国主义精神，树立为国家繁荣昌盛而刻苦学习的远大志向，自觉将个人的成长与国家、民族的发展紧密相连，始终保持不断进取、敢于争先的良好精神状态，开创新局面，取得新成绩，不断为国家、为民族做出新贡献。

(3) 与时俱进，时代感强。“为祖国加油，为民族争气”在不同时代具有不同的内涵。在建校初期，“为祖国加油，为民族争气”就是为早日摘掉国家“贫油帽子”做贡献；改革开放以后，“为祖国加油，为民族争气”就是为祖国石油工业的加快发展做贡献；在划转地方后，“为祖国加油，为民族争气”就是为国家能源战略和国家能源安全做贡献，就是为国家经济、社会建设做贡献；随着学校向世界一流学科、一流能源大学和百年名校目标的迈进，“为祖国加油，为民族争气”还包括为中华民族伟大复兴做贡献。

2. 校训：明德笃志、博学创新

“明德”，出自《大学》中的“大学之道，在明明德，在亲民，在止于至善”。明德乃《大学》三纲要之首纲，也是三纲要之核心和根本，意为大学之中最高的为学之道，在于使人们的美德得以彰显，在于使天下人去旧从新，处于内心清明的最高的、善的境界。“明德”意即学校办学要以德为先，要发扬人们天赋的善良美德，以达到才德完美无缺的最高境界。“明德”旨在强调大学教育中道德建设的重要性，意在引导西南石大人以高尚的道德立身，以高尚的道德承载天下重任。无论是传授和创造知识，还是治学育人、成人成才，皆应达到至高境界，实现学校全面协调发展。“明德”反映了西南石大人的思想境界和精神追求。

“笃志”，出自《荀子·修身》中的“笃志而体，君子也”。笃，固也，厚也，充实而有恒；笃者，勤勉不怠谓也；笃为志之坚也，是为好学之固；笃志，坚定谓之也，意即崇尚实干，践行理想，行胜于言。“笃志”是西南石大人在石油行业背景下成长过程中形成的勤奋务实、脚踏实地、埋头苦干的精神特质，反映了西南石大人特有的精神面貌和行动理念。

“博学”，出自《礼记·中庸》中的“博学之，审问之，慎思之，明辨之，笃行之”，《论语》亦云“博学而笃志，切问而近思”。“博”意味着博大和宽容，唯有博大和宽容，才能兼容并包，使为学具有世界眼光和开放胸襟。“博学”意谓为学首先要广泛地猎取，培养充沛而旺盛的好奇心。广泛学习，创新学习，博采众长，丰富自我，方能集成大家。“博学”还意在倡导学生通过刻苦学习和实践，获得广博的知识，不仅本学科的知识要广博精深，还要涉猎和掌握更多其他学科相关的知识，文理兼容，百科兼纳，更要有远大的抱负和广博的胸怀，在生命的旅途中永无止息地学习和充实自己。同时倡导教师要广泛学习，专心致志探求真理，以适应现代教学的要求，更好地“传道授业解惑”。

“创新”，源自《大学》中的“苟日新，日日新，有日新”。创，开始、开创，象征着人类向未知世界发动了一次又一次的进攻；新，初生之物，与旧相对。“创新”就是首创前所未有的事物、见解或方法，就是不墨守成规，不懈开拓。创新是一个民族进步的灵魂，是一所大学长远发展的不竭动力。“创新”倡导西南石大人要在前人研究成果的基础上进行创造性的发明或提出前所未有的新见解、新方法。

“明德笃志、博学创新”从德、志、知、行四个方面对西南石大人提出了要求，其中“明德”“笃志”强调做人，“博学”强调做学问，“创新”强调做事。只有明白为人的道理，才能做好学问，才能成就大业。“明德笃志、博学创新”就是要求西南石大人不断加强道德修养，志存高远，踏踏实实做人；就是要求西南石大人不断追求广博学识，学而不倦，勤勤恳恳做学问；就是要求西南石大人不断开拓进取，不断创新发展，与时俱进，认认真真干事业。概而言之，“明德笃志、博学创新”就是要求西南石大人树立远大理想，追求广博学识，不断开拓创新，以脚踏实地的精神和科学严谨的态度，为西南石大学子的成才成功打下基础，为祖国的持续发展做出不懈努力，为中华民族的伟大复兴做出贡献。

3. 校标

校标以“西南石油大学”的英文缩写字母“SWPU”为主要设计元素构成一圆形图案，四个字母经变化组合又构成“西”“石”，体现了“西南石油大学”的含义。

椭圆形线条是圆形的空间拓展，有无限发展的含义，象征学校的光辉前程。

图案还似一电子轨迹，寓意科学精神。

图形图案也象征地球，表现了石油学科的内涵。

校标颜色采用象征博大与科学的蓝色，体现了科学性和时代感。

图案颜色越往下越深，寓意学校基础雄厚。

西南石油大学校标

4. 校歌：《飞翔》

校歌《飞翔》由狼格填词，昌英忠作曲。

啦啦啦，飞翔，飞翔，飞翔

辽阔的天空，飘荡着彩云，无边的沙漠有美丽的绿舟，

我们在难忘的青春中奋发，为我加油，为你争气！

期待那一天，远方的召唤，让我们一起，一起飞翔；

期待那一天，远方的召唤，让我们一起，一起飞翔！

古往今来多少俊杰，少年立壮志，立壮志！

东西南北四海为家，风雪何所惧，何所惧！

历史将证明我们写下的历史，未来在等着我们开辟未来！

期待那一天，远方的召唤，让我们一起，一起飞翔；

期待那一天，远方的召唤，让我们一起，一起飞翔，飞翔！……

西南石油大学校歌《飞翔》

5. 校史馆

西南石油大学校史馆坐落在成都校区地标性建筑——图书馆大楼一层，面朝风光旖旎的梦溪湖，相伴书声琅琅的思学楼。西南石油大学校史馆新馆于 2018 年 10 月全新改建而成。

展厅面积 1 060 平方米，由序厅、历史厅、现代厅和荣誉厅组成。序厅展示了学校四次变更隶属关系、两次更改校名的历史沿革，展现了毛泽东、朱德、胡锦涛、习近平等党和国家领导人亲切接见和关怀学校师生的感人场景。历史厅与现代厅以 2005 年学校更名为西南石油大学为划分节点，展示了学校在不同历史时期做出的重要贡献和取得的主要成果。荣誉厅集中展示了学校在教学科研、人才培养以及师资队伍建设等方面取得的办学成就。

展馆运用雕塑油画、场景复原等手法，结合动态智能天幕、3D 全息投影、智能联动景观沙盘、时空隧道等声光电高科技手段和交互式多媒体系统，全方位展现了学校从“白手起家”到入选“双一流”高校所走过的光辉岁月，诠释了从“为石油而生，为石油而息”到“为祖国加油，为民族争气”的办学初心与家国情怀，生动呈现了六十多年历史的风雨弦歌和几代人执着前行的足迹。

馆内珍藏有一枚美国休斯公司生产的三牙轮钻头。1979 年邓小平同志访美时，卡特总统将这一钻头作为国礼相赠。回国后，邓小平同志将这枚 J44 型钻头转赠学校用于开展科学研究。该钻头珍藏至今，被誉为“镇馆之宝”。

第二节　省属石油高校文化

一、东北石油大学

东北石油大学是一所以工学为主，工、理、管、文、经、法、教育、艺术多学科协调发展的高校。1978年被确定为88所全国重点大学之一。学校是黑龙江省与中国石油天然气集团公司、中国石油化工集团公司、中国海洋石油总公司共建高校，是黑龙江省重点建设的高水平大学，也是国家“卓越工程师教育培养计划”“国家大学生创新性实验计划”实施高校，国家“特色重点学科项目”建设高校，“国家建设高水平大学公派研究生项目”实施高校，CDIO工程教育联盟成员单位。

学校有大庆、秦皇岛两个校区，占地面积共169.13万平方米，其中秦皇岛校区占地33.28万平方米。主校区坐落于中国最大的石油石化基地黑龙江省大庆市。

1. 校训：艰苦创业、严谨治学

东北石油大学的历史就是一代代东油人传承大庆精神、弘扬“艰苦创业、严谨治学”校训精神的奋斗史、发展史。这八字校训全面概括了学校对全体师生“志之所指、心之所向、做事做人”态度的期望与要求，也十分贴切地反映了学校建校的时代召唤、办学宗旨与历史积淀；既反映了学校的成长发展历程，又是对广大石油人的谆谆劝勉，激励师生不忘传统，励志前行。这八字校训，在东北石油大学的办学历程中，得到了全体师生的认可与践行，引领东北石油大学实现了跨越式、内涵式发展，并形成了“用大庆精神办学育人”和“全方位、多层次产学研合作”的办学特色。

2. 校风：严谨、朴实、勤奋、创新

学校在长期办学实践中，作为大庆人的东油人与英雄的石油人一起创造和实践了大庆精神，并成为大庆精神的受益者和传承者。以大庆精神为根基，形成了“严谨、朴实、勤奋、创新”的校风。而“崇尚科技、尊重自然”的文化品格和“创新、开放、发展”的人文内涵，象征东北石油大学蓬勃的生机和活力，以及科学研究和科技发展给石油能源带来的希望。

3. 办学理念：以人为本、科学发展、质量立校、特色创优

东北石油大学积极向上、充满传承与斗志的制度文化在很大程度上做到了保障高等教育质量、合理配置教育资源、激励学生积极向上的“超能力”。良好的制度文化既在一定程度上培养了一支政治素质高、热爱教育事业、有高度责任感的教师队伍，也吸引了大批有目标、有理想的新青年，在无形之中为学生们树立了属于大庆油田的奋斗精神，培养出了一批又一批优秀的、具有大庆精神的东油子弟。

4. 学校精神：德识并重、求是创新、慎思笃行、和谐进步

学校精神继承“拣粮、种地、干打垒”的创业史，遵循大学精神的内质，是力量之盾、精神之盾，是学校办学育人的制胜法宝，是东油人开拓进取的不竭动力。东油学子秉承大学精

神，用科学知识武装自己，积蓄了献身石油的力量，发扬大庆精神，用先进思想激励自己，插上了报效祖国的翅膀。

5. 校标

校标整体造型为圆形，从内到外的三个同心圆寓意分别为至善、和谐、学无止境。最内侧圆代表“至善”，作为核心寓意，是大学的根本，出自《大学》中“大学之道，在明明德，在亲民，在止于至善”，意为使整个社会和所有人都臻于和谐圆满的至善至美的理想境界。

东北石油大学校标

中间的圆代表“和谐”，体现学校构建和谐校园的理念内涵，出自《左传》中“如乐之和，无所不谐”。和谐是中华五千年文化的核心思想。

最外围的圆是含义最丰富的圆，圆内部分指学子在大学期间所掌握的知识，圆外部分是学子们走出象牙塔后要探求的未知世界，以此来警示学子“知识无边、学无止境”。

校标中心图形形似石油钻井钻头，意指油田的开发、建设，彰显学校办学特色；又像是一面坚实的盾牌，寓意为东北石油大学的创建者与大庆油田的开拓者一起创造的大庆精神是力量之盾、精神之盾，是东油人开拓进取的不竭动力；还像是倒放的油桶，上方凹凸部分状如长城，意指“油为国脉”，寓意东油人肩负着振兴国脉的时代责任。图形上镌刻着“东油”二字，为中国古代篆体字，体现了学校浓厚的文化底蕴。

学校中英文校名环绕在主体图形四周，汉字部分为书法毛体字，中英文结合代表学校秉承历史、开放办学的思想理念。

校标以蓝绿色为主色调，体现了“崇尚科技、尊重自然”的文化品格和创新精神。整款校标体现了东北石油大学“严谨、朴实、勤奋、创新”的校风和“艰苦创业、严谨治学”的校训。

6. 校歌：《拥抱太阳》

叩响荒原，唤醒油藏，
我们来自四面八方。
艰苦创业，严谨治学，
大学精神在干打垒中孕育生长。
石油的召唤，知识的力量，
大漠乘风，沧海踏浪，
石油的召唤，知识的力量，
爱在心中，爱在远方。

东北石油大学校歌《拥抱太阳》

采撷地火，创造太阳，
我们点燃青春理想。
严谨朴实，勤奋创新，
大庆精神为东油学子插上翅膀。

石油的召唤，知识的力量，
大漠乘风，沧海踏浪，
石油的召唤，知识的力量，
爱在心中，爱在远方。

歌词涵盖了东北石油大学的成长历程和办学特色，表述了校风和校训，昭示了大学精神和大庆精神的内涵。整首歌曲意境深远、气势恢宏、雄壮豪迈、浑厚绵长，给师生及校友以无尽的回味和催人奋进的力量。

歌曲分为两段，前半部分主要是述史，后半部分则意在言志，前后相互照应，上下贯通、一气呵成。

第一段意指建校之初，“捡粮、种地、干打垒”的创业史，说明东北石油大学诞生于“松辽石油会战”之中，建立在大庆油田之上，遵循大庆精神的内质，建成了一所“为祖国加油，为民族争气”的新型大学，并形成了学校最宝贵的精神财富——“艰苦创业、严谨治学”的校训。在学校的发展建设过程中，这成为学校核心精神内涵的主体。

第二段展示了东北石油大学以“严谨、朴实、勤奋、创新”的校风，高举大庆精神的旗帜，点燃万千学子“我为祖国献石油”的理想，激发学生孜孜努力、奋力成才的办学育人特色，肩负着“创造太阳”即用科技开创油气能源希望的历史使命。

歌曲两段的言志部分意在指出，东油学子秉承大学精神，用科学知识武装自己，积蓄了献身石油的力量；发扬大庆精神，用先进思想激励自己，插上了报效祖国的翅膀。东油学子身怀报国之志，在学有所成后不惧艰苦、不择环境、不贪享乐，赴西北、漂海上，到最艰苦的地方去，到祖国最需要的地方去。

7. 校史馆

东北石油大学校史馆最初建于 2007 年，后于 2010 年学校 50 年校庆时迁至图书馆一楼，并进行了重新设计与装修，调整和充实了展出的内容。

新的校史馆展区按内容分序厅、历史厅和成就展示厅三个区域，陈列了建校 60 余年学校发展的历史资料，充分展示了学校办学过程和不同时代的学校面貌、优良传统与校园文化精粹、办学理念变革和教育教学成就。校史馆的展品属于档案馆藏品的一部分，公开展示提升了这些藏品的效用。

作为学校文化建设的重要内容、实施素质教育的重要基地，校史馆每年接待参观 3 000 人次左右，既有本校学生参观，也有省市级领导视察。校史馆每年从学生中选拔一批兼职讲解员。通过参与校史馆兼职讲解活动，大学生既很好地向外界展示了个人风采，也提高了自身的能力，增强了作为东油人的自豪感和使命感。

大庆精神育人展馆由东北石油大学大庆精神研究基地建设，是国内高校唯一以大庆精神为主题的红色文化教育专题馆。展馆分为展厅和实训体验室两部分，建筑面积 500 平方米，集红色文化教育、大庆精神传播、学校育人成果展示功能于一体。2020 年 4 月，展馆被评为黑龙江省文明校园窗口标兵单位。展馆现有师生宣讲员 35 名，既向校内师生开放，也向社会免费开放，每年为东油师生以及省、市企事业单位做大庆精神专题宣讲共 200 余场，受众达 10 000 余人次，充分发挥了公共文化服务阵地在大庆文明城市建设中的作用，成为爱国主义教育的重要阵地。

2020 年，由展馆学生宣讲员组成的大庆精神宣讲团克服疫情，云端宣讲大庆精神铁人精神，并将宣讲视频在抖音、哔哩哔哩等媒体平台发布，受到校内师生的广泛关注，也得到了中国教育报、全国高校思政网、光明网、中青网、黑龙江日报客户端等国家及省市媒体的集中报道，充分展现了学校用大庆精神铁人精神育人的成果，创新了宣传载体，用极具时代感的方式更好地弘扬传承了大庆精神铁人精神。

二、长江大学

长江大学于 2003 年 4 月经教育部批准，由原江汉石油学院、湖北农学院、荆州师范学院、湖北省卫生职工医学院合并组建而成，为湖北省重点建设的骨干高校，是国家“中西部高校基础能力建设工程”高校、湖北省“国内一流大学建设高校”，也是湖北省人民政府与中国石油天然气集团公司、中国石油化工集团公司、中国海洋石油总公司共建高校，湖北省人民政府与中华人民共和国农业农村部共建高校，湖北省教育厅与荆州市共建高校，入选教育部卓越工程师教育培养计划、卓越农林人才教育培养计划、卓越医生教育培养计划、新工科研究与实践项目、中国政府奖学金来华留学生接收院校、全国深化创新创业教育改革示范高校。学校位于荆州市，占地面积 4 742 亩。

1. 校训：长大长新

“长”(cháng)的含义：一是时间概念，即长久、永恒之意。二是空间概念，指两端之间距离大，与短相对；指高，与矮相对；指远，与近相对，引申为宽阔、宏大和高远。三是指擅长、特长。在读作“长”(zhǎng)时，则有生长、增进和抚育、培育之含义，《诗经・小雅・蓼莪》中“父兮生我，母兮鞠我，抚我畜我，长我育我”；还有重视、崇尚之意，《尚书・牧誓》中“乃惟四方之多罪逋逃，是崇是长，是信是使”。

“大”的含义：大与小相对，有品位、层次、程度之意，还有尊重、赞美、美好之意。在此指大学、大学生、大学者、大学问、大志向、大境界。蔡元培言：“大学者，研究高深学问者也。”梅贻琦言：“所谓大学者，非谓有大楼之谓也，有大师之谓也。”学校要坚持不懈地培养大学生，造就大学者，追求大学问。大学生、大学者要做大学问，关键在于要有大志向，有志者事竟成。大学问会使学生、学者们的精神升华到大境界，从而促进学校的品位升华到大境界。

“新”在此指创新、纳新、维新。《大学》言“大学之道，在明明德，在亲民，在止于至善”，又言“苟日新，日日新，又日新”。意在大学要容纳新思想、新文化、新的科学技术，兼收并蓄，博采众长；不断创造新思想、新理论、新方法和新成果；以其博大的胸怀与宽容来维护、呵护学者的成长、学术的发展；在学术上创新，在学者里扶新，在学生中育新。大学要有纳新的胸襟、创新的追求和维新的智慧，才能经久弥新。

“长大长新”，其简明释义为“长江大学，历久弥新；培育大志，崇尚创新”。

2. 校风：求实、进取、创业、报国

求实：实事求是，诚实守信。“实”就是指真实、实际、果实、诚实。办学要实事求是，从实际出发，注重实效；治学要理论联系实际，尊重科学，追求真理，不断取得成果；育人要诚实，说老实话，办老实事，做老实人。

进取：自强不息，开拓进取。“进取”是楚文化“和衷共济，发愤图强”精神的浓缩，是长江“奔腾不息、百折不回”精神的凝练。意在倡导师生修身治学，在成长成才、追求真理、建功立业等方面百折不挠，超越自我，永远向前。

创业：学以致用，开创事业。“创业”既是一种精神，又是一种行动；既是学校走过的历史，也是学校发展的现实。用创业精神发展各项事业，培养具有创业能力的人才是学校的长期任务。

报国：献身事业，报效祖国。“报国”是中华民族的优秀传统，是爱国主义精神的具体体现，是实现人生价值的舞台。意在倡导师生勤奋学习，努力工作，建功立业，服务社会，报效祖国。

3. 校标

长江大学校标以长江大学组建时落成的主教学楼为主体图案，作为长江大学的标志，其形状为“一体两翼”，象征长江大学以教学为中心，科学研究和社会服务协调发展。校标主体色彩为蓝色和绿色。上方为蓝色，代表蓝天；下方为绿色，代表绿地；中间为教学主楼，蓝天绿地与教学主楼浑然一体，象征天、地、人的和谐统一。同时，绿色寓意勃勃生机，天蓝色寓意前景广阔，深蓝色寓意严谨理性。

长江大学校标

校标中主楼顶端的钻塔象征石油学科，是长江大学优势学科的代表，同时寓意长江大学蓬勃向上，追求卓越的志向；下方宽阔的绿地既代表农业科学与技术学科，又代表长江大学雄厚的学科基础和宽广的学科群。校标外观由四个同心圆形成环带，环绕长江大学中英文标准字样，寓意长江大学由四校合并，体现四校同心，共创美好明天。

4. 校史馆

“校史掠影”位于长江大学东校区文科大楼一楼走廊，以学校档案馆藏档案资料为基础，结合校史研究与校史文化传播方面的成果，以时间为线索，分为江汉石油学院、湖北农学院、荆州师范学院、湖北省卫生职工医学院、长江大学成立、师资力量、科研平台、办学成果、合作交流、领导关怀、校友代表、前景展望 12 个板块，用 110 张照片展示了学校的历史沿革和办学特色及成就。

三、西安石油大学

西安石油大学是西北地区唯一一所以石油石化为特色的多科性普通高等学校，是陕西省人民政府和国家三大石油公司共建院校、陕西省高水平大学建设院校、中国政府奖学金来华留学生自主招生院校。2011 年，入选陕西省高水平大学建设院校。

学校位于具有历史积淀的城市西安，有三个校区，即雁塔校区、明德校区、鄠邑校区，占地 2 078 亩。

1. 校风：团结、勤奋、求是、创新

优良的校风是提高教学质量、促进校园和谐、全面推进素质教育、确保学生身心健康发展的重要保证，每一位教职员工既是优良校风的受益者，也是良好校风的传承者和建设者。由全国人大常委会原副委员长楚图南同志题写的“团结、勤奋、求是、创新”的校风，激励了一代又一代西石大人，广大教职员工又用实际行动对校风进行了很好的诠释。

2. 校训

“好学力行、自强不息”的校训分别出自《中庸》和《易经》中“好学近乎知，力行近乎仁”和“天行健，君子以自强不息”两句话，激励莘莘学子勤奋好学，身体力行，努力做到学行合一、知行合一，并应像天一样，自我力求进步，刚毅坚卓，发愤图强，永不停息。“好学力行”是对学校办学传统和治学风格的深刻概括，“自强不息”是对石油人不畏艰险，勇攀高峰精神的高度凝练。全体教职员工要勤勉、好学、奋进，养成认真、严肃、实事求是、尊重真理、尊重知识的态度，坚决反对华而不实、浮光掠影、不求甚解、浅尝辄止的作风；在培育、塑造人的过程中做到不辞劳苦，不知疲倦，诲人不倦，认真授业；对教书育人的工作做到极端负责，对学生要有耐心，方法要得当，循循善诱、因材施教、对症下药，永不停息地向更高更新的境界攀升！

3. 校标

西安石油大学校标里有两个字母，其中 X 是西安汉语拼音的首字母，P 是石油英文 petroleum 的首字母；图像上看是一只飞翔的白鸽，理解为西安石油大学学校、学生展翅腾飞；白鸽下面标明了学校的成立时间 1951 年；校标外形选择了徽章常用的圆形，浑厚自然、稳重简洁、一目了然。

西安石油大学校标

4. 校歌：《辉煌明天》

“我在长安/问同学少年/可曾听到我煌煌高原千年的期盼/沧海桑田开我矿源/让石油喷薄一如飞瀑涌泉……”

由著名作家陈忠实和徐剑铭作词，著名作曲家赵季平作曲的西安石油大学校歌具有十分鲜明的文化特色和石油特色，是学校极其宝贵的精神财富。歌词朗朗上口、含义深远、气势磅礴、魅力无穷，既振奋人心、鼓舞斗志，又催人向上、奋发图强。从注重自身历史资源开发的角度来看，校歌无疑扩大和强化了学校在社会和校友之间的认同感，增加了学校的向心力和凝聚力；从培养人才的视角看，一种求知的渴望、爱校爱国的责任和情感油然而生，感受到对青年学生和求知者的期望和召唤，期盼学子们能够以知识和才智振兴中华。伴随歌中抑扬顿挫的语调，歌词特殊的内涵，一种奋斗的豪情在心中澎湃激荡。

西安石油大学校歌《辉煌明天》

5. 校史馆

西安石油大学校史馆建筑面积700平方米，由序厅、历史厅、成就厅和愿景厅4个部分组成，陈设大量藏品和实物，采用现代信息技术手段，通过图文、实物、多媒体、立体造型、场景还原等多种方式，集中展现了学校70多年来与共和国发展、与祖国石油工业同频共振的光辉历程；突出了学校办学治校的特点、重点、亮点，是向广大师生、校友和社会展示西石大悠久办学历史、优良办学传统、杰出办学成就和厚重历史文化的主要载体，也是各界人士了解西石大辉煌历史和巨大成就的又一个重要窗口。

序厅主要展示学校因油而建、因油而兴的历史沿革与变迁、建校初期的历史背景和学科渊源。历史厅(1951—1980)部分主题为“西北立校、奉献石油”，主要展示创建初期、学校时期及“文革”前学院时期的组织机构与师资、教学、科研、文化育人工作。成就厅(1980—2021)部分主题为“弦歌复响、跨越发展”，主要展示恢复重建以来学校党的建设、学科建设、师资队伍、教育教学、科技创新、合作交流、桃李芬芳、文化传承、校园建设、领导关怀等10个方面的内容。愿景厅主要展示学校第二次党代会后确定的学校发展远景和“十四五”发展规划。

四、辽宁石油化工大学

辽宁石油化工大学是以石油石化为特色，工、理、经、管、文、法、教、艺等八大学科协调发展的多科性大学。2007年学校接受教育部本科教学工作水平评估并获优秀成绩。学校是教育部确定的少数民族高层次人才基础培训基地、少数民族本科预科生培养基地，是辽宁省石油化工紧缺本科人才培养基地。学校位于辽宁省抚顺市，占地面积1 890亩。

1. 校风：团结、求实、严谨、创新

“团结、求实、严谨、创新”八个字是20世纪80年代校领导提出的，一直沿用至今。这一校风对全校师生提出了简明而具体的要求：工作团结，作风求实，治学严谨，开拓创新。

2. 校训：问学穿石、修身诚化

“问学”出于《中庸》第27章：“故君子尊德性，而道问学，致广大，而尽精微。”这是追求知识，勤勉学问的意思。

“穿石”来源于“滴水穿石”的典故，表示求学过程中有顽强的毅力和坚韧不拔的精神。

“修身”见于儒家经典《大学》，有“诚意、正心、修身、齐家、治国、平天下”的说法。“修身”是知识分子修炼品格、涵养德性的必由之路。

“诚化”出于《中庸》第23章：“唯天下至诚为能化。”“诚”代表忠诚、真诚、诚信，是修身的根本；“化”是人的知识与品格和谐统一的最高境界，是修身的目标。由“诚”到“化”，是一个提升的过程，只有做到“诚”，才能达到“化”。

八个字的校训概括了“问学”和“修身”两个方面，是知识分子成才和立身的必修课。要求师生追求学识要有恒心和毅力，矢志不移；修炼品格要立身以诚，追求化境。另外，校训还嵌入了“石化”二字，体现了学校的专业特色。

3. 校标

标志将汉字“化”变化为展翅的飞鸟，同时也融合“辽宁石油化工大学”汉语拼音和英文单词首字母“LSHU”的组合变形。

“化”字体现石化大学的特色，飞鸟象征着拼搏进取、勇于创新的学校精神面貌，展现蓬勃发展、欣欣向荣的美好未来。

“化”字也好似飞扬的飘带，寓意着团结协作、共同发展。

辽宁石油化工大学校标

4. 校歌：《为祖国奉献燃烧的爱》

辽宁石油化工大学的校歌词曲由全国著名词作家邬大为、曲作家铁源同志创作。

迎着高山旭日阔步走来/桃李芬芳誉满长城内外/新征程的步伐响彻五湖四海
美丽校园/有我们理想放飞
滚滚能源/让我们热血澎湃
啊，辽宁石油化工大学/你就是一位慈祥的母亲
时刻期盼我们创造/创造美好未来
扬起科学风帆迈进新时代
雷锋精神伴我成长成才
谱石化新篇章/留下一路豪迈
丹青妙笔去描绘青春色彩
春华秋实来回答母亲期待
啊，辽宁石油化工大学
我愿做一颗金色的火种/永远为祖国奉献/奉献燃烧的爱

辽宁石油化工大学校歌《为祖国奉献燃烧的爱》

歌名寓意：“燃烧”象征中国的石油石化工业像熊熊的火焰燃烧不熄，“爱”寓意我们新时期的石油学子对伟大祖国、石油石化事业的真情热爱，全面展示学校立足辽宁，面向全国，服务石油石化和地方经济社会发展，生动体现学校为国育良才、硕果累累，广大学子奔赴祖国各地，用青春、热血、奉献谱写出无数精彩和壮丽诗篇。

校歌是体现校训、校风、教风、学风内容，表达全校师生员工理想和情感的歌曲。它作为校园文化建设的重要内容，以主题鲜明的歌词和明快优美的旋律表达师生健康向上的精神风貌。

校歌创作的主导思想是歌颂新时代，弘扬主旋律，全方位地展现辽宁石油化工大学在党的高等教育事业方针指导下的光荣历程及在新世纪新时期所创下的重大成就，展示学校“立足辽宁，面向全国，服务石油石化和地方经济社会发展，具有自身优势和办学特色”之宏伟发展目标，生动地体现在雷锋精神鼓舞下勤奋工作与学习的师生们全新的精神面貌。

5. 校史馆

辽宁石油化工大学校史展览馆从空间上大致可分为三个展厅。

第一展厅为主题区域，主要介绍校名和校标。校名由我国著名书法家启功先生所作。校标外层是中文校名和英文校名，中心是石化的“化”字抽象而成的飞鸟图案。学校始建于1950年，整个图案描绘出一只飞鸟从时间地平线上振翅高飞的景象，昭示着学校蓬勃发展、欣欣向荣的美好未来。校名的下方是一块书形的石刻作品，内容是北宋科学家沈括所著《梦溪笔谈》中的一段文字，精炼地描述了石油蕴藏的地质环境，并大胆预测“此物后必大行于世”。

第二展厅主要介绍的是学校的全景沙盘。学校坐落于抚顺市浑河岸畔，依山傍水，环境优美。学校占地1 890亩，总建筑面积84万平方米。学校自西向东可分为三个区域：西侧为学生的生活服务区，主要有学生公寓、超市、餐饮中心等生活服务设施；中部为教学与行政管理区域，有图书馆、教学楼、体育场、大学生活动中心等；东部有智能制造教学实践创新中心、素质拓展基地、教职工公寓等。

进入第三展厅，首先看到的是学校的校训“问学穿石、修身诚化”，其含义是追求学问要有水滴石穿的精神、打造品格要立身以诚。第三展厅主要展示学校历年来在党的建设与思想政治工作、人才培养引进、科学研究、学科建设、本科生和研究生教育教学、校友沟通工作、国际交流合作与来华留学生教育方面取得的成绩。

思考题

1. 阅读中国石油大学（华东）杨光华老校长的材料，谈谈杨光华老校长对石油大学文化做出的贡献。

2. 阅读西南石油大学老校长罗平亚院士的材料，谈谈罗平亚院士对西南石油大学文化做出的贡献。

3. 阅读傅鹰院士的事迹，谈谈傅鹰院士对我国石油教育事业做出的贡献。

4. 谈谈大庆精神铁人精神对东北石油大学文化的影响。

5. 谈谈长庆精神对西安石油大学文化的影响。

测试题

第九章

石油文学与艺术

石油文学，顾名思义，与石油相关的文学作品都属于这一范畴。石油文学与石油工业的发展密切相关，是一种特殊的文学作品。石油文学所描写的对象包括石油、石油工人的生活、石油工业的发展等，有诗歌、小说、电影、歌曲、话剧、通讯等不同体裁，具有较强的专业性和针对性。

艺术是用形象来反映现实但比现实有典型性的社会意识形态，是借助一些手段或媒介，塑造形象、营造氛围来反映现实、寄托情感的一种文化。艺术通常会借助语言、文字、绘画、音乐、形体等表达。现代艺术包括语言(含文学)、美术(绘画、雕塑等)、表演(音乐、舞蹈)、综合艺术(戏剧、电影)等。

本章主要介绍石油诗、石油歌曲及石油文学的相关内容。

第一节　石油诗

文以载道，诗以言志，歌以咏怀。中国是诗歌的国度，诗歌是中国文化的基因。自古以来，诗歌便是抒发人生情感，表现政治理想，关心民生疾苦，弘扬真善美、揭示假丑恶的重要的文学体裁。中国文化是一种诗歌的文化。

一、世界第一首石油诗

1979 年 7 月 1 日，中国科学院紫金山天文台将在 1964 年 11 月 9 日发现的第 2027 号小行星命名为“沈括星”。沈括(1031—1095)是我国北宋杰出的科学家，他在所著《梦溪笔谈》中命名了石油，介绍了发明的石油产品，提出了石油产品必将大行于世的观点：

“鄜(fū)延境内有石油，旧说‘高奴县出脂水’，即此也。生于水际，砂石与泉水相杂，惘惘而出。士人以雉(zhì，野鸡)裛(yì，用羽毛去蘸取石油)之，用(而)采入缶(fǒu，瓦罐)中。颇似淳漆，然(燃)之如麻(烛)，但烟甚浓，所沾幄(wò)幕皆黑。余疑其烟可用，试扫其煤以为墨，黑光如漆，松墨不及也，遂大为之，其识文为'延川石液'者是也……此物后必大行于世，自余始为之。盖石油至多，生于地中无穷，不若松木有时而竭。今齐鲁间松林尽矣，渐至太行、京西、江南，松山大半皆童矣。造煤人盖未知石烟之利也。石炭烟亦大，墨人衣。”

沈括将科学精神和浪漫主义相结合，写下了人类史上第一首石油诗：

延州诗

二郎山下雪纷纷，
旋卓穹庐学塞人。
化尽素衣冬未老，
石烟多似洛阳尘。

延长石油广场的沈括雕塑

沈括对军事方面的研究也颇为热衷。早年沈括饱读史书，积累了相当深厚的军事知识。沈括戍守延州管理军器监，掌管军事装备的制造。据史料记载，军器监下分 11 个车间，即“火药、青窑、猛火油、金火、皮作、麻作、窑子作……”。其中，猛火油车间即军用石油加工车间。自从发现石油在军事上的妙用，且延州又是石油多产之地，沈括就带领军队以石油为原料，生产出杀伤力很强的猛火油(类似于现代的凝固汽油弹)。虽然关于此时期战争的记载很少，但沈括因守边立功而升迁，做了龙图阁直学士，由此可以推测“石油”在沈括再次升迁中功不可没。古代猛火油柜是以喷射燃烧的石油杀伤敌人和烧毁其装具的器械。据宋《武经总要》记载，其用猛火油为燃料，用熟铜制柜，下有四脚，上有铜管。发射时点燃火药，用力抽拉唧筒，石油喷出遇火点燃，用以烧伤敌人和焚毁战具。

二、石油诗的特点

从 20 世纪 50 年代起，石油诗便伴随我国石油工业的兴起而诞生并不断发展，石油诗的创作队伍也在一天天壮大起来。1952 年，著名诗人李季来到玉门油矿担任矿党委宣传部部长，之后和石油工人产生了深厚的感情，先后创作了《玉门诗抄》《致以石油工人的敬礼》《石油诗集》等许多关于石油工人的诗篇或诗集。这些作品以说唱或陕北民歌的形式真实地反映了石油工人的生活，如《玉门颂》中“凡有石油处，就有玉门人”是对玉门石油工人的讴歌；《生活之歌》中对赵明不畏艰辛、废寝忘食研究新的采油方法的描写，歌颂了石油人的创造性劳动；《黑眼睛》中“是不是她也希望多出汽油，还是看中了我的模范奖章”表达了石油人对爱情的渴望；《致以石油工人的敬礼》向丈量祖国的勘探员、钻台上的钻工、油井旁的采油工人、奔忙的运输司机致以最崇高的敬礼。这些诗作贯穿着为石油人而歌唱的动机，展现了我国石油工业蓬勃发展的面貌，颂扬了我国石油工人在社会主义建设中奋发图强、忘我劳动的革命精神。李季被称为“石油诗人”。铁人王进喜被称为“人民诗人”，他创作的诗歌从题材上就能看出是他献身祖国石油事业的诗宣言。他的“吼声”来源于生产实践，来源于战天斗地的生命体悟，更来源于他的灵魂深处。这种深刻的生命体验激发了他的诗情，也成就了他的诗歌分量。

由作家的主观情志即"意"与客观对象即"象"互感而创造出的具有双重意义即字面意义和隐意的艺术形象称为意象。石油诗歌之所以能获得深入人心的美的艺术力量，与石油诗人非常注重独特的意象雕刻紧密相关。

在浩如烟海的石油诗作品中，荒原、钻塔、钻台、老羊皮袄、泥浆池、杠杠服、前进帽等意象不仅在单篇作品中被传神地凝练，给人以感染、陶冶和启思，而且在多个作品间流动，不断地被丰富创新，获得了更集中的艺术召唤力。写泥浆池，诗人李云迪的笔下是"泥浆池便成了流动的土地/你搅拌泥浆的身躯/映在共和国的天幕上/云朵间充满龙的气息"，诗人乔守山的笔下是"曾有一个人/跳进这方砚台/用身体蘸着墨/在中国石油的史页上/挥写了一篇狂草"。这一组意象的塑造精妙，将泥浆池比作流动的土地，搅拌便是对土地的耕耘，云朵间龙的气息恰是民族精神的升腾；将泥浆池比作砚台，泥浆便是墨，身体便是笔，狂草便是精神的艺术化定格。几行诗句以不同的形象思维，共同勾勒了铁人为保护国家财产勇跳泥浆池的壮举。

诗歌的本质是抒情，缺乏抒情的品质，诗就不能称为诗。石油诗自萌芽至成熟、繁荣，一直保持着高度抒情。石油诗早期作品多侧重于集体抒情。如王进喜"石油工人一声吼，地球也要抖三抖；石油工人干劲大，天大困难也不怕！"的诗句就是在会战大军入驻萨尔图之初，人拉肩扛运钻机到井场的过程中和大家一起创作的。这首诗凝聚着集体的智慧和情思，表现了大庆石油人不畏艰难、艰苦创业的斗志和情怀。当然，诗歌创作更多时候是通过个体生命情感的流动完成的，所以集体抒情也自然地表现为抒集体的情。这在早期大庆诗歌作品中表现得尤为突出。如诗人王如的《不死的魂灵》中写道："但我相信/井架立着/就有一种精神立着/那是不死的魂灵。"又如诗人王国仲的《我是老会战》中写道："我是那时从荒原湿地里长起的新苇/我是那时栽下的新杨片片/……我是拉犁开荒种地深陷肩胛的那根棕绳。"以井架写魂灵，魂灵便有了高度和硬度，而不死则强调一生献身石油事业的热烈情感。

第二节　石油歌曲

一、世界第一首石油歌曲

欧美等西方发达国家的石油文化是在海相生油理论的基础上发展起来的。早在 1863 年加拿大石油地质学家亨特就详细阐明了石油的原始物质是低等海洋生物，他说："在北美古生代岩石中，曾产生沥青有机物质，它们是由海洋动物衍生来的，或者是由海洋动物的残余部分衍生的。"从 1859 年有了近代石油工业以来，在世界各地已经找到的 3 万多个油气田，其中大多数是在海相沉积地层中找到的。

早在 18 世纪，美国当地人就在宾夕法尼亚州油溪区的小河中用毛毡汲取石油，作为医治头痛、牙痛、皮肤病、风湿、水肿等病症的药物。1853 年，纽约一位名叫乔治・比斯尔的律师得知宾夕法尼亚州有石油的消息后很感兴趣，因为刚刚兴起的机械工业和新兴的城市及市场都需要比鲸鱼油更好、更便宜的润滑油和照明用油。他亲赴油溪考察后，购买了油溪区土地，成立了宾夕法尼亚州石油公司，决定大规模开采油溪石油。开始时采用开沟挖洞的方式采集石油，但成本太高，后受到钻凿盐井的启发，尝试用开采卤水的方法开采石油。公司雇用埃·德雷克为钻井经理，于 1859 年 8 月 27 日在 21.7 米深的地层处钻出石油，日产油 5 吨。宾夕法尼亚州石油公司的股票飞涨，并被抢购一空，乔治·比斯尔成为"石油企业之父"。之后，人们便疯狂地涌入石油产地淘金。

当时流行一首歌曲，描绘了石油致富的传奇。

Oil on the Brain

There's various kind of oil afloat, cod-liver, castor, sweet;
Which tend to make a sick man well, and set him on his feet.
But our a curious feat performs; we just a well obtain.
And set the people crazy with "Oil on the Brain".
There's neighbor Smith, a poor young man, who couldn't raise a dime;
Had clothes which boasted many rents, and took his "nip" on time.
But now he's clad in dandy style, sports diamonds, kids, and cane;
And his success was owing to "Oil on the Brain".

翻译成中文大意是：

脑中的石油

各种各样的石油漂浮在水面上
具有治愈疾病、妙手回春的功效
但急需打出油井得到治病良药
人们都为脑中的石油而疯狂

邻居小伙史密斯穷得没有分文
衣不蔽体，贫穷潦倒
但现在穿得披金戴银风流俊俏
它的成功源于脑中的石油

1952 年，美国著名地质学家华莱士·E. 普拉特发表了《找油的哲学》一文，其核心思想是"石油首先存在于地质学家的头脑里面"，与本歌曲有异曲同工之处。

二、中国石油歌曲的特点

一个国家的民族音乐直接代表了这个国家的民族文化。在石油企业的发展中，为了发扬艰苦奋斗、吃苦耐劳的精神等，创造出了很多石油歌曲，丰富了中国民族音乐文化。

1. 产业型的特点

与中国的其他民族音乐和流行音乐相比，中国石油歌曲有着其本身的独特属性。首先，其有着非常鲜明的产业特性。这就说明中国石油歌曲在进行创作的时候，无论是选取何种体裁、何种演唱形式都会围绕"石油"这个主题展开。这一点可以很容易地从现代的一些石油歌曲中看出来。比如我们经常听到的《我为祖国献石油》和《石油工人之歌》等，由其歌词中的“不怕流血汗，累不垮压不弯，不怕流血汗，石油工人多光荣”等可以看出对石油工作人员的赞美。另外，在一些石油歌曲中还会对石油产业的一些具体工作细节进行描述，比如钻塔、油田和干打垒等。石油歌曲和石油之间的密切联系见证了我国几十年来石油产业坎坷的发展史，同时对这些歌曲的传承具有非常现实的意义。

2. 时代性的特点

石油歌曲另一个特点就是有着时代性。以描写大庆油田的石油歌曲为例，其与大庆油田的开发和创业有着非常密切的关系。在油田建设之初，松基三井出油，之后中央决定开展石油大会战。在这个时期，涌现出了铁人王进喜等英模人物。在石油企业的发展中，许多石油工人都受到了铁人精神的鼓励，这使得大庆油田得到了蓬勃的发展。在这期间诞生了许多关于石油的民族歌曲。当时的歌曲主要反映了石油企业最初创业时的艰辛，歌词中虽然描述了当时所面临的恶劣环境，但更为重要的是突出了当时石油工人那种无私奉献的精神。正是因为如此，这些歌曲才能传唱至今。这个时期的主要歌曲有《我为祖国献石油》《石油工人多豪迈》《大庆家属闹革命》和《干打垒之歌》等。这些石油歌曲在各个方面都反映了当时石油企业发展的现状，对于鼓励人们的工作热情有着非常重要的作用。

3. 地域性的特点

中国的油田有很多，如大庆油田、胜利油田、长庆油田等。这些油田因为所处地理位置不同，工作环境不同，所以在石油歌曲的创作上也体现出了非常明显的地域性，即环境的不同造成了音乐上存在着差异。比如，描写大庆油田的歌曲《美丽的大庆，我可爱的家乡》和描写克拉玛油田的歌曲《克拉玛依之歌》等，虽然都是在描述石油开发，并且在赞美石油工人，但是在表达和音乐创作上有着非常明显的地域性。

第三节　石油文学的发展

一、新中国的石油文学

1. 开国将帅的石油诗

叶剑英元帅是我国老一辈无产阶级革命家、政治家、军事家，也是一位被毛泽东誉为“善七律”的杰出诗人。他常“余事作诗人”。

1956 年 11 月，叶剑英到我国西部视察工作，《西游杂咏》是他在视察工作时写下的，表达了他对日新月异的社会主义建设的喜悦之情。

西游杂咏（共六首诗，这里选取其中两首）

玉门(一)

戈壁滩头建厂房，最新人物最新装。

业将同位诸元素，用到和平建设场。

玉门原是一片荒凉的戈壁滩，1939 年开采老君庙油田后出现了小居民点。新中国成立后随着石油工业的发展，已建成现代化的石油城。作为一位身经百战的元帅诗人，叶剑英同志置身昔日沙场，抚今思昔，其思绪万千之情当与毛泽东《浪淘沙·北戴河》中"萧瑟秋风今又是，换了人间"的意蕴犀心相通。

玉门(二)

引得春风度玉关，并非杨柳是青年。
英雄一代千秋业，敢说前贤愧后生。

诗人作为一名无产阶级革命家，在面对沧桑巨变的河西大地时，首先想到了奋战河西、改造自然的人——为开发河西、建设边疆而奉献青春的新一代中国儿女！"引得春风度玉关"一句，满怀豪情地为祖国大有希望的青年一代谱写出一曲壮志凌云的青春颂。"玉关"即玉门关，故址在今甘肃省敦煌市西北小方盘城，并不在玉门市。这里因同名而生联想，泛指玉门关内外的大片土地。叶剑英同志视察玉门，充分感受到了热气腾腾的建设图景，很自然地联想到王之涣诗中所咏的荒塞景象，两相比照，便反用其意，"唱出"玉关"新曲"："引得春风度玉关，并非杨柳，而是新中国青年。他们来自祖国的四面八方，饮朔风，迎沙砾，奉献心血汗水，开创千秋伟业！"诗末的"前贤愧后生"语出唐代诗人杜甫的《戏为六绝句》："不觉前贤畏后生。"原意是一句反语，这里也反其意而用之，用"敢说"的肯定语气，表达了革命前辈对革命后来人的一份厚爱，是赞扬，也是期望！"英雄一代千秋业"这激情洋溢的颂词，闪烁着唯物辩证法的思想光辉，同时又极富哲理意味。建设大西北，建设祖国，要靠一代又一代的人才去创造与开拓。青年一代要继承老一代人的伟业，而且要超过前贤。诗情与哲理共辉，充分显示出叶剑英这位元帅诗人博大的襟怀和高远的视野。诗中两次反用典故，新意迭出，洋溢着崭新的时代精神。

1958 年 7 月，朱德视察玉门油田，前往炼油厂、鸭儿峡油田参观油田举办的技术革新展览，亲切接见了参加石油部玉门现场会的各油田代表和帮助玉门油田开发建设的外国专家，最后欣然挥笔题词：

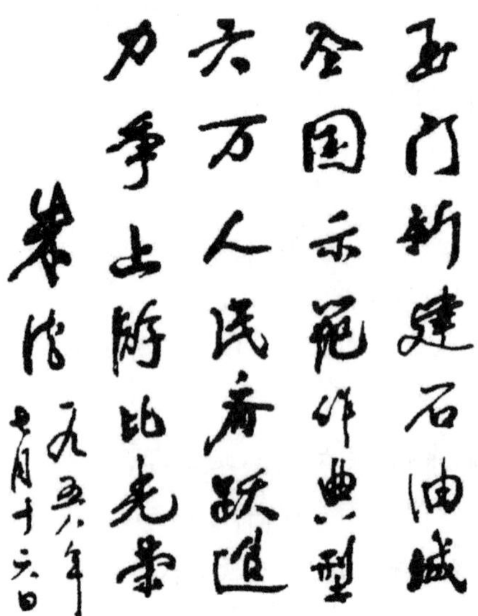

1962 年 8 月 22 日，叶剑英视察大庆油田，看到大庆油田一片热火朝天的建设景象，挥笔题诗一首：

大庆油田

大地沉沉睡万年，人民科学变油田。
一场会战十三路，预祝高歌唱凯旋。

诗中写的“会战十三路”表明会战队伍人员来源的广泛。当时有来自玉门、四川等全国 37 个厂矿院校的老石油人、地方官兵、地方各行各业的干部员工。

1964 年 8 月 1 日，朱德委员长、董必武副主席和王维舟同志视察大庆油田。朱德、董必武视察了松基六井、中六排十七井、中三转油站、大庆炼油厂、西油库等地。在视察工作中，朱德委员长为大庆题词：“大庆是革命精神和科学态度相结合的新型社会主义企业的标兵，戒骄戒躁永远前进。”

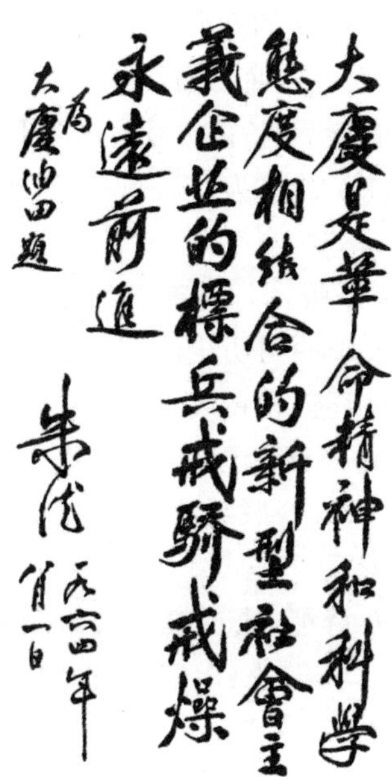

同时，朱德委员长还写诗颂扬大庆油田：

八一参观大庆田，采油部队建功全；
围攻四载荒丘灭，创造百年企业坚。
政治恰符群众意，指挥亦并士兵肩；
大军十万开天地，结合工农典范编。

这首诗回顾了大庆油田的创业经历，讴歌了解放军战士在创建大庆油田中的卓越贡献。

2. 石油诗人的石油诗

玉门是中国石油文学的发源地，为中国石油文学的发展奠定了基调。在这片大地上，一大批作家、诗人、工人云集。他们热爱石油、热爱生活，在戈壁荒原上抒写着豪迈情怀；他们为石油抒写、为石油放歌，唱响了“我为祖国献石油”的时代主旋律。

“凡有石油处，皆有玉门人。”这是当代诗人李季在《玉门颂》中赞颂我国石油工业的著名诗句。1952年，李季携全家来到全国最大的石油基地玉门油矿，之后相继写下了短诗集《玉门诗抄》《短诗十七首》《致以石油工人的敬礼》，长诗《杨高传》等，是当之无愧的第一位“石油诗人”。《玉门诗抄》共收录了李季的25篇短诗，用质朴的语言和深切的情感为我们描绘了玉门石油人参与中国石油工业建设的精神风貌，表达了他对玉门油矿的炙热情怀。他的诗歌创作始终与人民群众保持着深厚的血肉联系，深深地根植于百姓生活的土壤之中。他自觉地在石油工人生活中寻找素材、主题、情节、语言和诗情，塑造了一批批生动感人、血肉丰满的人物形象。

现代诗人闻捷的诗歌《喷泉》，写的是朱德参观考察玉门油田的情景。当代诗人魏钢焰的诗歌《灯海曲》，描绘了玉门石油儿女生活、工作的场景，抒发了作者强烈的政治情感。

1964年，美国记者埃德加·斯诺访问中国，他问毛主席：“对当前反华大合唱，你有什么要告诉世界的?”毛主席引用了王进喜的两句诗进行回答：“我们先不说什么。东北新开的大油田一个钻井工人说‘石油工人一声吼，地球也要抖三抖’。可不得了，我们一发言，世界就有人就受不了。”铁人王进喜的诗表达了中国人民不畏艰难、藐视困难的斗志，所以给毛主席留下了深刻印象。铁人王进喜被誉为“人民诗人”，他也是中国石油诗歌史上第一位“工人诗人”。

2009年，中央文献出版社正式出版发行一部作品——《铁人诗话》，成为大庆市图书馆地方文献馆、铁人王进喜纪念馆、大庆油田历史陈列馆馆藏文献。《铁人诗话》共分两部分：第一部分“铁人的诗”收录铁人王进喜创作的诗歌《北京见到毛主席》《天大困难也不怕》等15首；第二部分“铁人的话”包括“铁人谈为国分忧”“铁人谈艰苦奋斗”“铁人谈克服困难”“铁人谈学习”“铁人谈严细作风”“铁人谈联系群众”“铁人谈谦虚谨慎”等七部分，是从铁人大量讲话中精选出来的。

铁人王进喜的诗歌体现了铁人精神，或者说是铁人精神的另一种解读，充满了崇高的爱国思想、旺盛的战斗力，饱含“爱国、创业、求实、奉献”的丰富内涵，从一个侧面彰显出铁人王进喜的精神品格。

真诚的爱国心、报国志。“大地回春练兵忙，磨好刀枪整好装。只待战令一声下，跃马扬鞭上战场。庄稼喜雨花朝阳，会战全靠共产党。中华民族站起来，世界冠军要咱当!”(《世界冠军要咱当》)在铁人王进喜身上，这种民族自强意识非常强烈，在他的诗歌和话语中也体现得很充分。如《石油工人志气大》：“石油工人志气大，改天换地把井打。艰苦奋斗创奇迹，年上十万甩美帝。”表达了石油工人希望创造钻井奇迹、超越发达国家的愿望和志气。

不竭的创业斗志。大庆石油会战是在困难的时间、困难的地点、困难的条件下进行的。面对这些困难，没有战胜它的斗志和勇气，大会战就无法进行下去。在寒冷困苦的恶劣自然环境面前，王进喜乐观地唱道：“北风当电扇，大雪是炒面，天南海北来会战，誓夺头号大油田。干！干！干!”(《誓夺头号大油田》)在王进喜眼里，寒冷的北风成为乘凉的风扇，飘飞的大雪成为充饥的炒面！在谈到当年的大庆石油会战时，余秋里总结说：“一个民族要有民气，一个队伍要有士气，一个人要有志气。”王进喜的诗歌恰恰表现了民气、士气、志气。

这“三气”是力量之源、精神之根。

执着的石油情怀。铁人王进喜是钻井工人，他的职责是多钻井、多出油，所以他的诗歌体现了石油行业的特点，体现了石油工人的职业特点，最主要的是表达了铁人王进喜的石油情怀，即对石油事业的热爱和执着的追求。用今天常说的一个词形容，就是“爱岗敬业”。“石油工人斗志高，迎着困难往前跑。多快好省建油田，甩掉石油落后帽。”(《石油工人斗志高》)“冰封万里红旗飘，钢铁井队战志高。准学准赶不准超，标杆林里永逞豪。”(《冰封万里红旗飘》)。石油行业大多是脏、苦、累、险的工作，需要用精神力量来鼓舞和支撑，苦中作乐，以苦为乐。石油行业的工作环境和职业特点决定了王进喜诗歌中的石油情怀不是“离愁别绪，闺情绮怨”的婉约腔，而是豪放粗犷、悲壮慷慨、积极向上、勇于进取的高亢，视野广阔，气象恢宏。“须关西大汉，执铁板，唱大江东去”一样唱“石油工人一声吼”。王进喜的诗歌气壮山河，表达了革命乐观主义精神和浪漫主义情怀。

铁人诗歌催生了“会战诗抄”。这些会战诗抄散落在当年的《战报》《工人日报》《人民日报》《人民文学》等报刊上，并在20世纪70年代结集出版了《大庆战歌》《大庆凯歌》两本石油诗集。铁人诗歌奠定了王进喜在中国石油诗歌史上第一位“工人诗人”的地位。

自从有了铁人王进喜的诗歌，石油文学就有了“钙质”和“灵魂”。这个“钙质”就是石油工人的硬汉形象，这个“灵魂”就是以“爱国、创业、求实、奉献”为内容的大庆精神铁人精神。

3.石油文学

小说家张恨水的散文《这第一的石油城》(1956年)写的是他到玉门学习游览的感触和印象。现代著名作家杨朔曾在20世纪50年代到大西北及东南沿海等地采访，发表了散文《石油城》，讲述了他在玉门石油城的所见所闻，歌颂了新时代、新生活和广大的普通的石油工人们。著名作家曹杰的报告文学《石油河之魂》，用十几个故事刻画了铁人王进喜的钢铁意志和似水柔情，描绘了王进喜对石油工业的热爱和对这份事业的敬业奋斗。这些作品表现着石油工人的情感和独特的生命体验，记录着石油工业大跨越的现实，处处透视着时代进步的履程。

曹杰的中篇小说《石油基地的一天一夜》《春到油矿》于1955年发表于《甘肃文艺》。《石油基地的一天一夜》写的是1953年秋季发生在玉门油矿第一钻井区的故事：区队长霍海山为了尽快解决贝乌三队、贝乌四队等钻井队急需器材的问题，饿着肚子四处奔波想办法，在遇上井喷时不顾生命危险冲上去，凭借自己的经验使井队转危为安。《春到油矿》写的是一个初到钻井队的小伙儿，实现了当钻工的梦想之后，在艰苦的环境中学习与进步的曲折故事。他说在玉门油矿随手一抓就是一把生动的素材，到工人中体验生活真是好极了。后来曹杰被调到甘肃省文联任职，玉门油矿就成为他魂牵梦绕的地方，每当提笔书写，他就会想起漫天飘雪的祁连山，想起老君庙的油井，想起高高的井架和钻台上头戴铝盔、脚蹬马靴的钻井工人……

玉门石油文学通过诗歌、散文、小说、报告文学等形式，抒发着作家对玉门油矿的热爱之情，以及对石油工业建设的浓烈情感。玉门石油作品既充满了时代的特征，也饱含了玉门人的爱国热情，并深刻彰显了玉门人的精神境界和人文情怀，其总体思想基调始终延续着真实、自然的文学传统。透过这些作品，能感受到一个个玉门人艰苦奋斗、甘于奉献的动人故事，还能体验到玉门人精神火种的生生不息。玉门石油文学弘扬爱国主义和艰苦奋斗精神，表现玉门石油人求实奉献的情怀，展示玉门石油人和谐、个性的人性光芒，标志着玉门石油作家的成熟以及当代石油文学作品的厚重。

二、“文革”中的石油文学

“文化大革命”的十年，尽管国民经济濒临崩溃，人们正常生活难以维持，但石油工业排除各种干扰，陆续展开了江汉、辽河、四川等地区的石油会战，取得了较大的成功。这一时期原油生产增长速度快，我国跻身于世界产油大国的行列。与石油工业一派繁荣景象相比，石油文学的发展却不尽如人意。1966 年《人民日报》头版连续发表《学大庆，从哪里学起？》《大庆的作风是怎样养成的？》等长篇通讯。

1．电影《创业》作品

由彦夫导演的电影《创业》就是在这样的背景下产生的。电影开篇是一位老工人以命护矿迎接解放，壮烈牺牲。主人公周挺杉是这位老工人的儿子，他子承父业，为了祖国的利益，率领团队加入轰轰烈烈的石油会战中。这是一场艰难的战斗：专家工作处处长走修正主义道路，总地质师认定中国为“贫油国”，苏联撤走所有的在华专家，同时不再提供技术、资金的支持，加之恶劣的气候条件、物资的匮乏，都在挑战着该团队的忍受能力。周挺杉和他的团队与修正主义斗争，不惧艰险，跳入油井，用身体搅拌水泥，最终克服井喷，使石油源源不断地流出，实现了大会战的胜利。这部电影是以王进喜的真实经历改编的，以写实的手法反映了石油工人的生活、工作环境，歌颂了石油工人战天斗地、不畏艰险，把党和国家的利益看得高于一切的奉献精神。

《创业》讴歌了一个火红的年代，影片以王“铁人”艰苦奋斗的史实为依据，真实地再现了创业时期“革命加拼命”的艰辛和油田的风貌，为石油工人的豪迈壮举谱写了一曲颂歌。影片场面宏大、气势雄浑，其中的台词“人没精神轻飘飘，井没压力不出油”“先生产，后生活”“有条件要上，没有条件想方设法，拼死拼活也要上”“上有困难，不上更困难”，把“工业学大庆、农业学大寨、全国学解放军”推向艺术之巅。而边桂荣演唱的《满怀深情望北京》，情景交融，气势雄壮恢宏，唱出了中国工人阶级的豪迈。

1975 年 2 月 11 日，《创业》于全国各大城市公映，反响空前。但是这种情况仅仅维持了三天，电影便因带有“政治问题”被叫停。“四人帮”倒台后，《创业》方重新公映。

《创业》这部电影有着深深的时代烙印。由于处在“文化大革命”时期，自然避免不了这个时期所有文学作品所具有的通病：“人物高大全”，毛主席语录无处不在，动作一板一眼等。全片多次出现“阶级斗争”“毛主席”“北京”等词，这是“文革”中文学作品的一大特点，也是“文革”对文学作品的最大禁锢。“工业学大庆”运动中出现的浮夸和冒进倾向，以及后续将大庆经验标准化、模式化地应用到各个行业中，过分夸大主观能动性、脱离实际的做法也对石油文学作品产生了影响。《创业》影片中，当主人公以及他率领的团队遇到技术问题，当修正主义在会战中蔓延，当苏联撤走技术专家时，周挺杉都主张学习唯物主义理论以解决现实技术问题，认为只要有坚定的信念、崇高的理想，石油一定能开采出来。这样一味强调主观能动性的观点，在今天看来不符合实际，但是《创业》在这种背景下，描写人性的复杂、普通人的无奈、个人的情感执着，虽然有些偏激却也算是一抹不同的色彩。

2.会战诗的境界

在华北油田会战初期,流传着一首小诗:"谁说会战苦?我说最幸福。天天传捷报,越干劲越足!"随着时间的推移,这首小诗越发显现出它的史料价值和文化艺术感染力。

"谁说会战苦",会战苦吗?确实很苦,不是一般的苦。1975 年,当中国大地还是一片阴霾的时候,华北平原的石油勘探工作拉开了序幕。钻井二部 3269 钻井队奉命转战位于辛中驿构造带的任 4 井。大年三十,全体干部职工在除夕的鞭炮声中长途跋涉上百里来到任 4 井井场。他们顾不上支帐篷、安锅灶,顶风冒雪抢装钻机,一直干到晚上 8 点。饿了,啃一口冻馒头;渴了,喝一口带冰碴的冷水。晚上,有的同志睡在老乡的马棚里,有的就地展开铺盖,露天而睡。当地村民看到这种情景,感动得流下了眼泪。1975 年 2 月 7 日,3269 钻井队在滴水成冰的深冬季节,用火热的激情和金刚石钻头,向沉睡了的古潜山隆隆宣战。7 月 3 日,任 4 井喜获高产油流,酸化后单井日产达到 1 014 吨,宣告了华北油田的诞生。

1975 年 12 月 29 日夜晚,由郑敏芝率领的 24 人采油小分队,顶风踏雪从大港油田赶到南大站。一下车,郑敏芝就激动地对大家说:"同志们,我们到家了。今后,我们就在这里扎根创业。"冰冷刺骨的夜风冻得人浑身打颤,大家只好把被子披在身上挤坐在一起,实在冷得睡不着,就干脆在雪地上来回走动。第二天一大早,采油小分队的同志就立即投入紧张的投产准备工作中。他们人抬肩扛清油泥、垫井场,用刮刀、起子刮油泥,几天时间就磨平了 13 把锉刀,磨烂了 100 多张砂布。白天,他们在寒风雪野摸爬滚打,一身汗一身油一身泥;夜里,他们披星戴月,加班加点。吃的是玉米面窝头、大白菜和土豆,睡的是挡风不挡冷的帆布帐篷,更多的时候则是风餐露宿。

谁说苦了?没有一个人说苦,而且感到很幸福,"我说最幸福"。这是什么精神?这是以苦为乐、以苦为荣的革命乐观主义精神。

幸福来自何处?来自为祖国献石油的目标追求得以实现,"天天传捷报,越干劲越足"。3269 钻井队在春节前夕接到钻探任务时,为了早日发现大油田,他们决心放弃节日休息。9 名请好了春节探亲假的同志听到钻探任 4 井的任务,立即要回了请假条。队上成立了青年突击队,一时间,决心书、保证书像雪片一样飞向党支部。

任 4 井喜喷高产油流,带来了冀中石油勘探的春天。从 1975 年 10 月下旬至 1976 年 1 月下旬,包括任 4 井在内的任 6、任 7、任 11、任 13 共 6 口井先后建成千吨高产井。"六口井定大局"成为石油勘探史上的美谈。1976 年 1 月 28 日,石化部向国务院呈报《关于组织冀中地区石油会战的报告》,1 月 30 日获国务院批准。祖国各地的石油健儿们云集会战前线,地质科技人员从四面八方奔赴任丘战场。"燕赵大地"群英荟萃,轰轰烈烈的石油勘探大会战在冀中 26 300 平方千米的土地上全面展开,会战捷报频传。在任丘,新的高产井一口接一口地投产,原油日产量在 4 月份突破 1 万吨,在 6 月份达到 2 万吨,国庆节前夕又上了一个台阶,达到了 3 万吨。当年形成了年产 1 千万吨的能力,创造了国内外罕见的勘探开发高速度。

三、改革开放中的石油文学

1977 年至今是石油文学的发展期，也是石油文学从“政治化写作”回归文学本质的时期。“文革”后拨乱反正，批判极左思潮，纠正错误，实行改革开放的国策，大大促进了经济的发展，拉开了石油文学新时期的序幕。

1. 初期作品

“文革”结束后的 1977—1979 年，石油工业迅猛发展，石油文学工作也进行得如火如荼。

其中，李季的长篇说唱诗《石油大哥》是这一过渡时期的典型作品。1975 年，诗人李季不顾“四人帮”长期迫害而落下的严重疾病奔赴大庆百里矿区，深入了解先进人物的事迹和石油工人同“四人帮”的斗争，广泛搜集素材，满怀激情地进行《石油大哥》的创作。《石油大哥》(共十章)主要讲述了原“猛虎连尖刀排”排长、时任钻井队队长的石占海在王进喜的帮助下，与“四人帮”爪牙吕士元英勇斗争，最终开发出海底油田的故事。长诗从第二章到第八章完整地描写出石占海与反面人物吕士元的斗争。吕士元是“文革”中的“墙头草”，屡次与钻井队争执，妄图搞乱石油战线。石占海与流言蜚语斗争，与恶势力面对面辩论，顶着压力开钻，最终使吕士元现形。诗中，石占海与王进喜有着深厚的友谊，从玉门到大庆，两人一路走来，为了祖国的钻井事业奉献了全部的热血。“铁人来了”章节，石占海梦到王进喜来到钻台，祝贺他取得成功。这一幕既是对石占海顺利完成目标的夸奖，也是对铁人的怀念以及对铁人精神的赞扬。

“我有壮怀歌壮士”是光未然为华北油田 3222 钻井队所创作的《英雄钻井队》中的一句诗。提起光未然，人们自然想到由他作词的《黄河大合唱》。光未然，原名张光年，现代诗人、作家、文学评论家。1977 年 7 月，他满怀激情创作了长诗《英雄钻井队(叙事诗)——献给 3222 英雄钻井队》，1985 年 6 月校改后编入他的诗集《惜春时》。

3222 钻井队于 1965 年建队，是四川石油管理局十个标杆队之一。1971 年转战长庆油田，1976 年参加华北油田会战。1976 年 6 月 25 日，3222 钻井队在打赵兰庄构造的赵 1 井时发生井喷，井下喷出强烈的剧毒硫化氢。一时间，毒气弥漫井场。危急关头，为了保护周边百姓的生命，为了国家的财产不受损失，为了保住这口富有油气和硫化氢的井，3222 队全体职工舍生忘死，前赴后继。在这次制服井喷的战斗中，队长李仁杰、司钻梁通荣、地质工陈禄明壮烈牺牲，副队长陈万玉等五名同志光荣负伤。他们用鲜血和生命谱写了一曲“誓为祖国献石油，甘洒热血写春秋”的壮歌。1976 年 12 月 18 日，河北省革命委员会、石油化学工业部授予 3222 钻井队“一不怕苦、二不怕死的英雄钻井队”称号。李仁杰、梁通荣、陈禄明三名同志被追认为烈士。

3222 英雄钻井队的动人事迹感动着光未然。他深入井队，深入队友，进行了细致采访。“噙着眼泪讲，噙着眼泪听，噙着眼泪记，噙着眼泪吟。”他怕自己表达不好英雄事迹，在诗中写道：“徒有虚名的老诗人，多年搁笔笔生尘。我有壮怀歌壮士，每恨笔力不从心。”“华北油田春色好，万花丛中耳目新。战区日日传捷报，心头常觉醉醺醺。来到井场每事问，铁人队里访铁人。革命浩气撼天地，到我笔下能传几分？吃不香，睡不稳，愧对李仁杰的战友们！”他拜谒了发现井任四井，参观了北大站；爬过钻井平台，尝试了扶刹把；了解了石油的发展史，了解了英雄的成长史，占有大量鲜活的一手材料。他饱含深情地讴歌英雄的钻井工人，盛赞 3222 钻井队的英雄事迹。“钻台吞吐风雷电，钻塔高耸日月星。油田万马奔腾急，多少最新最美的人！一不怕苦二不怕死的英雄钻井队啊，当代最新最美的人！”

全诗 529 行，分《序歌》《顶风船》《李铁牛》《虎口夺宝》《血战红一井》《插话》《夜战红二井》《哀兵必胜》《喜歌》等九章，叙事生动、情深意切、感人至深。

2.20 世纪八九十年代作品

进入 20 世纪八九十年代，石油文学伴随着中国文学的复苏而繁荣，在内容和形式方面都有了明显的飞跃。石油文学接纳和吸收了这一时期的主流文学思想，并且对文学进行本土化实践。如果说 20 世纪五六十年代的石油文学大多在憧憬未来，那么八九十年代的石油文学作品则更多的是对人生选择的反思。这一时期文学作品繁多且形式不一，如以石油行业为题材的诗歌或组诗《钻工的习惯》《铁人与中国》《风暴过去之后》《石油魂》《黄河岸边的钻塔群》《铁人颂歌》、小说《灰色的羽毛》《抱金娃娃的人们》、话剧《黑色的石头》、电影剧本《爱，并不遥远》、电视剧《油花并蒂》等。各大油田也有自己专属的刊物，如中国石油作家协会承办的《地火》、新疆油田承办的《风城》、四川油田承办的《火凤凰》、胜利油田承办的《太阳河》等。这一阶段的石油文学作品更加突出石油人对生存环境的思考。20 世纪 80 年代以后，石油作家的“自我意识”逐渐苏醒，他们开始思考石油工人的生存环境，思考石油工人存在的价值，并按照自己的风格使文学作品直面人性，突出人的本质，真实地叙述历史，思考人生。

3.新世纪作品

新世纪以来，石油文学更加凸显文学本质，视角由外到内形成一批以石油行业为题材，突出中国石油改革，体现石油精神和石油传统的文艺作品。主题由单一到多元，站在世界石油的舞台纵观历史。国际国内形势风云变化，新老石油工人思想碰撞，给石油文学的发展带来新的发展机遇。中国石油天然气集团公司设立“铁人文学奖”，对反映铁人精神、中国精神的文学作品给予鼓励，一大批如李季、刘白羽、韶华等著名作家获得此项殊荣；期刊《地火》《铁人》办得如火如荼，吸引了石油行业诸多优秀作家投递稿件；电视剧《奠基者》《西圣地》和电影《铁人》从文学的角度真实地塑造了铁人形象；散文《彩色的荒漠》、小说《走进塔里木》带我们走进西北荒漠，了解新世纪石油工人的生活；话剧《地质师》、舞蹈《我为祖国献石油》《石油魂》、歌曲集《八千里路光明行》、画册《中国新丝路》从美学角度带我们走近石油工作者；举办石油职工艺术节，组织艺术团队赴苏丹、哈萨克斯坦、南非等地慰问海外员工等多种形式的文学艺术活动，给石油文学的创作增添了浓墨重彩的一笔。

2021 年 9 月 30 日，新疆维吾尔自治区文学艺术界联合会授予克拉玛依市“新疆石油文化之城(乡)”称号。近年来，克拉玛依市以石油文化为精神内涵，不断加大对石油文化和文学艺术工作的支持力度，不断完善公共文化服务体系，打造了具有油城特色的城市文化品牌。从长篇报告文学《共和国血脉》、长篇纪实小说《父辈的丰碑》、摄影《冰塔 · 冰人》到舞剧《大漠女儿》、原创舞剧《油城往事》等，克拉玛依市涌现了一大批影响力较大的文艺作品，这些作品充分彰显了克拉玛依石油文化积淀之深厚和石油工业文脉之深远。

第四节 中华铁人文学奖

中华铁人文学奖是中华文学基金会和铁人文学专项基金管理委员会在全国石油石化行业设立的文学大奖，旨在表彰和褒奖在石油石化工业题材创作方面涌现出的优秀文学作品和作家。

铁人文学专项基金管理委员会由原石油工业部常务副部长焦力人同志倡议，于1998年7月8日在北京成立，焦力人同志亲任会长。铁人文学专项基金管理委员会成立之初隶属于中华文学基金会，2002年6月正式划为中国石油文联分支机构，同年9月12日经中华人民共和国民政部正式批准登记注册，全称为“中国石油文联铁人文学专项基金管理委员会”。

中华铁人文学奖每五年评选颁发一次，由中国石油天然气集团公司、中国石油化工集团公司、中国海洋石油总公司三大公司轮流承办。评奖采取组织推荐和自我推荐相结合、读者和作者推荐相结合的方式，在此基础上进行初评（群众参与）和终评（专家评定），每类题材评选2～4部获奖作品。

一、首届“中华铁人文学奖”

由中国石油天然气集团公司承办的首届中华铁人文学奖于1999年11月在北京揭晓，对新中国成立50年来的优秀文学作品和有突出贡献的作家予以隆重表彰，56部产生过强烈反响的优秀石油文学作品荣获此奖，其中薛柱国创作的《我为祖国献石油》（歌词）、张天民创作的《创业》（电影剧本）、吕远创作的《克拉玛依之歌》（歌词）获得特别奖，周绍义等26名作家的作品获得“中华铁人文学奖”，周新德等27名作家的作品获得“中华铁人文学奖”提名奖，李季、李若冰获得“中华铁人文学奖”贡献奖，张光年、刘白羽等8人获得“中华铁人文学奖”荣誉奖，徐迟等6人获得“中华铁人文学奖”纪念奖。

二、第二届“中华铁人文学奖”

由中国石油化工集团公司承办的第二届中华铁人文学奖于2004年5月在北京揭晓，评奖范围为1999年8月至2003年12月公开发表和出版的文学作品，共有46部作品和4位作家获奖。其中，王以平、李小雨、雷达、樊廉欣等4人获得“中华铁人文学奖”荣誉奖，长篇纪实文学《中国海：世纪之旅》、长篇传记《铁人传》2部作品获得“中华铁人文学奖”作品荣誉奖，周绍义等20名作家的作品获得“中华铁人文学奖”，赵香琴等24名作家的作品获得“中华铁人文学奖”提名奖。

三、第三届“中华铁人文学奖”

由中国海洋石油总公司承办的第三届中华铁人文学奖于2009年5月在北京揭晓，评奖范围为2004年1月至2009年5月公开发表和出版的文学作品，共有50部作品和8位作家获奖。其中，铁人文学专项基金的创立者焦力人获得特别贡献奖，冯敬兰等7人获得荣誉奖，《部长与国家》(何建明著)、《西圣地》(赵天山著)、《铁人》(刘恒著)等3部文学、影视作品获得特别奖，《共和国不会忘记》《中国百年油矿》《中国动脉》等3部作品获得荣誉奖，王立纯等25人获铁人文学奖，尹红玲等19人获得提名奖。

四、第四届“中华铁人文学奖”

由中国石油天然气集团公司承办、大庆油田公司协办的第四届中华铁人文学奖于2017年8月在北京揭晓，评奖范围为2009年6月至2017年7月公开发表和出版的文学作品，共评出56部(篇)作品奖和18名个人奖。授予为“中华铁人文学奖”和铁人文学专项基金的创立和发展做出重要贡献的王涛、赵宗鼐、张丁华、高洪波、关晓红、李秋杰6名老同志特别贡献奖；授予已故的铁人文学基金会创立者陈烈民，中华文学基金会原理事长张锲，著名诗人、《彩色的沙漠》作者雷抒雁3名同志特别纪念奖；授予周绍义等9名石油石化系统作家“中华铁人文学奖”成就奖。罗基础等25名作家的作品获得“中华铁人文学奖”，孙秋生等31名作家的作品获得“中华铁人文学奖”提名奖。

思考题

1. 阅读“中华铁人文学奖”获奖诗歌作品，对其中一篇做诗歌评论。
2. 阅读报告文学《蝉蜕的翅膀》，叙述秦文贵成长的历程。
3. 阅读报告文学《将门之女与“拯陆背斜”》，回顾解放初期石油工业的艰难历程。

测试题

第十章

石油哲学

哲学是一门讲道理的科学，更确切地说是一门讲大道理的科学。世界上万物的存在和运动都遵循一个统一的原理，哲学就是研究这个统一原理的科学。哲学可以"判天地之美，析万物之理"。哲学是对世界上百科知识的总概括，因此它是关于知识的知识。哲学是探讨万物存在与发展规律的一门学问，是认识世界的世界观和方法论，因此它又是科学的科学。从本质上说，哲学是一种思维的方式，它回答的问题是"人类怎样才能正确认识世界和改造世界"，这是哲学的目的和价值所在。

爱因斯坦曾说："如果把哲学理解为在最普遍和最广泛的形式中对知识的追求，那么，哲学显然就可以被认为是全部科学之母。可是，科学的各个领域对那些研究哲学的学者们发生了强烈的影响，此外，还强烈地影响着每一代人的哲学思想。"这一论述表达了哲学和科学之间的密切关系：科学研究成果是哲学的基础和背景，科学研究从哲学得到启迪，而哲学则从科学研究成果中得到自身发展的营养。

第一节　找油的哲学

石油勘探是一个充满挑战与风险的复杂系统工程，这种挑战与风险来自石油勘探的探索性、预测性和勘探结果的不确定性。因此，石油勘探者面临着心理和智慧的双重考验。在石油勘探越来越困难的今天，最大的危机不是理论和技术的危机，而是"哲学的危机""思维的危机"。如果以往石油的发现更多地依赖于知识和机遇，那么未来石油的发现将更多地依赖于智慧，思维能力已成为一种影响勘探成败的潜在竞争力。面临这种挑战与风险，石油勘探人员明显分为两种不同的类型：一部分人以事业、责任和兴趣为主要动力，在他们眼里，石油是一个五彩斑斓的世界，在探索地下石油奥秘时，他们表现出坚定的信心和无穷的思维潜力；而另一部分人每天面对的是枯燥的重复工作和一大堆令人烦恼的图表和数字，日复一日，表现出万般的无奈和困惑。Dan Busch 认为，发现石油的地质家还不到石油地质家的5%。因此，应该大力推进石油勘探者的创造性思维。如果将石油发现者的比例从5%增加到10%，就可大大提高石油勘探的效率。

20世纪50年代，美国石油地质家华莱士·E.普拉特发表了《找油的哲学》，提出了一个令石油勘探者深省的问题："石油到底在哪里?"这是石油勘探者永恒的主题和为之奋斗的目标。

石油究竟在哪里?

从石油地质学意义上说，石油赋存在这样的圈闭中：曾经有一个由有机质演化而形成的油源；油源中的石油经运移到达该圈闭；圈闭中有一个具有孔隙和渗透性的岩体，其上被非渗透性盖层覆盖，使石油聚集其中；圈闭中的石油保存至今。

从哲学或心理学角度来说，石油在勘探者的脑海里。首先，勘探者必须树立找油的信心，因为当他认为在某一地区不可能找到石油时，他就可能真的找不到石油。其次，勘探者在油气勘探研究和决策时必须进行创造性思维。我们的头脑虽然不会直接创造出石油和天然气，但是可以创造出发现石油和天然气的思想。

石油勘探是一个复杂的系统。在这一系统中，勘探者、石油地质学理论、石油勘探工程是石油勘探的三个支柱。首先，石油地质学理论阐述的是地壳中油气藏形成和分布的规律，它时刻指导着石油勘探的实践；其次，石油勘探工程是一项涉及多项工程技术的系统工程，它的目标是"地下"，在勘探过程中不断为石油地质理论提供新的理论依据，同时检验石油地质理论的正确性；最后，勘探者必须是一个具有哲学思维的"人"。大量的石油勘探实践告诉我们，石油勘探系统是这三者相互融合的系统，我们要以哲学的眼光去认识、体悟这一系统的哲学内涵。

在石油勘探过程中，勘探者是起决定作用的因素。对勘探者来说，要找油，首先必须"大脑中有油"，要有强烈的找油动机和找油欲望。这就好比一场足球比赛，运动员必须有强烈的"射门意识"和"进球欲望"，有的人虽然技术娴熟，但中场盘带过多，终因临门一脚欠佳，难以有所成就。正如华莱士·E.普拉特(1952)所说，"如果没有人相信有更多的石油有待去寻找，将不会有更多的油田被发现。"

现代勘探与传统勘探的重要区别在于勘探者成功与否不完全取决于他们的理论水平和技术水平，而是取决于他们的整体素质，包括他们的知识水平、心理素质和思维方法。他们必须信心坚定，坚韧不拔，富于冒险精神，有丰富的观察力、想象力和创造性思维能力。

石油勘探者是以找油为目标的。石油勘探者面临的是一个又一个神秘的"黑箱"，在勘探过程中，仿佛走进一个又一个复杂的迷宫。勘探者以发现油气为使命，但石油勘探成败的辩证法是：发现油气并不能证明勘探者是成功者，因为有时候是偶然发现的，是"无心插柳柳成荫"，有时虽然发现了油气，但所发现的油气藏和我们大脑中的油气藏大相径庭，很可能是"张冠李戴"，所以在邻近的地方以同样的思路去打井，却"有意栽花花不开"。相反，没有发现油气并不证明我们失败，因为结果可能与我们的预测一致。勘探没有失败，钻探没有空井，哲理深刻。一个大的勘探部署决策很容易使人联想到战争中战略决策的前夜。一个局部目标的勘探研究又会使人联想到一个具体战役的战术，联想到手术前医生对病人的望、闻、问、切和刑侦人员对案情的侦、讯、证、析。但不同的是，医生可以通过手术见到病灶，刑侦人员可以找到罪犯并将其抓获，而石油勘探者找了一辈子油，天天研究油气藏，可是直到这个油气藏的油气开采殆尽，也无法见到它的真面貌。"油气藏"始终只是勘探者大脑中的“幻影”，这就是石油勘探的不确定性所在。

在石油勘探过程中，重要的是必须有一个正确的勘探思路。勘探思路的拓展始终是围绕勘探对象的理论创新和技术创新进行的。理论创新回答“到哪里去找油，要找什么（类型）”的问题，这是找油的战略问题，主要是选准勘探对象，强调“做正确的事”。在战略问题上，“思路决定出路”。技术创新回答“如何找油”的问题，这是找油的战术问题，主要是针对具体的勘探对象采用适应性技术，强调“正确地做事”。在战术问题上，“细节决定成败”。

在勘探过程中，战略和战术相辅相成，没有战略指导，战术是盲目的，而没有好的战术，正确的战略得不到落实。

诚然，找油过程中的机遇是不容置疑的，但是机遇的出现不是偶然的，它总是偏爱那些头脑有准备的人。这就需要勘探者具有坚韧不拔的信心、敢于实践和冒险的精神与创新能力。此外，还需要具有丰富的勘探经历以及敏锐的洞察力、非凡的想象力和潜在的直觉与灵感。

一、辩证思维

辩证思维是石油勘探的一种重要的理性思维方法。

毛泽东说过：“事物矛盾的法则，即对立统一的法则，是自然和社会的根本法则，因而也是思维的根本法则。”辩证法是从事物相互联系、相互依赖、相互制约的矛盾关系中整体地、全面地去分析油气勘探系统中的各种因素和各个环节之间的对立统一关系，全面地认识客观对象，全面地认识自我的一种思维法则。和认识一切事物的过程一样，石油勘探思维过程包括两个阶段：从个别到一般的抽象思维阶段和从一般到特殊的辩证思维阶段。抽象思维是由个别到一般的思维方法，它使我们对客观事物的认识由具体感性认识上升到理性认识；辩证思维是由一般到个别的思维方法，它使我们对客观事物的认识由抽象认识上升到更高级的具体认识。如在石油勘探中，人们经过长期勘探实践和感性认识，运用抽象思维总结归纳了一整套石油地质的理论，这些理论只是反映含油气盆地、圈闭和油气藏的一般理论，有的理论可能是片面的、理想化的。在石油勘探研究过程中，我们针对具体的勘探目标，运用辩证思维的方法，以这些一般的理论为指导，去揭示具体含油气盆地、圈闭和油气藏的内部规律。对这些规律的认识又进一步丰富了含油气盆地、圈闭和油气藏等理论。

因此，石油地质理论的形成是抽象思维的过程，而石油勘探是辩证思维的过程。

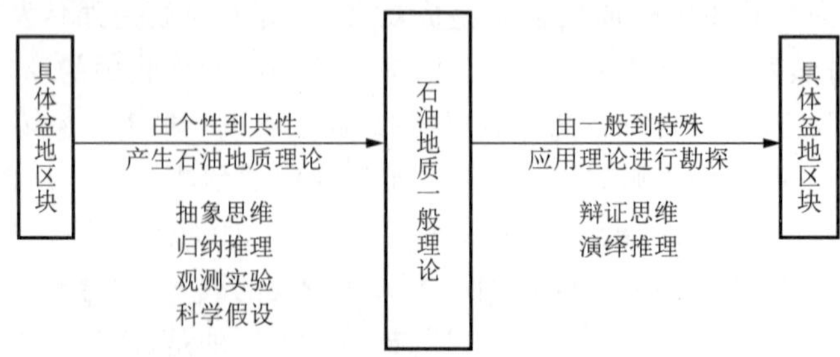

石油勘探思维过程包括抽象思维和辩证思维两个过程

现实世界的一切事物是个别和一般的矛盾统一体，并处于绝对运动和永恒发展之中。思维如果仅仅停留在抽象思维阶段，那么人类将难以完成认识世界和改造世界的任务。这是因为抽象思维撇开了对象的运动发展，反映了事物的相对静止状态，把复杂的问题简单化、理想化，把相互联系的事物彼此孤立起来，使我们无法把握对具体事物的整体认识。因此，要全面、系统地完成对具体事物的认识，就必须使我们的思维从抽象思维上升到思维运动的高级阶段，也就是辩证思维阶段。辩证思维是相对于抽象思维而言的，是思维活动由抽象上升到具体的高级阶段。辩证思维探索具体事物的特殊性，是一种以求异为特征的思维方式，是从矛盾关系分析入手去把握事物的思维方法。辩证思维的主要目标是揭示事物内部各要素的对立统一关系，揭示事物内部的矛盾运动，揭示事物的发展和转化过程。在油气勘探过程中，辩证思维过程应该坚持以下 4 个基本原则。

具体性原则：把石油地质学的普遍规律与本地区地质的特殊性相结合，可以借助模式，但不照搬照套模式。世界上绝没有完全相同的盆地，也没有完全相同的油气藏。因此，在研究中要注重本地区地质情况的特殊性。特殊性就是创新，这是石油勘探创造性思维的灵魂。

整体性原则：辩证思维是一种以整体观为核心，把系统中的各种因素整合在一起，进行系统的、全面的、整体的分析，对整体与局部、内因与外因、动态与静态、主要矛盾与次要矛盾、矛盾的一般性和特殊性等进行思考。辩证思维要求对事物进行由表及里、由此及彼、去粗取精、去伪存真的分析，力求把握系统的各种内外矛盾，深刻理解事物的本质。

历史性原则：从发展变化的观点去分析事物。一方面，要认识到现今的油气分布格局是地史演化的结果；另一方面，在一个地区的勘探过程中，随着勘探的深入，勘探者的思想及所采用的技术方法也要随之而变化。思想和概念一旦建立就将成为过去，新技术必然产生新的信息，新的信息将产生对主、客观的重新认识。油气勘探过程就是一个对自我能力和勘探对象反复认识和不断深化的过程。

实践性原则：要不怕失败、敢于实践、善于实践，没有勘探的实践，一切思路创新都是空谈，更谈不上油气发现。

二、形象思维与抽象思维

形象思维与抽象思维是功能互补的两种不同思维方法。抽象思维是抽出同类事物的本质属性，而舍弃非本质属性的思维过程。形象思维是通过对事物具体形象感受和分析来判断事物的本质及其运动规律，如野外地质调查、岩性及薄片观察、测井及地震资料解释中对构造、断层、沉积相的判断等都需要进行形象思维。从人类思维的发展史来看，人类是先有形象思维而后才有抽象思维的，因此形象思维是一种更趋近于人类本能的思维形态。脑科学研究表明，人的左半脑控制着抽象思维，而右半脑控制着形象思维。

形象思维与抽象思维应用于科学研究过程的不同阶段，且情同手足、密不可分。抽象思维从规定性方面把握客体，形象思维从形象性方面把握客体。只有形象思维的形象性，而无抽象思维的规定性，就不能了解客体的性质；只有抽象思维的规定性，而无形象思维的形象性，对客体的认识就不活跃、不丰满。形象的模型越是逼真，抽象思维的概念就越是趋于准确；抽象思维的概念越是规定得准确，形象的模型就越趋于真实。形象思维接受了抽象思维提供的概念、判断、规律等信息，便在大脑中产生相应的图像；抽象思维接受了形象思维提供的图像信息，便使思维更加活跃，从而进一步去获取新的概念、判断、规律。如此循环往复，逐步完成对客体的认识。在探索客观世界的进程中，抽象思维与形象思维是车子的两只轮子，是鸟儿的两个翅膀，只有并驾齐驱、比翼齐飞，才能使我们通向科学的自由王国。

形象思维与抽象思维的结合是石油勘探研究的主要特征。它们既互相联系，又互相渗透，不可分割。借助于抽象思维可以促进形象思维成果的深化，借助于形象思维可以启发抽象认识的深入。用形象思维表达抽象的概念往往比抽象思维更清晰、更生动、更简洁。例如，当我们在地质考察过程中进行野外素描时，也在进行理性的抽象思维，以探讨与发现地质规律；当我们在室内进行文字描述，对这些地质规律进行归纳上升时，在大脑中也会同时浮现野外景象与地质画面。

实际上，石油地质的抽象概念和形象是分不开的。说到某一概念，我们的大脑中会立刻出现某个具体形象。例如一说到某个盆地、地层或油气藏，我们的大脑中立刻会浮现该盆地、地层或油气藏的形象。图件、图像和景观是想象的结果，是思维的感性材料；概念是抽象与概括的结果，是思维的理性材料。因此，研究人员在研究过程中既要善于利用"形象化概念"进行思考，又要善于用"概念形象化"去理解概念，这样更有利于理解概念的内涵。

因此，石油勘探研究者的思维过程是形象思维—抽象思维—形象思维的反复交替循环的过程。首先，利用地质、地球物理、地球化学、钻井和实验分析等手段观察、分析、综合各种信息，发挥想象力，利用图形辅助思考，对地质事件和油气事件进行观察，并进行宏观与微观素描，凭借想象力和形象思维在我们的大脑中建立四维地质图景，使"信息形象化"；其次，在上述形象思维成果的基础上，利用逻辑能力和抽象思维对地质目标进行理性综合，从图件和素描中理解、归纳、上升为石油地质概念，建立油气系统形成和分布的概念模式，使"形象概念化"；最后，通过形象思维，使"概念形象化"，完成用以勘探部署决策的工业化制图。

三、思维障碍

有人做过这样的实验：抓来一些跳蚤，放在一个高度为 35 厘米的玻璃缸中，在玻璃缸上再盖一块透明的玻璃。跳蚤的弹跳能力非常强，弹跳高度是自身高度的几百倍。跳蚤为了逃出玻璃缸，就拼命往上跳，但碰到玻璃盖就会被弹回。经过几十次、几百次、几万次的跳跃，跳蚤始终不能逃出玻璃缸。为了保护自己，不再碰到玻璃盖，跳蚤就逐步适应了这一高度。当把玻璃盖打开以后，跳蚤弹跳的高度仍然只有 35 厘米，还是不能跳出玻璃缸。

"玻璃盖"成了跳蚤的思维障碍，人的思维也是一样，也有很多看不见的"玻璃盖"阻碍了我们的思维，如知识陷阱、思维定式和从众心理等。

1. 知识陷阱

知识陷阱是由于对自己的知识和经验过于自信，将过去的经验用于现在，将一般的经验教条地用于一切场合，成为解决问题的陷阱。

人们在长期实践过程中积累了丰富的知识和技能，这些知识和技能就是经验。人们总是习惯于从已有的知识和经验出发来认识事物、处理问题，久而久之就形成了思考问题的固有思路或框框，这就是我们常说的经验主义和教条主义。经验和知识虽然是人们解决问题的基础，但并不是解决一切问题的灵丹妙药，一味地依赖于自己的经验和知识会僵化我们的思维，使我们陷入知识的陷阱。

毋庸置疑，在勘探过程中，勘探者需要有深厚的专业知识和较宽的知识背景，需要有长期勘探的经验，还要掌握大量的勘探模式。知识和经验可能曾经给我们带来成功，但成功的经验同时也在我们的头脑中打下深刻的烙印，留下"成功的记忆"，形成固定的模式。当我们向新的未知勘探领域进一步探索时，原有的勘探经验和"成功的记忆"就会自然地浮现出来，有时成为思维的障碍。这时必须怀疑甚至放弃原有的经验和记忆，因为世界上的每一个盆地都是独一无二的，即使同一盆地的不同区块其特征也不尽相同，因此这些在原来勘探地区的成功经验并不适用新的勘探地区，相反很可能会把我们带到思维的死胡同。

一个人的经验、知识相对于一定的时空范围是正确的，即使是石油地质理论，也有其阶段性。如岩性地层油气藏、陆相地层找油等都是原有石油地质理论的发展。如果不根据具体的地质条件及勘探中遇到的新问题进行判断而一味地坚持所谓的地质理论，就会阻碍石油勘探的发展。因此，一个人长期在一个地区工作，其熟悉该地区地质情况的优势也可能成为他的劣势。长期在一个地区进行勘探，容易产生知识和经验的固化，形成思维定式，限制创造性思想的发挥。因此，一个地区的勘探及研究人员长期固定有利有弊，必要时可进行地区间的人员交流。

黑格尔有句名言"熟知非真知"。真知就是悟，知和悟是两个境界，熟知并不等于真知。当你的某些知识成为"熟知"，成为你的个人"知识名片"并使你引以为豪时，你就产生了知识障碍。要十分警惕那些自己认为熟知的经验和知识，它们可能成为你成功道路上最沉重的包袱。因此，一个成功的勘探者既要在头脑中形成一定的模式、理论、知识和经验，又要在复杂对象面前不断地完善传统理论；要勇于修正自己以往的认识，抛弃自己的金科玉律，不断调整自己的知识结构，不断重新认识自我；在遇到新问题时，要换一个角度思考，及时提出适合实际情况的新模式、新思路，寻找新的油气突破点。

石油勘探者要虚心地学习和借鉴他人与前人的经验和知识，但对前人的经验和知识不能限于继承，更重要的是发展。任何理论都要经历一个由萌芽到发展，再到衰亡的进化演变过程，这是符合认识论发展规律的，正如加拿大地质学家拉齐兹卡所说："一个概念在早期是革命阶段，接着是上升鼎盛阶段，尔后便是停滞、滥用阶段。"

孟子说"尽信书不如无书"。对于前人的知识，我们要创造性地学习和借鉴，批判地、辩证地对待前人及权威的经验和知识。这并非怀疑一切，而是说在油气勘探和研究过程中，特别是在一个地区久攻不克时，或者初次进入某个勘探领域或地区时，不要拘泥于前人对该地区的勘探经验和认识。那些将前人尤其是权威的经验、观点作为绝对真理，不敢越雷池一步，唯恐被人斥之为"不尊""自傲"之人，以及那些自我设立禁区，以"吃一堑，长一智""一朝被蛇咬，十年怕井绳"为经验信条之人，是注定不会产生新思路的。

案例一

关于美国的石油储量

1920 年，美国地质调查所的总地质师戴维·怀特曾经预言说："由于储量枯竭，美国石油产量的高峰很快就会一掠而过，可能 5 年，也可能 3 年。"他还说："如果我们一意孤行地去产太多的石油，那么预计美国地下蕴藏的 70 亿桶可采石油将在 18 年内开采殆尽。"到了 1921 年，他本人以及美国地质调查所的同事，又一次联合对美国剩余石油资源做了类似的悲观估计。有的地质权威还宣称"只要在俄克拉何马州或得克萨斯州的墨西哥湾红层下发现石油，他们就甘愿将所有的油喝光"。当然，后来在这些地方都发现了石油，但他们并不可能喝光所有的石油。具有讽刺意味的是，美国发现了大量的石油，钻了超过百万口以上的石油探井，这一大批井中有成千上万的井是钻在地质家都认为是贫油的地方。这一勘探事例表明，一个具有保守思想的石油地质学家的知识和经验，既会成为他们自己的负担，又会成为油气发现的障碍。

石油勘探的史实告诉我们，有些知名而保守的石油地质学家提出了很多石油地质学理论，但很多大油田的发现却与他们毫无关系，他们的理论往往赶不上勘探实践。很多石油地质学教科书中的观念已经成为历史，所以石油地质理论滞后于勘探实践的现象并不足为怪。

案例二

阿拉伯没有石油

世界著名的中东科威特特大油田——布尔甘油田是 1937 年被发现的。但在它被发现之前 15 年的漫长时期，许多世界大石油公司，包括拥有世界上一流石油地质家的英国、荷兰和美国的 3 家石油公司，没有一家愿意在科威特勘探，原因是他们认定那里没有石油。当时，一批世界上最优秀的地质学家供职于这些公司，他们对中东石油的分布做了许多地质调查，根据在中东长期积累的经验和资料得出"阿拉伯没有石油"的结论。但是，有一家对中东石油资源情况知之甚少的小公司却主动要求在科威特进行石油勘探。经过勘探，该公司发现了这个世界上的特大油田，使大公司刮目相看。10 年之后，这家小公司也发展成为石油生产的巨头之一——海湾石油公司。为什么世界上最有实力的石油公司也没有认识到这个特大油田的存在呢？究其原因，不是由于他们不熟悉该地区的石油分布情况，恰恰相反，这些公司比任何人都更了解中东的石油。它们拥有一批世界上最优秀的地质学家，这些专家阻拦开发科威特的石油，因为他们在中东长期积累的经验和广泛调查的资料使他们断言"阿拉伯没有石油"，错过了勘探科威特石油的机会。而那个小的石油公司敢于到科威特去钻探石油，是因为它并不知道"阿拉伯没有石油"的理论。人类在认识世界和改造世界的过程中，不断跨越由已知到无知的鸿沟。一个人必须时刻知道他的无知，只有这样才能不断地去探索未知。使我们获得成功的是知识，构成我们成功障碍的也是知识，知识是成功的阶梯，也可能是失败的陷阱。正如法国科学家贝尔纳所说："构成我们学习的最大阻碍是已知的东西，而不是未知的东西。"知识是你的过去，一个充满知识的头脑可能会成为你探索未知的障碍，它可能会成为一道墙，横亘在你和未知之间，阻碍你去创造性地解决问题。

2. 思维定式

思维定式是指在认识问题和解决问题时以最熟悉的思维方式做出反应的倾向。每个人在一定的环境中生活，久而久之就形成了一种固定的思维模式，心理学上称之为思维定式。大多数思维定式是由于思维过程中的偏见思维和惯性思维造成的。

什么是偏见思维呢？从哲学的角度看，偏见是一种本能性反应。人们在观察和认识事物时，往往受到世界观和价值观的制约。每个人的经历、知识、经验、相关利益、文化背景、心理情感、信仰不同，决定了他们看待事物的态度不同，而看待事物的态度不同，又决定了他们看待事物的思路不同，从而决定了他们对于事物的判断不同。

在石油地质研究中，专业知识过于狭窄的人容易产生偏见思维。人们在解决问题时，总是喜欢干他们所熟悉的事情，熟悉的目标、熟悉的理论、熟悉的方法往往使他们在解决问题时得心应手。因此，勘探研究者应该扩大自己的知识面，并能经常听取他人的意见。

什么是惯性思维呢？所谓惯性思维，就是人在思考时往往沿着熟悉的路径，以线性方式或固定的模式进行思维。美国实用主义大师杜威说："人基本上是一种由惯性铸成的动物。"我们每个人在日常工作和生活中的行为大部分是由一些已经成为习惯的程序和模式组成的，如你可能有自己习惯的睡眠姿势，开会、就餐和乘车时有相对固定的座位，你到某一目的地可能总是沿着一条熟悉的路径行走，你早上进入办公室会按照每天重复的程序进入一天的工作，你在年复一年的研究工作中可能总是遵循相同的思路，等等。

当一个人的思维方式和思维方法已经作为一种模式固定下来，成为解决问题的障碍时，就形成了惯性思维。惯性思维又称为复制型思维。这种思维的特点是在遇到问题时，总以过去遇到过的"相似问题"为基础，然后沿着这个方向去解决问题。惯性思维者在解决问题的过程中不仅不愿意去想其他方法，就是想到了，也会因为"没有实践""不可靠""风险大"而排斥它，久而久之，他们对这些决策模式非常自信，形成了一种思维惯性。

石油勘探过程中的思维障碍可能来自思维的模式化。问题一般都具有相似性和特殊性两个方面。模式化思维着眼于问题的相似性，在解决问题时往往重复成功的模式，而创新思维着眼于问题的特殊性，往往去寻找针对该问题的独特解决方法。对一个勘探地区来说，情况是不断变化的，我们不可能始终用一种思路去勘探。我们应该用逆向思维、横向思维和发散思维的方法从不同的目标、不同的类型、采用不同的技术去面对勘探对象。

石油勘探过程中的思维障碍还可能来自思维的僵化。我们所面临的勘探对象是一个复杂系统，系统中油气生成、聚集、成藏是一个动态过程，其内部各地质要素是相互对立统一的，我们不能把运动着的地质现象当作静止的、僵死的东西，并且机械地、孤立地进行研究，而应整体地、宏观地、立体地、综合地去揭露这些地质现象的本质。

四、成功勘探家的特点

1. 具有特殊的品格

相对于地质家，勘探家更具有特殊的品格。美国石油地质学家 Edward A. Beaumont 曾说："几乎每个人都承认找油是一门艺术，需要创造性。如果以找到油为标准的话，那么大部分勘探家都是非创造性的。”因此，那些被称为有创造性的勘探家是油气发现的中坚力量。勘探家应始终保持大脑的开放和积极思考，尽最大的努力去研究推断油气田存在的理由，而不是努力去寻找油气田不存在的证据，要有找到油的强烈欲望和信心。

一位合格的勘探家，他始终经受着智慧和心理的挑战，具有运筹帷幄的风范和坚韧不拔的品格；对石油勘探有一种虔诚的信仰、坚定的信念和锲而不舍的进取精神；对找油充满激情，具有承担风险和责任的勇气。

案例三

沙参2井重大突破

1983年8月12日，沙参2井开钻。1984年8月23日，沙参2井钻深达5 363.5米，见到白云岩古风化壳，并取到少量白云岩岩芯，但无任何油气显示，并开始井漏。

工程方面的同志提出要求停钻完井。技术负责人康玉柱（院士）立即主持召开会议，除了地质方面的技术骨干参加外，还请徐生道书记和滕振斌副局长参加了会议。会上，先请钻井工程方面领导汇报沙参2井情况，并提出停钻完井的要求，原因：① 已经钻到古潜山风化壳了，无油气显示，没有必要再往下打了；② 井内开始漏失钻井液，继续钻探怕出事故。

在讨论会上，在要不要加深的关键问题上，康玉柱首先果断地提出，沙参2井决不能停钻！至少再打100米。他的理由：① 见到白云岩，还确定不了地质时代，地质任务还没有完成；② 沙参2井在3 800多米发现中新统有良好的油浸砂岩，但是从3 800～5 363米基本没有生油岩，这油很可能是从深部上来的，所以油还在下面；③ 根据我国东部古潜山油藏的特征，油气不一定在古风壳表面上，而往往富集在距离风化面下几十米深度的风化淋滤带内。因此，必须至少再往下打100米。会上，技术骨干和参会领导都支持康玉柱提出继续钻进的意见。随后，他又向地质矿产部石油地质局领导做了汇报，取得石油地质局领导的支持。

1984年9月22日，沙参2井只加深28米即到5 391米的奥陶系白云岩时发生了奇迹般的强烈井喷，高压油气从5 000多米深处呼啸而出，喷向高空，轰隆震耳的响声震撼着塔里木。

沙参2井实现了中国古生代海相油气首次重大突破，开辟了中国古生代海相油气勘探的新纪元。

2. 善于推销自己的思想

一个成功的勘探者仅具备一定的思维能力还远远不够，还应该善于推销自己。很多人经过自己的研究产生了很好的思想和观点，但不少人由于种种原因失去了推销自己的机会。当一个新的想法提出来时，往往会受到同行的质疑，这本是很正常的事，但有人却因此而患得患失，生怕自己的建议不被采纳甚至遭到非议而名声扫地，甚至影响自己的前程。有的人不自信，对自己的思想持怀疑态度，认为自己只是无名之辈，自己的那些想法登不了大雅之堂。还有人由于不善于表达自己的思想，逻辑关系和因果证据的表达不清，难以使决策者信服。有的人在研究工作中目标不明确，研究思路不清晰，往往抓不住主要矛盾。

有的人说的话和写的文章别人很难领会，即使有很好的见解和想法，也难以说服决策者，不能把自己的见解和想法推销出去。

作为一个勘探者，取得研究成果，发现好的思想不是我们的最终目的，因为一个好的思想不应该只是埋藏在头脑中，我们的最终目的是发现油气。这就好比我们千辛万苦种植的苹果树结下了丰硕的果实，但不能只是让苹果挂在枝头，而是要千方百计地把苹果推销出去，这才是种苹果的真正价值。因此，一个成功的勘探家要学会推销自己，推销自己的思想，取得决策者的认可和赞同，把自己的思想变成现实。

案例四

冀中油田的发现

1974 年，阎敦实在任丘地区确定"任 4 井"的时候，大港油田和物探局的地震勘探资料还没有出来。由于早几年物探局在任丘地区所做的地震勘探没有得到深层的数据，确定"任 4 井"的主要依据是重力分布图所显示的一个南北向倾斜的很大一片椭圆形重力异常轮廓。这个 200 平方千米的重力高隆起，历来为石油地质学家所关注，可是早先打的几口探井都没有出油。任丘构造是盆地基底岩石的隆起带，正是阎敦实要探索的目标。它在重力图上就是一个圈圈，什么细节都没有。基底隆起发生在冀中坳陷之中，上面覆盖有厚厚的第三系生油岩，所以阎敦实估计这里的古老岩层可能储油。

地质部"冀门 1 井"在新生代第三系砂岩中发现了油气显示，但是评价并不好，认为地层物性差，没有储油的希望，井打完了就撤走了。而"任 4 井"离地质部打的"冀门 1 井"很近。"冀门 1 井"在打穿第三系砂岩之后，钻进了下面的震旦系碳酸盐岩地层，并且看到了细微的油气显示，这给了阎敦实在任丘突破碳酸盐岩地层找油的希望。

"冀门 1 井"已经打穿了华北传统的新生代第三系目的层，没打出油来，评价很差。阎敦实再坚持打"任 4 井"是冒着很大的风险的。阎敦实有伊朗考察碳酸岩高产油田的所见所闻，但用到"任 4 井"上能不能成功并没有把握。

任 4 井打到 3 160 米的时候，工人在震旦系白云岩中找到了极少量油砂。地质部之前打的井就是因为油砂太少而放弃的。阎敦实在伊朗亲眼见到了千吨井钻井时油砂都很少。伊朗的工程师告诉阎敦实，对碳酸盐岩裂缝型油田来说，因为石油储存在岩石细小的缝隙中，只有裂缝表面很薄的一层岩石能和原油接触。钻头打下去后，在随钻井液带上来的岩屑中，含油岩石碎屑很罕见。这不像砂岩油藏，砂岩颗粒间是被油浸透的，油砂取上来是一把一把的。阎敦实早就听说国外有这种碳酸盐岩裂缝型油田，但是百闻不如一见，所以这时的阎敦实不但不像地质部的人那样失望放弃，反而信心倍增，告诉钻井工继续往下打。打到 3 177 米发生了井漏，预示着地下岩层孔隙发育良好，最终打到 3 201 米见油，深入潜山的顶部 50 米。硅质白云岩的确很硬，50 米就磨秃了 4 个钻头。"任 4 井"于 1975 年 7 月 3 日试油，日产 100 多吨油，成为华北冀中油田的发现井。

3. 把复杂的问题简单化

有时勘探者需要把复杂的问题简单化。

石油勘探是一个复杂系统，每一个勘探者对此都毫不怀疑。但正是受这一观念的引导，我们在勘探研究中一律采用复杂问题的思维方法，很多时候会将简单的问题复杂化。石油勘探系统具有不确定性，包括勘探结果的随机性和认识的模糊性。因此，对精确性的认识和对问题复杂化的设想只是我们的主观臆想。有时把问题想得很复杂，但简单的却是正确的；有时把问题的结果描绘得很精确，但模糊的却是正确的。

勘探者的最终目标是发现油气藏，而实现这一目标就是要寻找有利的圈闭。圈闭是由储层、盖层和遮挡层组成的综合地质体。圈闭是否含油取决于多项因素，包括生油条件、水动力条件、运移通道等。除此以外，还需要油气和圈闭二者在时间和空间上的恰当匹配。但是在实际勘探中，勘探者的任务可以简化为寻找圈闭和形成圈闭的有利区带，因为我们不可能在掌握了圈闭中含油的确凿证据以后才对圈闭实施钻探。

在勘探研究中，需要突出重点，突出油气，将复杂问题简单化。简单化不是省工减料，不是对复杂问题的简单认识，更不等于浅薄、简陋。恰恰相反，简单在内涵上要求更深刻、更丰富，要求对地质规律有深刻的认识和把握。因此，它需要研究者投入更多的时间和精力进行思考：要对问题进行由此及彼、由表及里、去伪存真、去粗取精的分析，透过现象看到问题的本质；要把握规律，抓住关键，分析影响勘探对象的主要因素，以战略的眼光去把握机会、利用机会。

简单化思维是一种大思维，是对复杂系统研究的最高境界，只有深入才能浅出，只有厚积才能薄发，最后才能做到删繁就简。

第二节　油田开发的哲学

1964 年 12 月，周恩来在第三届全国人民代表大会第一次会议上所做的《政府工作报告》中指出："这个油田(大庆油田)的建设，是学习运用毛泽东思想的典范。用他们自己的话说，是'两论起家'，就是通过大学《实践论》和《矛盾论》，用辩证唯物主义的观点，去分析、研究、解决建设工作中的一系列问题。""两论"已成为我国石油开发重要的理论武器，放射出灿烂的智慧光芒。

毛泽东于 1937 年发表的《实践论》和《矛盾论》是非常重要的两篇著作，在当时的历史条件下为指导抗日战争和解放战争取得胜利奠定了坚实的思想基础。在社会主义革命和建设时期，它们仍然起到重大的指导作用，特别是在石油大会战和大庆油田的开发过程中起到了巨大作用。

油田是深埋在地下的天然资源，是地球上客观存在的巨大的地质体(客体)，它的结构、特性很复杂，隐蔽性强，对它的认识带有明显的不确定性。认识油田客观存在的真实面貌，是油田开发工作者(主体)首先要解决的课题，而且是自始至终追求的目标。油田开发未终结，认识无止境。油田开发通过实践、认识、再实践、再认识，努力做到主观正确反映客观，主观符合客观，并在实践中实现主观和客观的辩证统一，做到能动地认识世界和能动地改造世界，合理利用天然资源，科学地开发好油田，创造价值，造福人类。

世界是充满矛盾的世界，应该说有物质的地方就有矛盾。矛盾促进了人类进化，矛盾促进了社会发展，矛盾促进了人类对事物认识程度的提高，矛盾促进了人类对事物规律的发现。矛盾的普遍性促使人们在生活、生产中不断地发现矛盾、分析矛盾、化解矛盾。一种矛盾的解决就意味着另一种矛盾的产生。油田开发工程也像其他事物一样，在矛盾中诞生，在矛盾中发展。油田开发工作这一庞大的系统工程中，充满了成千上万的各种大小矛盾。按照"矛盾论"的观点，抓住油田开发工作中的主要矛盾并解决好它就能使油田开发工作健康发展，就能经济有效地开发好油田。

一、实践是油田认识之源和认识发展的动力

马克思主义哲学在认识论上坚持唯物主义，把科学的实践观引入认识论，在唯物论和辩证法统一的基础上科学地阐述实践在认识中的地位和作用。"实践的观点是辩证唯物论的认识论之第一的和基本的观点。"人们只能在油田开发实践中认识油田，而且在油田开发实践中发展认识、加深认识和检验认识的真理性。

1. 坚持实践第一的观点，注重取全取准资料信息

油田开发实践是人们有目的地利用和改造油田的物质实践活动，而认识油田是开发油田的先决条件。怎样在油田开发实践中去认识油田，关键是注重取全取准油田的资料信息。

有针对性地获取油田第一性资料，努力把油田的地质特征研究清楚。开发油田首先要有计划，要编制油田开发方案，这就需要把油田的基本面貌、初始状态搞清楚。由于油田深埋在地下，隐蔽性强，属于大规模和复杂的系统工程，对于油田的初始状态、油田的地质特征，包括油田的构造、储层、面积、储量、油气水性质、压力系统等，需要通过全面的调查和获取有关的资料、数据、信息，进而通过人的思维活动和仔细辨认加以掌握。

大庆油田的开发，在"两论"思想的指导下，坚持辩证唯物主义的反映论，反对唯心主义的先验论，在取全取准油田第一性资料上下功夫，把油田的地质特征和基本面貌研究得比较清楚，油田开发方案设计符合油田的客观实际，因此，一开始就获得了比较好的开发效果。

为了取全取准油田第一性资料，在1960年4月召开的大庆油田首届油田技术座谈会上，大家总结了过去有的油田因地下情况不清、决策失误，使油田开发受影响的教训，认识到"心中无数决心大，情况不明办法多"是要受客观规律惩罚的。会议经过充分讨论，集中集体智慧，提出搞好油田开发必须立足于对地下地质情况的清楚认识，要求在油田勘探和开发中，每钻一口井都必须取全、取准20项资料和72个数据，做到一个不能少，一点不能错，并规定勘探开发的资料录取要做到"四全四准"。为此，提出了"全党办地质，人人办地质"的口号和"石油工作者工作岗位在地下，斗争对象是油层"的科学理念。大庆油田的开发把高度的革命精神和严格的科学态度结合起来，在实践中录取了大量、准确、齐全的第一性资料。在不注重取全取准油田第一性资料、油田地下没完全搞清楚的情况进行的开发部署和编制的油田开发方案往往会造成很大的失误。如我国有些油田在地质储量计算上由于没有取全取准第一性资料，地下情况没有搞清楚，计算的地质储量误差很大，造成开发规

划部署的重大调整和工作上的被动。

某油田1970年计算储量时，将岩屑录井为油斑的砂岩和鲕状泥灰岩都按有效厚度考虑，并圈定为含油面积，后经大量的试油资料证实，这些岩层只出水不出油。另外，该油田把一些小的断块油藏按连片含油圈定面积，结果算出了几亿吨的地质储量，摊子铺得很大，但准备全面开发时却发现情况变了。后经核实，地质储量一次就核销了2.7亿吨，使原来计算的储量减少了85%，给开发工作造成很大的被动。

大庆油田整理出20多个油田的开发资料，并从中选出两个地质状况与大庆油田接近的油田进行对比研究。这两个油田一个是美国的东得克萨斯油田，一个是苏联的罗马什金油田。东得克萨斯油田没有进行早期注水，靠天然能量年产量最高达到近3 000万吨，但油层压力和产量很快下降，3年后年产量就降为1 900万吨。罗马什金油田虽然采取早期边内切割注水，但切割距过大，注水见效差，后来通过缩小切割距，增加点状注水，获得较好的开发效果。大庆油田同时还组织一批专家，总结我国玉门油田、克拉玛依油田注水开发的经验和教训。玉门老君庙油田1954年先采用边外注水方式，但由于大量注入水外流，油井见效差，后改为内部注水；克拉玛依油田二中区采取内部切割注水，因切割距大，注水井两侧的一线井见效，二线井、三线井基本见不到注水效果，后来被迫进行了调整。通过对大庆油田实际的地质状况和特点进行认真的分析、研究，借鉴国内外油田开发的经验、教训，又根据当时我国的经济形势，专家制定了“在一个较长的时间内实现稳定高产，争取达到较高的最终采收率”的油田开发方针和实行早期内部注水，保持油层压力的油田开发原则，并组织编制了具体的油田开发方案。

2.坚持搞好油田开发试验是深入认识油田的先导

油田开发试验是在油田上进行的现场科学实践研究工作，具有实践的属性，使反映自然的认识活动与改造自然的实践活动紧密地联系在一起，是有目的性、计划性、选择性和针对性的实践活动。由于它在深入认识油田开发上具有先导性的作用，因此一般都把油田开发试验称为先导性油田开发试验。

世界上没有完全相同的油田。为了深入认识油田和开发好油田，一般都应该超前进行油田开发试验，超前认识油田的地质特征和开发规律，为全面开发油田做好技术准备。

找到大庆油田以后，面临的是如何开发这样大的油田的问题。当时的决策者们认识到，在油田开发的部署上，战略决策要慎重，力求不犯错误，要犯错误也要犯可以改正的错误，绝不能犯不可改正的错误。

怎样才能做到这一点呢？这就要坚持辩证唯物主义的认识论，一切经过试验，摸着石头过河，将开发油田的设想先小范围试验，“解剖麻雀”，待取得经验后再大范围推广。

1960年5月，大庆石油会战领导小组正式决定在萨尔图油田中部30平方千米面积内开辟生产试验区，并召开大庆油田五级三结合技术座谈会，讨论生产试验区的开发方案，决定实施以早期内部横切割注水为中心的“十大试验”，以便从中暴露矛盾，发现问题，摸索规律，总结经验，用以指导整个油田的开发。这是大庆油田开发取得成功的一条重要经验。

大庆油田开发以来，针对油田不同的开发阶段出现的不同开发问题，坚持一切经过试验，累计开展先导性油田开发试验300多项，如为提前了解注水开发全过程的小井距试验、中高含水期的分层开采接替稳产试验、加密井网试验、注采系统调整试验、薄差油层开采试验、高含水期的稳油控水试验、三次采油试验(包括化学驱、注气非混驱、泡沫驱、微生物采油)等。油田开发试验把感性认识和理性思维的特点有机地结合起来,成为证明和发展科学知识的有效手段,使对油田的科学认识不断深化,对油田的开发调整措施既有实践的经验,又有理论的基础,因此能够获得很好的油田开发效果。

我国发现的油田绝大多数属于陆相生油和陆相储油的陆相油田,其特点是油田类型多、构造复杂、储油层非均质严重、油气水性质变化大。要开发好这样的油田,在重视取全取准第一性资料的同时,一般都需要开展油田开发试验,以便深入认识油田的地质特征,先突破一点获得经验,再全面推进开发,这样才比较稳妥。

二、在油田开发实践中检验和加深对油田的认识,搞好阶段性油田开发调整

油田开发工作者通过调查研究、录取第一性资料和开展先导性的油田开发试验,对油田的地质特征和开采规律有了较深入的了解和认识,这时就要编制油田开发方案设计,使油田全面投入开发。对油田的认识是否正确、油田开发方案设计在实施过程中能否达到预期的效果,只能通过油田开发实践去检验。

由于油田的隐蔽性、复杂性和不确定性,对油田的认识不可能一次完成,要在油田开发实践过程逐渐完善。尤其是油田投入注水开发后,地下的压力场、温度场、油气水分布、储层物性和流体性质等都在不断地运动和变化,地下的矛盾也不断地暴露出来。油田开发方案设计在实施过程中毫无改变地实现出来是很少的。因此,油田按照开发方案投入开发之后,要注重各种资料、信息的录取工作,搞好油田开发动态的分析研究,对出现的矛盾及时采取相应的对策,甚至调整开发方案。

大庆油田投入注水开发初期,首先暴露出的矛盾是“单层突进”,即个别渗透率高的好油层吸水量大,油井很快见水,而且含水上升快,油井产量迅速下降。这说明注水井笼统注水不适应油层非均质严重的油田。后来通过采油工艺技术攻关,采取分层注水工艺技术,油田开发效果得到改善。

三、对油田的认识贯穿在油田开发的全过程

油田是深埋在地下的巨大的地质体,它的隐蔽性、复杂性和不确定性非常突出,而油田开发系统由油田自然系统和人为开发系统组成,是“灰色”的复杂系统。要认识油田的地质特征和开发规律是很困难的,这是由于实践和认识的主体对客体的认识受诸多条件制约和限制,认识的过程就是要处理好主观和客观这对矛盾,使主观认识尽量符合客观实际,且这个过程贯穿在油田开发的始终,是一个反复实践、不断认识的开发历程,油田开发未结束,对油田的认识就没有止境。

1.人的实践能力和认识能力是相对有限的,而实践和认识的发展是无限的

油田开发初期,人们对油田的实践活动较少,只有少数的探井、评价井和部分开发井的资料,以及地震勘探资料等信息,对油田认识的深度和广度有限,只能在传统石油地质学和

沉积理论的指导下，根据以往的经验，对油田的构造、储层的客观成因类型、主力油层区域性分布、平均物性参数和油田地质储量等进行初步的认识，建立起油田概念模型，为编制油田开发方案提供依据。

油田全面投入开发以后，钻井的井数增多，大量的井孔静态资料和岩芯资料、测井解释资料以及油水井投产后的生产监测动态资料等都比较丰富，此时对油田的构造形态、断层分布、油层的非均质性等都有了进一步的认识。

到油田开发后期，井数更多，井网密度更大，随着科学技术的进步和信息量的增多，各种静态、动态的资料更加丰富，对油田地下的认识也进一步加深。通过精细地质描述研究，能够更准确地预测出各井间砂体的非均质性，揭示微小断层、微构造的分布情况，研究剩余油的分布规律，为油田调整挖潜、提高采收率提供依据。

但是要认识油田的真实面貌是无止境的，尤其是注水开发之后，各类油层的油水分布错综复杂，而且不断变化，要认识它难度很大。认识油田最直观的办法是打井、取芯，尤其是密闭取芯。但一口井的资料同巨大的地质体相比，仅是“一孔之见”，即使每平方千米钻100 口井，且井井都取芯，所能直接获得的岩芯体积也只占整个油田地质体的几亿分之一，仍然是少之又少，更何况这在实际油田开发实践中是做不到的，经济上也是不允许的。认识油田更多的是通过地震、测井、测试等间接资料信息，加上人的经验和智慧去综合分析、科学推断，构建出尽可能接近真实的“虚拟”油田地下景象。这项工作随着科学技术的不断进步，认识的精度也在不断提高。

对油田的认识受人的实践能力和认识能力的限制，不可能一次或几次完成，需要在油田开发全过程中反复实践、反复认识。认识是一个无限发展和无限深入的过程，并且随着实践的不断发展而逐渐提高。

2. 油田开发系统复杂多变，只能在油田开发全过程中逐渐认识

油田开发系统由油田自然系统和人为开发系统组成。油田自然系统包括构造、储层、天然驱动、油气水等子系统；油田人为开发系统包括钻井工程、油藏工程、采油工程、地面工程、生产管理等子系统。因此，油田开发系统是一个多样性统一的复杂系统，各子系统之间相互联系，形成多种途径纵横交叉的复杂网络。油田开发系统结构层次多，相互关系复杂，具有信息不完全和信息不确定的“灰色”系统特征，尤其是油田注水开发之后，地下流体的动态分布、压力系统、油气水性质等都在不断发生变化，油层的孔隙结构、表面润湿性也在发生变化，这些变化在过程发生之前是不可能被认识的。

油田开发系统的演化过程是“灰色”的、不确定的，只能在油田开发实践的全过程中逐渐认识。如胜利油区的东辛油田属于复杂断块油田，1961 年 4 月首先打出第一口工业油流井——华 8 井，1962 年 9 月打出日产油 555 吨的高产油流井——营 2 井。但当时对这个油田类型缺乏认识，仍按整装背斜构造油藏的开发思路进行部署，到 1966 年底详探井、系统取芯井和解剖井陆续完成，暴露出许多实际情况与预想不符的新问题，有的地方钻井成功率仅 40%。由于该油田构造非常复杂，油层发育及分布、油水系统、油水性质的变化也很复杂，当时人们对其规律性认识不足，因此将这种现象形象地称为“五忽”油田，即(油层)忽上忽下、忽薄忽厚、忽油忽水，(原油)忽稠忽稀，(产能)忽高忽低。针对这种复杂的油田类型，后来总结出“整体设想、分批实施、及时调整、逐步完善”的滚动勘探开发原则。首先，

将主要油气富集断块投入开发，其他地区继续详探。东辛油田 1968 年投入开发的地质储量 3 883 万吨，1984—1987 年利用三维数字地震等新技术，结合钻井、开发动态资料，实行滚动勘探开发，又先后发现 16 个含油断块，新增含油面积 26.1 平方千米，新增地质储量 4 115 万吨。然后，随着科学技术的发展进步，采用以层序地层学和构造演化为主的区带评价技术、全三维高分辨率目标处理解释及测井约束地震反演技术、数字测井为主的多井储层评价技术以及全面应用滚动勘探开发一体化软件和计算机技术等。到 1999 年，东辛油田又滚动勘探发现新断块 15 个，探明含油面积 10.5 平方千米，新增地质储量 1 278 万吨。

东辛油田通过 40 多年的勘探开发，共钻井 2 000 多口，逐渐展现了其地质特征：这是中国发现的第一个复杂断块油田，含油面积 93.8 平方千米，共有组合断层 252 米；油田分为 195 个断块，每个断块的含油层系、原油性质、油水系统、压力系统、天然能量均不相同，因此会成为“五忽”油田。通过在油田开发过程中不断深化对油田地质特征的认识，人们逐渐掌握了油田的客观实际，并有针对性地采取相应的开发调整措施，使油田的开发效果逐渐得到改善。

油田开发没有结束，对它的认识也不会终止。人们的认识运动是一个反复实践，反复认识的过程。毛泽东对认识的反复性和无限性做了总结性的概括：“实践、认识、再实践、再认识，这种形式，循环往复以至无穷，而实践和认识之每一循环的内容，都比较地进到了高一级的程度。”这就是人类认识发展的道路和规律。石油工作者在油田开发的过程中永远都不应该满足于已有的认识，在求知的道路上应该永不停息地攀登。

四、油田开发的主要矛盾

油田开采必须把原油从油层中驱到井底，再由井底举升到地面，因而如何克服油层和井筒的流动阻力成为油田开采的关键。

克服油层阻力和井筒的流动阻力的动力有很多种。如天然能量有弹性能量、溶解气能量、重力作用能量，以及边水、底水、气顶的驱动膨胀能量等；人工作用的驱替能量有注水、注气、注各种驱油剂，即所谓的水驱、气驱、混相驱、化学驱、热力驱、微生物驱等。这些驱动能量作用形式不同、驱动机理不同，但其表现形式是一样的，就是所有能量都要以压能，也就是以“压力”的形式出现，以“压差”的形式把油采出来。只有具有足够的“压力”或“压差”，才能克服油层中的阻力和井筒中的阻力，把油采到地面。也就是说，必须有足够的动力去克服油流的各种阻力才能进行原油开采。

虽然不同油田的实际情况以及油气水的渗流状况不同，但是在不同条件下渗流时推动力和阻力的关系是一致的。油层钻井后，打开油井，油层中原来的压力平衡状态就被打破，由于油井流动压力低于地层压力，油气就从压力高处流向压力低处，油层内的各种能量开始发挥作用，推动油气流向井内。

足够高的油层压力是油层能量之源。足够高的油层压力要求，使人们从能量消耗式的降压开采法转向注水、注气保持和恢复地层压力的二次采油法。同样，三次采油法也不例外，不保持足够高的地层压力也是不行的。

靠压差来采油是早已被达西定律和诸多实践所证明了的。采油量的多少依赖于压差的大小。最简单的油层内单相径向流规律是压差与产量成正比关系。增大压差，一是靠地层压力的提高，二是靠井底压力的降低，三是靠地层阻力的减少。

在不造成地层负面影响的情况下，一般靠注入各种驱油剂恢复、保持或提高地层压力。降低井底压力，自喷井靠放大油嘴，抽油井靠加大排量、降低抽油泵的沉没度等。这些降低井底压力的措施也都有一定的限制。井底压力太低，井底脱气严重，还可能出现压差加大反而产油量减少的现象。降低油层内的阻力，也不失为一种降低能量消耗的好办法。

在油气流动过程会有各种各样的阻力消耗油层能量。流动过程中的阻力包括 3 个方面：一是由于砂层中岩石颗粒大小不等、形状不一，构成错综复杂的微小孔道，液体通过时与岩石表面之间的摩擦阻力很大，这一阻力大小主要通过岩层的渗透性大小反映出来；二是液体流动时，液体本身内部摩擦力通过液体黏度大小反映出来；三是与液体通过的横断面积及距离的远近有关。

总之，采油过程中“动力”和“阻力”这一对矛盾是对立统一的，既相互依赖，又相互转化，处理不好会使动力变成阻力，如地层压力提得过高，超过地层破裂压力，会使油井套管损坏速度加快，造成不利于开采的影响。又如油层压力降低过多，油层脱气严重，或由于压敏效应使油层孔隙度、渗透率下降等，都对油田开发不利。而处理得好，采取措施得当，也会使阻力变成动力。如选择合适的井位，运用水平井、分支井、多底井技术，采用压裂酸化等提高油层渗透率措施，都可减小油层阻力。又如一些降低原油界面张力和原油黏度的三次采油技术，也都等于变相地提高了油层能量。

第三节　石油炼化的哲学

一、炼油辩证法

为避免受制于人，20 世纪 60 年代，中国的炼油政策导向是要“吃光榨尽”。“五朵金花”之一的催化重整工艺在石化工业中举足轻重。由于需要金属铂作为催化剂配料，铂比金还贵重，而中国无铂，全靠进口，所以有人认为这么搞不合算，不符合国情。但侯祥麟院士力排众议，坚持用铂，最终喜获突破。

“下围棋时，你搁个子儿，好像没什么用，但后来就用上了，靠它赢了。”工作中，侯祥麟院士提倡要有意识地下几步“闲棋”，他称之为异想天开。“异想不一定能天开，但没有异想，肯定开不了天。”侯祥麟院士的创新之道：暂时付出点代价，没准儿就有意想不到的收获。

中华人民共和国成立初期，石油化工几乎空白，石油产品 90% 以上依靠进口。新诞生的共和国到处呼唤着“维持生命的血液”。20 世纪 50 年代，我国军用和民航所用航空煤油（喷气燃料）一直靠从苏联进口。当时石油部曾组织试产这种油料，但在地面试验和空中试飞时均出现喷气发动机火焰筒严重烧蚀的问题。后来中苏关系紧张，航空煤油进口更是锐减，中国军用、民用飞机均面临即将飞不起来的危急局面。

在这种紧迫情势下，时任石油科学研究院副院长、负责炼油技术工作的侯祥麟组织起六个研究室的力量，并与国内有关科研单位合作，亲自带领科研人员日夜苦干。

马克思曾说："在科学的入口处，正像在地狱的入口处一样。"火焰筒烧蚀问题，缠绕着侯祥麟，烧蚀着他的心，他和科技人员在经受着地狱般的磨炼。经历无数次失败和挫折之后，侯祥麟开始全方位清理自己的思路：我们搞航空煤油就是将它精炼再精炼，提纯再提纯，与苏联的油一比较，似乎太"纯洁"了。那么，反其道而行之，往油里加杂质硫。加入硫化物后，高温烧蚀难关一举攻破，试验获得成功。人们震惊却没有欢呼雀跃，他们难以想象的是，这个困扰、折磨他们数年的问题竟是硫化物含量低造成的！侯祥麟一语道破了其中的奥秘：我们被形而上学禁锢住了，走进了怪圈。这就好比一层窗户纸，捅破了，豁然开朗。此理也正符合科学的一条规律：越复杂的也是越简单的。

二、《矛盾论》和《实践论》对炼油的指导

"从战争中学习战争""错误和挫折教育了我们，使我们变得聪明起来"，闵恩泽经常用毛泽东主席的这几句话来激励弟子，要勇于实践、善于总结，特别是要认真总结失败的教训。同时在研发工作中，要学习《实践论》和《矛盾论》，学习分析主要矛盾和矛盾的主要方面，这样才能抓住技术关键，实践、认识、再实践、再认识……直到成功。一位科学家努力学习毛泽东主席的《矛盾论》和《实践论》，并应用于科学研究和教育学生之中，这正是闵恩泽的不凡之处。

1959 年，苏联援建的 100 万吨/年兰州炼油厂投产，这是当时中国规模最大、技术最先进的炼油厂。该厂的核心设备是一套使用小球硅铝裂化催化剂的移动床催化裂化装置，塔高 82 米，生产的航空汽油可作为螺旋桨式飞机、民用客机和军用运输机的燃料。20 世纪 50 年代末，中苏关系恶化，苏联撤走专家，带走了原来准备提供的小球硅铝裂化催化剂工厂的图纸。

没有催化剂，装置就要停产，不能生产航空汽油，飞机就不能升空。石油工业部高瞻远瞩，决定自力更生在兰州炼油厂建设自己的小球硅铝裂化催化剂生产装置。闵恩泽被任命为小球硅铝裂化催化剂生产会战指挥部的副总指挥，全权负责技术工作。

早在 1956 年，闵恩泽就对小球硅铝裂化催化剂做过研究。这次重新组织研究，闵恩泽他们按工序安排了研究内容，即先研究成型工艺条件、热处理，然后研究活化、水洗。一年多时间过去了，才研究到干燥这一步，即将直径 10～12 毫米的湿胶球干燥后成直径 3～5 毫米的干燥小球。在干燥过程中，小球大量破碎，完整率只有 40%～50%。闵恩泽认为，破碎是因为干燥温度、湿度没有控制好，于是他重新设计建造能控制温度、湿度的干燥箱，但问题仍然没有解决。

当时全国工业都在学大庆，学大庆靠"两论"起家。闵恩泽翻开《实践论》和《矛盾论》反复阅读。《矛盾论》指出，事物都有矛盾的两个方面，内因是根据，外因是条件。硅铝湿胶干燥收缩时在毛细管中引起的压力应该是其破碎的内因，而干燥条件是外因。因此，应该治本，采用添加表面活性剂的方法降低毛细管中的压力。于是闵恩泽决定回北京寻找更好的表面活性剂。经过多次的试验，他们终于找到了一种叫"平平加"的表面活性剂，使用后小

球硅铝裂化催化剂的完整率达到90%以上，超过了苏联同类催化剂完整率86%的水平。闵恩泽一直认为，《实践论》和《矛盾论》是指导他进行科研的重大思想武器。

催化剂是什么？表观上看它们是一些肉眼勉强能看得见，甚至看不清的，形状各异的颗粒。可正是这些小小的催化剂颗粒决定了庞大的石油化工的命运。这正应了那句名言——渺小的正是伟大的，这是老子对世界的认识。可以说，没有催化剂，就没有现代石油工业！

闵恩泽和他的学生们研究催化剂——确切地说是研究催化剂的表面——的性质。小小的催化剂颗粒，它的表面能有多大天地？可是在他们眼中，那简直就是一个星球，一群宇宙星系！知识和智慧的高超之处就在于它们能超越物体本身，而直接将人引入抽象的层面。催化剂并不是一种简单的物质颗粒，它的神奇功能，它的全部作用，就表现在它的内部结构和表面构造上。当闵恩泽和他的学生们神思聚焦于这些理论中的催化剂上时，他们看见了催化剂复杂多变的形态，看见了它表面的地形地貌。那里深沟幽壑，山脉纵横；那里是原始的冰川，是广袤的科学未曾印上脚印的苔原地带。

在电子显微镜下，催化剂的构造是一群有序或无序的离子团的聚合物，它们的孔洞或层柱空间，便是改变反应物的通道；它们的表面形状或者说价键电位，便决定了反应的活化能。闵恩泽和他的学生们研究催化剂在石油化工过程中的各种可能。石油化工过程波谲云诡，油气（或反应物）常常在高温高压的驱动下犹如江河倾泻，呼啸奔腾而下，波涛一浪高过一浪。催化剂就在其中参与反应，或推波助澜，或引领潮流。闵恩泽和他的学生们的思绪总是静静地穿过这些波涛，深入催化剂和反应物作用的机理之中，观察那些纷纭的现象背后的实质，寻找让催化剂产生最大效应的那条途径。这时候他们的心情总是随着催化剂的可能的运动状态而涌动起伏，他们的思绪从催化剂上扫掠而过时，便有了电光撕裂夜空的穿透力。

“十年磨一剑”，而闵恩泽和他的学生们却用几十年在磨砺催化剂这把宝剑。他们在催化剂机理中跋涉，翻山越岭，寻找新的希望；他们跨涧过谷，备尝科研的艰辛。他们中的许多人，有时候觉得自己的智力山穷水尽了，没有能力再往前走了，但是突然间柳暗花明，眼前又出现了一条云溪。更多的时候，他们会感到孤独而又茫然，不知道自己走到了哪里，道路对不对。他们需要探索和倾诉，需要理解和鼓励。这时候他们就翻开书本，向先行的大师请教，或打开电脑网络，看一看同行们所处的位置。从某种意义上讲，科学研究者都是独行侠，他们各自仗一柄智慧之剑，闯荡天下——尽管到了21世纪，科研仍然是最具个性化的一种活动。所幸的是，闵恩泽和他的学生们是一个团队，他们之间有一种默契，就是互相帮持的“团队精神”。正因为这种精神，他们的脚印才能叠成道路，他们的智慧才能连成云霓。

三、从偶然通向必然

必然性和偶然性的关系就是规律本身和规律表现形式的关系。

必然性通过偶然性开辟道路，偶然性是必然性的表现形式和补充。一方面，要重视必然性、规律性在事物发展中的作用；另一方面，不忽视偶然性，要从偶然性中发现必然性。偶然性不仅表现必然性，而且对事物发展起着重要作用。要善于利用各种偶然性去推进工作。要重视“机遇”的作用，敏锐地发现并抓住机遇，实现发展。

在化工科学技术史中，很多的新发现是意外取得的，但有心的发现者们却紧紧抓住这个意外，在“阴差阳错”中实现从偶然到必然的升华。

1. 苯胺紫的意外发明

从树皮中分离出的植物碱奎宁可医治疟疾。经化学分析，奎宁的分子组成是 $C_{20}H_{24}N_2O_2$。于是化学家们试图人工制得它，以解决其来源困难的问题。1856 年，英国一位 18 岁的青年帕金(William Henry Perkin，1838—1907)在他的老师——德国化学家霍夫曼的指导下进行人工合成奎宁的实验。多次试验都没有成功，但他没有气馁，改用苯胺($C_6H_5NH_2$)和它的硫酸盐与氧化剂重铬酸钾($K_2Cr_2O_7$)作用。

1856 年，帕金实验得到的都是暗黑色的沉淀物，他利用乙醇(酒精)清洗容器时，忽然发现这种暗黑色沉淀物溶解在乙醇中产生一种美丽的紫色溶液。他意识到这是一种有用的染料，于是他把这种染料送到一家染坊去试验其对丝的染色性能，结果证实效果很好。

帕金决定申请这种染料的专利，并于 1857 年 6 月在伦敦西部格兰福德·格林建厂生产，产品称为苯胺紫。苯胺紫一经问世，很快就成为流行色，而且流行了十年之久，称为“紫色的十年”。

苯胺紫的成功激发了化学家们对合成染料的兴趣。1858 年，帕金的老师霍夫曼用四氯化碳(CCl_4)处理苯胺，得到一种红色染料，即苯胺红，又名品红；1861 年，法国化学家吉拉尔和企业家德拉尔在苯甲酸存在下将品红与苯胺共热，得到苯胺蓝；1862 年，英国化学家尼科尔森加热苯胺蓝与浓硫酸作用获得水溶蓝。

2. 塑料王的意外发明

四氟乙烯是乙烯(C_2H_4)分子中四个氢原子完全被氟原子取代的产物。四氟乙烯在常温下是气体，沸点比一氯二氟甲烷更低，所以必须保存在冷冻的状态下。保存时将它放在一种圆筒中，并放置在用干冰(固体二氧化碳)冷冻的盒子里。

1938 年，美国一位化学博士普卢姆凯特在他的助手雷博克的帮助下，将一个装有 2 磅(1 磅约为 0.45 千克)四氟乙烯的小圆筒从冷冻盒中取出，把圆筒放在一个磅秤上，让四氟乙烯气体从圆筒中流出，然后使四氟乙烯通过流量计进入他所研究的化学反应体系中。

实验刚刚开始不久，雷博克就从流量计上观察到圆筒中流出的四氟乙烯的气流已经停止了，他立即将磅秤上显示出来的质量进行核对，发现整个圆筒的质量并没有减轻很多，也就是说，装在圆筒中的 2 磅四氟乙烯并没有大量流出，圆筒中还存留相当多的四氟乙烯。这令普卢姆凯特和雷博克感到十分意外。

为了弄清楚圆筒中发生的疑问，普卢姆凯特只好把圆筒的阀门全部打开，并用一根细丝疏通阀门的孔道，使它不至于堵塞。

随后，虽然阀门全部打开了，孔道也疏通了，但是圆筒内的四氟乙烯气体还是没有流出来。普卢姆凯特试着将圆筒摇动几下，他仿佛觉得圆筒里存在着一些固体物质，于是他推断圆筒中一定发生了化学反应，因为在室温的条件下四氟乙烯不可能凝结成固体存在于圆筒中。在这种情况下，普卢姆凯特只好用一把十字镐将阀门从圆筒上卸下来，他果然看到圆筒里有一些白色粉末，倾倒出来后经过分析研究，确定是四氟乙烯气体的聚合物——聚四氟乙烯。他制定了聚四氟乙烯的合成方法和生产流程，交付美国杜邦公司投入生产，

1945 年以商品名特富隆(teflon)投入市场。

聚四氟乙烯获得“塑料王”的美称,广泛用于制作低温液体输送管道的垫圈和软管、宇宙飞行的防火涂层、轴承罩、轴瓦、轴承垫、无油润滑活塞、石油化工厂中的高温液体管道、管道密封材料、防腐衬里等。另外,聚四氟乙烯还是家庭厨房里不粘锅的制作材料。

四、量变到质变的飞跃

量变与质变辩证统一。事物的发展总是从量变开始的,量变是质变的必要准备。质变是量变的必然结果,质变为新的量变开辟道路,使事物在新质的基础上开始新的量变。总之,量变与质变相辅相成。世界上任何事物的运动、发展都是量变与质变的统一,如此循环往复,不断前进。

无数的科学家在石油炼化过程中,在一步步的积累下,实现了从量变到质变的飞跃,最后获得成功。“炸药大王”诺贝尔就充分地为我们展示了量变到质变的过程。他不断地尝试,不断地积累,以及不断地进步,“科研道路上的每一丝获得都如同在废墟中等待萌芽”。在成功前,诺贝尔进行过上百次的实验,经历过无数次失败。开展硝化甘油实验时,火光吞噬实验室,诺贝尔失去了自己的亲人和朋友,但他没有灰心,而是越战越勇,更加坚定了研制炸药的决心;硝化甘油的不稳定引起的一次次爆炸没有使诺贝尔丧气,而是使他转向正确的研究方向,他决定改进生产工艺,研制一种性能安全可靠的炸药;在国外考察时,他积极投入学习和工作中,并积累化学方面的知识,这也是他后来成功的重要原因之一。无数个工作时间的自我要求是经验积累、心性凝练的过程,这些都属于量的积累。事物的发展总是从量变开始的,不断的实验积累为后面的成功做了层层铺垫。

当各个方面都积累到一定量时,便会发生质的飞跃。诺贝尔不懈的努力造就了他的辉煌。任何事物的运动变化总是先从微小的、不显著的变化开始,经过逐步积累而达到显著的、根本性质的变化。观察炸药的爆炸情况时,双眼紧盯炸药情况的诺贝尔终获成功;经过无数次的实验,诺贝尔发现干燥的硅藻土能吸附硝化甘油,实现混合物的安全运输;利用父亲配制炸药的配方,他自己研制炸药,经多次实验,找到制造炸药时各种化学药剂的混合比例;在父亲的实验室里,经过 50 多次准确的实验,30 多岁的诺贝尔获得了硝化甘油引爆装置——雷管的专利权,完成了他人生中的第一项重大发明。质、量互变规律揭示了事物因矛盾引起的发展过程和状态、发展变化形式上具有的特点,即从量变开始,质变是量变的终结。

事物的发展就是这样由量变到质变,又在新质的基础上开始新的量变。生活中要重视量的积累,质变是量变的必然结果。在进行量的积累时,要充满必胜的信心和信念。我们做任何事情都要从一点一滴做起,要脚踏实地、埋头苦干,积极做好量的积累,为实现事物的质变创造条件;在量变已经达到一定程度,只有改变事物原有的性质才能向前发展时,要果断地抓住时机,促成质变,实现事物的飞跃和发展。

五、在实践中验证认识

人的实践与认识相辅相成,相互补充。实践是认识的基础,是检验认识的真理性的唯一标准。认识对实践具有反作用，错误的认识会把人们的实践活动引入歧途。

诺贝尔奖获得者施陶丁格用自己的经历较好地诠释了实践与认识的关系。他用实验证明自己的猜想，推翻胶体论者（这里将支持格雷阿姆的高分子胶体理论者称为胶体论者）的固有理论，这是一种大胆的实践，让人们对高分子科学有了崭新的认识。面对胶体论者浮夸的谬论，施陶丁格不在意理论上的争辩，专攻实验，用超高速离心机成功测量血红蛋白的平衡沉降，用事实证明高分子的相对分子质量的确是从几万到几百万，动摇了传统的胶体理论的基础。这个过程中，做实验是实践的过程，利用实验得到关于高分子崭新的认识，检验了施陶丁格高分子是由长链大分子构成的观点的正确性。施陶丁格善于用实践来检验认识的真理性。《施陶丁格：高分子化学的奠基人》一文中提到，施陶丁格所做的各种实验对他后来从事聚合物化学研究大有帮助，这体现出实践对认识的重要作用。他做实验的经历是正确认识的源泉，对后来的理论著作——《有机高分子化合物——橡胶和纤维》起到推动作用。

错误的认识会把人的实践活动引入歧途，而正确的认识将对实践起助推作用。胶体论者拿胶体化学的理论来套高分子物质，得出纤维素是葡萄糖的缔合体的错误认识，这种错误的认识阻碍了他们探索高分子真理的步伐，也阻碍了他们的进一步实践。与胶体论者不同的是，施陶丁格以事实为基础，从自己的最初的合理认识出发，发表了《论聚合》的论文，在认识的推动下，用实验研究甲醛和丙二烯的聚合反应，用超高速离心机测量血红蛋白的平衡沉降，以此来证明自己的理论，并大获成功，用事实改变了权威专家的观点，受到高度评价并成为高分子科学的创始人。对比胶体论者和施陶丁格对于认识所采取的不同态度，不难看出认识对实践有着不同的反作用，因此树立正确的认识对实践的开展具有重要作用。

实践是认识的来源，认识对实践具有反作用。应该坚持实践第一的观点，积极投身社会实践，坚持理论和实践的紧密结合，使实践和认识达到统一。同时，树立正确的认识，发挥科学理论的指导作用。认清实践与认识的关系有利于我们在现实生活中更好地认识与实践。

思考题

1. 阅读普拉特的《找油的哲学》原文材料，分析其中蕴含的哲学道理。
2. 阅读毛主席的《矛盾论》和《实践论》文献，谈谈两论对中国石油工业的贡献。
3. 阅读闵恩泽院士的事迹，谈谈闵恩泽院士对炼化哲学的贡献。
4. 阅读余秋里将军的事迹，谈谈余秋里将军对石油哲学的贡献。

测试题

参考文献

［1］《石油精神——文献石油70年》编写组.石油精神——文献石油70年［M］.北京：石油工业出版社，2020.

［2］周洪成.石油精神读本［M］.北京：中国石化出版社，2019.

［3］方凤玲.中国石油文化［M］.北京：机械工业出版社，2019.

［4］《弘扬“石油精神”学习读本》编写组.弘扬“石油精神”学习读本［M］.北京：石油工业出版社，2016.

［5］王根海.石油勘探哲学与思维［M］.北京：石油工业出版社，2008.

［6］张乐勇，张卫东，王树勇.院士与创新［M］.东营：中国石油大学出版社，2007.

［7］张卫东，王瑞和.石油石化300问［M］.东营：中国石油大学出版社，2010.

［8］金毓荪，蒋其垲，赵世远.油田开发工程哲学初论［M］.北京：石油工业出版社，2007.

［9］王志明.翁家石油传奇［M］.北京：石油工业出版社，2014.

［10］《大庆精神》编写组.大庆精神［M］.北京：石油工业出版社，2009.

［11］郭岗彦，党绥梅.大庆精神铁人精神概论［M］.北京：石油工业出版社，2020.

［12］《石油摇篮》编委会.石油摇篮［M］.北京：石油工业出版社，2009.

［13］李卫雨，陈法僧.上将李聚奎［M］.北京：中共党史出版社，2009.

［14］余秋里.余秋里回忆录［M］.北京：人民出版社，2011.

［15］王才良，周珊.石油巨头［M］.北京：石油工业出版社，2011.

［16］蒋朝莉.石油行业高校校园文化的传承与创新研究［M］.北京：石油工业出版社，2020.

［17］辜穗.石油文化动态演化机制研究［D］.成都：西南石油大学，2016.

［18］《百年石油》编写组.百年石油［M］.北京：石油工业出版社，2002.

［19］《海油30年》编写组.海油30年［M］.北京：石油工业出版社，2017.

［20］陈文佳，严鹏.工业文化基础［M］.北京：电子工业出版社，2019.

［21］邱道骥.化学哲学概论［M］.南京：南京师范大学出版社，2007.

［22］陈伟立.康玉柱院士传［M］.北京：地质出版社，2016.

［23］中共中央宣传部教育局等.科技界的榜样——侯祥麟［M］.北京：中国石化出版社，石油工业出版社，2005.

［24］张艳红，胡华白.像铁人一样工作［M］.北京：石油工业出版社，2008.

［25］中国石化思想政治工作部（企业文化部）.中国石油化工发展历程简明读本［M］.北

京：中国石化出版社，2013.
[26] 《玉门油田志》编纂委员会. 玉门油田志(1987—2017)[M]. 北京：石油工业出版社，2019.
[27] 赵天池. 大国石油梦[M]. 天津：天津人民出版社，2013.
[28] 杨岩. 人生如炬——闵恩泽传[M]. 北京：中国科学技术出版社，2014.
[29] 凌永乐. 化工史话[M]. 北京：石油工业出版社，2011.
[30] 张文欣. 中国科学院院士传记——陈俊武传[M]. 北京：中国石化出版社，2019.
[31] 《玉门油田 80 年》编委会. 数说玉门[M]. 北京：石油工业出版社，2019.
[32] 《玉门油田 80 年》编委会. 图说玉门[M]. 北京：石油工业出版社，2019.
[33] 杨旭东. 解读壳牌[M]. 北京：石油工业出版社，2013.
[34] 何建湘. 企业文化建设实务[M]. 2 版. 北京：中国人民大学出版社，2019.
[35] 马镇. 中国石油摇篮——老照片背后的故事[M]. 北京：人民出版社，2019.
[36] 何长工. 何长工回忆录[M]. 北京：解放军出版社，1987.
[37] 《延长油矿史》编辑委员会. 延长油矿史[M]. 北京：石油工业出版社，1992.
[38] 何建明. 部长与国家[M]. 北京：新世界出版社，2012.
[39] 孙越崎科技教育基金管委会. 孙越崎传[M]. 北京：石油工业出版社，1994.
[40] 范豫鲁. 论中国石油文学的演变[J]. 西安石油大学报(社会科学版)，2016，25(2)：91-96.
[41] 张立. 我国石油企业文化建设问题研究[D]. 济南：山东大学，2012.
[42] 李永富. 石油企业文化建设[M]. 青岛：中国石油大学出版社，2015.
[43] 大庆油田《石油师人》编委会. 石油师人——在大庆油田纪实[M]. 北京：石油工业出版社，1997.

参考网站

[1] https://corporate.exxonmobil.com/.
[2] https://www.chevron.com/.
[3] https://www.conocophillips.com/.
[4] https://www.dupont.com/.
[5] https://www.shell.com/.
[6] https://www.BP.com/.
[7] https://www.total.com/.